まちづくりとしての
地域包括ケアシステム

持続可能な地域共生社会をめざして

辻哲夫 監修　田城孝雄・内田要 編

東京大学出版会

Community Development and the 'Integrated Community Care System'
Toward Sustainable Regional Cohesive Societies
Tetsuo TSUJI, Supervisor
Takao TASHIRO and Kaname UCHIDA, Editors
University of Tokyo Press, 2017
ISBN 978-4-13-051142-1

推薦のことば

　UR 都市機構は，日本住宅公団創設以来，良質な住宅の供給に大きな役割を果たしてきたが，半世紀の時を経て，UR 団地は日本の今後の都市の高齢化を先駆けて迎えている状況にある．千葉県柏市の豊四季台団地でも高齢化率は40％を超えており，2009 年以来，UR は柏市と東京大学高齢社会総合研究機構とともに，この団地を地域包括ケアのモデルとする「柏プロジェクト」を実施してきた．また，2013 ～ 2014 年に UR が主宰した検討会では，本書の監修者・編者である辻哲夫先生（座長）と田城孝雄先生にも加わっていただき，その提言をふまえ，2025 年に向けて UR 団地が地域の医療福祉拠点として多様な世代が生き生きと暮らし続ける住まい・まちづくりを目指し，その整備を進めている．

　田城先生は，私が内閣官房地域活性化統合事務局長を務めていたころに，「健康・医療のまちなかづくりに関する有識者・実務者会合」を企画され，さらにその後「地域再生推進委員会」を主導された．これらの会合における知見は，私が復興庁事務次官を務めるなかで復興計画に活かされただけでなく，その他の地域においても，少子高齢化に対応するために，それぞれの地域資源を活用して，多様な世代が生き生きと暮らし続けられる住まい・まちを目指すために，有用なものとなるはずである．

都市再生機構理事長　　中島正弘

推薦のことば

　2014年12月に発表された「まち・ひと・しごと創生」の長期ビジョンと総合戦略によって，地方創生は新たな段階に入った．そして，その後策定された都道府県と市町村の地方版総合戦略に基づき，現在，各自治体でさまざまな取り組みが行われている．また，2015年に採択された国連の「持続可能な開発目標（SDGs）」「2030アジェンダ」，およびそれに基づく政府の「SDGs実施指針」では，地方自治体の役割が強調されている．

　私は2013年より内閣総理大臣補佐官（国土強靱化及び復興等の社会資本整備，地方創生並びに健康・医療に関する成長戦略など担当）を拝命しているが，内閣官房地域活性化統合事務局長を務めていたころから，辻哲夫先生や田城孝雄先生をはじめ，本書に寄稿されている多くの先生方に会合にご参加いただき，さまざまな知見をご提供いただいた．

　各地域がおかれた状況は異なるが，本書にまとめられた先進事例や考え方は，これから各自治体が総合戦略を推し進める上で有益なものとなるはずである．

内閣総理大臣補佐官　　和泉洋人

監修のことば

はじめに：超高齢人口減少社会の到来

2025 年問題が大きく取り上げられている．

現在日本においては，後期高齢者が急増しており，団塊の世代が 75 歳を超える 2025 年から団塊世代が概ね 90 歳となり日本の高齢者数が歴史上ほぼピークに達する 2040 年頃までが，日本の超高齢化の正念場と言われている．後期高齢者の割合が，総人口の 5 分の 1 から 4 分の 1 といった規模になっていく．

一方，日本の人口は，減少に転じて久しいが，2040 年頃には，現在人口が増えている 10 程度の都府県も含めてすべての都道府県が，人口減少に転じており，その年減少率は実に約 2% から 8% になると予測されている．

このように 20 年後に向けて想像を絶する変化が生じつつあるが，人々はみな地域社会で生活を続けていることに変わりはない．更に言うと，今後は持続可能性のある地域社会こそが重要な役割を持つ時代が来るといえる．

国のかたちだけでなく，どのような地域社会を形成すればよいのかというまちづくりについての展望なくして日本の未来は見えないといえる．

コミュニティで最期まで自分らしく生活し続けることが基本

年を取るに従い心身の力が徐々に低下していく過程をフレイルと呼ぶが，それをいかに遅らせるかが今後の大きな課題である．東京大学高齢社会総合研究機構の飯島勝矢教授の研究によると，フレイルは，その端緒に早く気づきそれを遅らせようとすることを自分事化すれば，遅らせることは可能で，その基本は何かといえば，社会性の維持，つまり自らの生活の広がり，社会とのかかわりを維持することが大切だという．要すれば，超高齢社会では，高齢者を含めて人と人が良く交わり合うコミュニティを形成した地域を目指すことが不可欠である．そうなるとできる限り就労を続けることが一番で，年金受給年齢になっても，働く時間は短くて賃金は低くともよいから少しでも地域社会に役に立つ仕事をする，いわゆる生きがい就労も大切で，それがフレイル（介護）予防

でもある.

　しかし，ピンピンコロリは稀で，大部分の人は老いて死ぬ前に大なり小なり虚弱な期間を迎えるということを誰もが知っておくことも大切である．この場合の心構えとしては，たとえ就労ができなくなっても，できる限り地域のカフェなどの集まりに出かけて居場所，役割を持ち続けつつ自分らしく住まい（もちろん賃貸アパートでもよい）に住み続け，そこで必要に応じ介護看護の在宅サービスや在宅医療を受けることができ，本人が望めば最期まで生活者として在宅で過ごせるような地域社会を目指したい．人は必要以上に保護されると弱る．最期まで自分らしく生活者として生き続けることが大切である．

地域包括ケアシステム：今後のまちづくりの必須項目

　以上述べたような暮らし方ができる地域社会が自然にできるわけではない.

　自立支援という理念の下で，「自助」（本人の選択と心構え，介護（フレイル）予防，生きがい就労，居場所，役割），「互助」（地域での見守りや助け合い，生活支援），「住まい」（住まいで自分らしく住み続ける），「共助」（できる限りの在宅生活を支援する専門職による介護看護サービスの提供）といったキイワードから成り立つ地域包括ケアシステムが必要である.

　多くの高齢者が寂しく孤独死したり，逆に施設や病院に依存して住まいから去ってしまい，空き家が次々と増えるような地域に若い人は住むであろうか．今後は，地域包括ケアシステムが不可欠であり，これを取り入れないまちづくりはないとうことを地域住民と自治体をはじめとする地域のすべての関係者が認識する必要があると考える.

持続可能性を求めて：コンパクト・プラス・ネットワーク

　地域住民のうち大きな割合を占める高齢者が，安心して住み切れるまちであるがゆえに，若い世代も住む気になるであろうし，また，そのようなまちであり続けるためには，若い世代の住み続けたくなる魅力のある持続可能な地域にすることを目指すことが必要である.

　このためには，まちの自然や歴史的に蓄積された地域資産を活かす産業活性化とともに，地域社会を持続可能とするための地域社会のあるべき空間構造を

考察していく必要がある.

　医療なくして人は住めないので，地域包括ケアを支える拠点としての病院の在り方を通したまちづくりが問われるだろうし，そもそも，高齢者が多い社会で皆が交わり合いながら便利に安心して過ごすためには，コンパクトなまちづくりが欠かせない．一方において，小さな集落の在り方も大切であり，公共交通網やICTシステムでつながる中でネットワーク化して共存していくことを目指すことになる．コンパクト・プラス・ネットワークの考え方は，地域包括ケアの考え方と軌を一にしている.

　コンパクトなまちづくりは，地方都市だけの話ではない.

　我が国の高度成長期のベッドタウンづくりの嚆矢とも言えるUR団地は，団地としては最初に大幅に高齢化している．URは，この再生を目指して，まず，団地の中に高齢者の在宅生活の継続を支援するための「医療福祉拠点」を誘致し，年をとっても安心して住み続ける地域とすることを目指すとともに，高齢者の家族の近居や若い子育て世帯のUR団地への入居を優遇するという政策を打ち出している.

　一方，大規模な一戸建ての民間住宅団地が確実に高齢化しつつある．いわゆる一戸建て団地の限界集落化現象である．分譲持ちきり形態の一戸建て団地は最終的には空き家だらけとなり，賃貸住宅形態のUR団地よりもことは深刻である．したがって，今述べたような地域包括ケアのまちづくりに加えて，住み替え，近居，空き家の活用といったことを含めていかにして若い世代が住めるように再開発するかが課題である（本書の企画後に出版された東京大学大月敏雄教授の著書（『町を住みこなす：超高齢社会の居場所づくり』岩波新書）では，民間賃貸アパートの居住者の年齢構成は時間がたっても高齢化しないということや住み替えと近居の勧めなど興味深いことが指摘されており，注目される）.

おわりに：人口減少社会は，地域総ぐるみのまちづくり競争の時代である

　人口の高齢化と人口の減少が同時に進行する日本の国づくりをどのように進めるのか.

　あらゆる地域で，地域再生のまちづくり競争ともいうべき積極的な取り組み

が求められる.

　撤退と再結集を繰り返しながら賢く縮小するという意味である「スマートシュリンク」は，これからの時代のまちづくりの進め方を表す言葉といえよう．その基本的な目標は，「持続可能な地域共生社会」であり，それは，誰一人取り残すことなくすべての地域住民の自立支援を目指す地域包括ケアシステムをベースとし，それぞれの地域の自然と文化を愛し誇りに思う地域住民と市町村をはじめとする様々な関係者（ステイクホルダー）が知恵を結集した総ぐるみ体制を必要とするのである．

　本書は，内閣官房地域活性化統合本部における「健康・医療のまちづくりに関する有識者・実務者会合」やそれに引き続く「地域再生推進委員会」などで，主導的な役割を果たしてこられた田城孝雄先生，および内閣官房地域活性化統合事務局長を務められた内田要氏の編集になるものであり，超高齢人口減少という未知の社会に向けてのまちづくりを考えるうえで必要な豊富な情報が収められており，今後のまちづくりに関係する多くの方々に大いに参考になるものと考えている．

辻　哲夫

はじめに

　我が国は，2025年には団塊の世代が75歳以上になり，それから2040年頃まで，医療・介護・福祉のニーズがさらに増加し，社会保障制度の存続と，地域住民の安定した暮らしを守ることが，国・地方自治体の大きな試練となる．少子高齢化と人口減少という我が国の状況は，地方だけではなく，大都市圏の双方に大きな課題となっている．

　地域包括ケアシステムは，高齢者のための地域の包括的な支援・サービス提供体制であるが，さらに進化した広い意味の地域包括ケアシステムは，三世代・三障害（身体障害，知的障害，精神障害）のケアや，経済的困窮者や社会的弱者の支援を含み，乳幼児から高齢者まで多様な人々が地域で一緒に暮らすことのできる地域社会を目指すものである．子育て支援や，ひとり親世帯，社会経済的困窮者の支援，雇用の確保，多世代における引きこもり対策など，総合的な支援策である．地域のすべての人たちが交流するコミュニティを形成し，相互に助け合う真のバリアフリー（物理的なバリアフリーと心・意識・認識のバリアフリー），多世代交流を目指す地域共生社会を形成することが，重要である．

　そのための施策には，①住むところの確保，②生活の確保（支援），③消費・経済活動の促進，④働き手の確保（雇用の創出），⑤魅力ある地域の創出（観光，産業振興），⑥子育て世代（20代，30代女性）の支援（育児・教育支援）など，基礎自治体（市区町村）の政策課題のすべてが含まれ，基礎自治体存在の根幹をなす．

　地域包括ケアシステムの構築に関して，基礎自治体である市区町村の在り方で，2018年から，介護保険事業の中に，在宅医療・介護連携推進事業や生活支援体制整備事業などを地域支援事業の盛り込み，基礎自治体の必須事業となるなど，大きな転換期を迎えている．今まで以上に，市区町村が，主体的に関わることが不可欠である．住民の暮らしを維持向上するまちづくりが必要とされる．

この本は，内閣官房地域活性化統合本部会合（事務局長：内田要，当時）の地域再生推進委員会（委員長：田城孝雄）の委員が，委員会での議論をもとに，これからの人口減少社会における社会のありようを提言するものである．地域再生推進委員会には全国から有識者・専門家が参加して，各地域の実情や取組事例を紹介し，幅広い観点から，地域とは何か，地域が直面する課題，地域のあるべき姿，課題解決に向けた方法について検討を行った．

国の地方支援策は，地域活性化から，地域再生，地方創生から，人口減少時代を見据え，地域の経済，人々の暮らしなどの持続可能性を追求する潮流となっている．

このためには，人口減少等の現実を直視し，地域が置かれた状況を正しく認識することが重要である．人口が減少する社会情勢の下で，生活空間や地域組織を現状のままの規模で維持することが困難となっており，現実的な方法論を検討するためには，需要に応じて空間規模や組織体制を縮小・再編する視点も必要となる．

しかし，地域の人口，経済規模等が縮小するとしても，生活環境の質を高めるというプラス思考が求められる．生活空間のコンパクト化を通じて，利便施設を集約しサービス提供の密度を上げることにより機能面を強化することは可能である．住民が集まることができる場所を確保することが重要である．

本書では，議論の機軸として，「スマートシュリンク」と「コンパクトシティ」の概念をもとに，上からの「選択と集中」の考えではなく，地域の住民が共生し，創発することで，地域が活性化して人々が住みなれた地域で暮らし続けることをめざす方策と可能性を示す．また，先進的な取り組みをおこなっている自治体の事例を紹介することで，地方創生の取り組みの原点を検討し，活力ある健康長寿社会，持続可能な地域共生社会をめざす提言をおこなう．

前半は実践例として，柏市，富山市，横浜市という環境未来都市にも選定されている市の先進的な取り組み，中山間地の小さな拠点の見本として高知県の取り組み，病院の再編・統合と地域医療連携推進法人の先進的な山形県の取り組み，医療におけるICTの活用の事例として長崎県五島市の取り組みを載せた．

後半は，地域再生推進委員会の委員がそれぞれの専門である，経済・金融，医療・介護，公共交通，住宅・空き家活用，人材育成・NPOの視点から述べ

ている.

　内閣官房地域活性化統合事務局長をそれぞれ務められた，中島正弘都市再生機構理事長，および和泉洋人内閣総理大臣補佐官から，ご推薦のお言葉をいただけたことは光栄である.

田城孝雄・内田　要

目次

推薦のことば（中島正弘）　i

推薦のことば（和泉洋人）　iii

監修のことば（辻　哲夫）　v

はじめに（田城孝雄・内田　要）　ix

第I部　先進事例にまなぶ

第1章　い・しょく・じゅうで支えるまちづくり
　　　　：柏プロジェクトからの報告

辻　哲夫・飯島勝矢　3

1　はじめに　3

2　ケア思想の変遷と地域包括ケア　5

3　在宅医療の重要性　7

4　柏プロジェクト　11

5　おわりに　23

第2章　路面電車によるコンパクトシティ：富山市の高齢化対策

森　雅志　25

1　都市の課題　25

2　公共交通を軸としたコンパクトなまちづくり　28

3　富山港線の路面電車化（日本初の本格的LRT）　31

4　LRTネットワークの展開　35

5　持続可能な都市経営をめざして　39

6　まちの総合力を高めるには　41

第3章　いつまでも自分らしく過ごせるまちづくり
　　　　：横浜市青葉区の地域包括ケアシステム事例と考察

大石佳能子　43

1 はじめに　43

2 横浜市青葉区の取り組み　44

3 ファクトの共有　46

4 ベストプラクティスの共有　52

5 課題の解決　53

6 今後の課題　56

7 「在宅医療・介護連携推進事業の通信簿」　59

第4章　中山間の小さな拠点：高知県の集落活動センター

中村　剛・樋口裕也　61

1 はじめに　61

2 高知県の中山間地域の現状　61

3 高知県の中山間対策　63

4 集落活動センター　69

5 持続可能な中山間地域の実現に向けて　76

第5章　病院の再編・統合と地域づくり：山形県における取り組み

村上正泰　79

1 はじめに　79

2 山形県における病院の再編・統合　80

3 日本海総合病院における機能集約の効果と地域へのメリット　85

4 病院の再編・統合の課題と限界：「ダウンサイジング」と「地域包括ケアシステム」　88

5 おわりに　92

第6章　地域での調剤情報共有とデータ二次利用
：長崎県五島市の取り組み

山口典枝　95

1 費用対効果の高いシステムの構築　95

2 取り組みの成果と課題　104

3 データ利活用の推進　108

事例紹介：地域医療介護連携のための「在宅クラウド浦安方式」　111

第Ⅱ部　持続可能な地域づくり

第7章　持続可能な地域経済の実現
：岡山県真庭市の木質バイオマス利活用

中村聡志　117

1　はじめに　117

2　地域経済の構造　118

3　地域での産業創出の事例：岡山県真庭市の木質バイオマス利活用　125

4　おわりに　133

第8章　持続可能な地域を支える医療・介護

田城孝雄　135

1　住む・暮らす　135

2　人口減少社会に入った日本　137

3　総合計画としての地域包括ケアシステム　医食住モデル　142

4　地域・コミュニティづくり　151

5　持続可能性の追求　156

第9章　公共交通を守り，育てる

加藤博和　159

1　地域を守るために公共交通をつくる　159

2　公共交通は網になることで地域をしっかりと支える　162

3　公共交通再生は地域再生に不可欠な要素　164

4　時流に乗り遅れた公共交通システムの革新が急務　168

5　地域における「一所懸命」の体制がよりよい公共交通を生み出す　171

6　公共交通は地域再生の先頭を走り続ける　174

第10章　地域に根差した新たな住宅政策の展開
：住宅地と空き家の未来と近居

吉田友彦　177

1　はじめに　177

2　問題の所在　177

3　空き家の地理的分布と発生要因　181

4　戸建て住宅地における近居促進　185

5　まとめ：親子近居支援制度への提言　192

第11章　実践コミュニティの形成
：宮崎文化本舗のネットワークと熊本宮原の子ども記者クラブ
根岸裕孝　195

1　はじめに　195

2　地域における「学習」と実践コミュニティ　196

3　文化とネットワークによる地域再生：宮崎文化本舗　198

4　熊本県旧宮原町における人材育成事業と学びの地域づくり　202

5　おわりに：地域における実践コミュニティの取り組みと地方創生の可能
性　211

座談会　人々の暮らしを地域で守る（内田　要・加藤博和・田城孝雄・辻　哲
夫）　213

付録　地域活性化，地域再生，地方創生，持続可能社会への潮流（田城孝雄）
237

索引　249

執筆者紹介　252

第Ⅰ部

先進事例にまなぶ

第1章
い・しょく・じゅうで支えるまちづくり
柏プロジェクトからの報告

辻　哲夫・飯島勝矢

1　はじめに

1.1　超高齢社会の到来

　日本においては世界に例のない高齢化が進んでいる.

　今我々は，人生90年時代を迎えつつある．平均寿命は，男子80歳，女子86歳だが，65歳を迎えた人は，平均的に男子84歳，女子89歳まで生きる．人が亡くなるのが最も多い年齢は男子85歳，女子90歳だという．このような時代に我々はどのように老いを迎え，社会はどのようなシステムを創ればよいのか．とりわけ，団塊の世代が後期高齢者（75歳以上の者）になり後期高齢者人口が概ね5分の1を占める2025年を1つの目安として社会の常識やシステムの変容も迫られている（図1）.

1.2　日本人の自立度

　東京大学高齢社会総合研究機構特任教授の秋山弘子先生が20年かけて行われた調査によると，日本の男性の高齢期の自立度の形は3パターンに分かれることがわかる（図2）．60歳代ごろから急激に重い要介護になるパターンが2割程度，75歳あたりを境にかなりの自立度を持ちつつ徐々に自立度が落ちていくパターンが7割程度，残りの1割くらいは90歳ぐらいまでほぼ完全自立を維持している.

　一方，女性は，急激に自立度が落ちるパターンは1割強と男性より少なく，

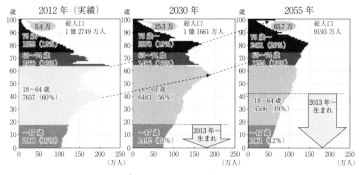

図1 人口ピラミッドの変化（2012年中位推計）

注1：2012年は国勢調査結果．総人口には年齢不詳人口を含むため，年齢階級別人口の合計と一致しない．
注2：2030・2055年は国立社会保障・人口問題研究所「日本の将来推計人口」の出生中位・死亡中位仮定による推計結果．

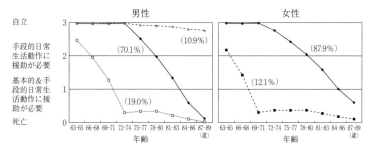

図2 自立度の変化パターン（全国高齢者20年の追跡調査）
出典：秋山弘子（2010）「長寿時代の科学と社会の構想」『科学』80(1): 59-64.

徐々に自立度が下がっていくパターンが9割を占め，男性のようにほぼ完全自立が90歳ぐらいまで続いているパターンはあまりない．これは，ひざが痛いという程度でも完全自立のパターンのグループに入らない分類になっていると思われ，女性は男性に比べ総じて足腰から弱りやすいということが推察される．しかし，決して女性の自立度が低いというわけではなく，総体としては男性より高い自立度を維持しているといえる．

　急速に自立度が下がるグループは，生活習慣病を中心とする病気を原因とするものであると考えられ，もう1つの徐々に自立度の下がるグループは，加齢に伴う虚弱化によるものと言える．前者については，生活習慣病の予防が重要

であり，後者については，虚弱（フレイル）を遅らせることが重要である．

　先に述べた秋山弘子先生の調査は，以上述べたような予防政策が，今後の超高齢社会における社会システムの王道であることを示しているが，もう1つ大切なことを物語っている．

　いわゆるピンピンコロリは，まれで，誰もが人の世話になるような虚弱な期間を経て死に至るのが普通のことなのである．しかも，その過程において，通常は様々な病気を持っているといえる．このような状況である中で，生きていてよかったと言えるような生活の質をどのように確保するかが，大きな課題となっている．

2　ケア思想の変遷と地域包括ケア

2.1　ケア思想の変容

　在宅福祉，在宅ケアという言葉は，これまでは一般的には高齢者と他世代の同居家族のいる世帯に対する概念と受け止められてきた．しかし今後は，高齢者世帯は，1人暮らしか夫婦だけの世帯が普通となる．このことは，日本のケアの理念にも大きな変容を迫るものとなる．

　我々は，これまでの経験から，ケアということに関して，大きな社会的な発見をしたと言える．ユニットケアの実践がその大きな転機だった．スウェーデンで研究をしてきた今は亡き外山 義さんが，日本の特別養護老人ホームでユニットケアを導入し，それまでの6人部屋におられた老人がどのように変容するかについてタイムスタディをされた．多くの人は，1人部屋に移るので閉じこもると危惧したが，結果は逆だった．6人部屋の時に比べて，歩く歩数も会話量も増えたのである．要するに，年をとってもその人らしいそれまでの生活様式を持続することが，自立を維持するためにも良いということが明らかになったのである．

　先に述べた通り今後2025年に向けては，1人暮らしや高齢者世帯は夫婦だけの世帯が中心となるので，その場合でも，住み慣れた住まいで生活し続けられることを基本とする政策，すなわち「地域包括ケア」を目指すという方向にケアの思想は大転換しつつある．

2.2 地域包括ケアという概念

「地域包括ケア」とは，30分程度の範囲内で駆けつけられる日常生活圏単位に，「住まい」「生活支援（見守り，相談等）」「介護（看護）」「医療」「予防」がシームレスかつ包括的に確保され，高齢者が住み慣れた地域で住み続けられるようにするという概念である（図3）．

その基本は，まず元気でできる限り自立し続けられることである．このためには，まず生活習慣病対策が第一である．生活習慣病は，放置すると要介護に結びつきやすい経過をたどるが，メタボリックシンドロームという構造が明らかになった．特定健診，特定保健指導というハイリスク・グループに対するアプローチに加えて，より川上で早期に発症を防止する一次予防を中心とする地域社会全体の対応が今後重要である．あわせて必要なのは介護予防である．介護予防の推進を徹底しようとすると，「フレイル（虚弱）」という概念をより解明しつつ，生活習慣病予防と同様，より川上で，一次予防としてのフレイル（虚弱）予防に地域社会全体で取り組む必要がある．

この場合強調したいことは，今後は，地域住民の「運動（身体活動）」「栄養（バランスの良い食事と口腔機能）」「社会参加」の3つの取り組みを，一次予防として社会全体のシステムの中に組み込んでいくことの重要性である．とりわけ，「高齢者が閉じこもらないまちづくり」が基本である．地域包括ケアにおける「予防」を考えるに当たっては，出歩きしやすいまちの構造とイベント性に満ちたまちづくりが重要になる．

一方，虚弱な期間におけるケアのあり方については，先に述べたようにユニットケアの導入などの経験から，高齢者はそれまで馴染んできた日常生活を繰り返すことが，より自立の維持に繋がることが明らかとなった．したがって，高齢期に弱ってもできる限り日常生活の土台である自らの「住まい」に住み続けることを基本に置いて，外部から住まいへやってくる「医療」，「介護（看護）」等の在宅サービスを組み合わせるという方向が基本となる．

具体的な政策手法としては，2011年の改革で，1人暮らしに不安のある高齢者などに対する生活支援サービスの付いた「サービス付き高齢者向け住宅」や24時間対応の「定期巡回随時訪問看護介護サービス」といったシステムが制度化され，地域包括ケア政策は体系的にはかなり整いつつあるが，改めて医療の

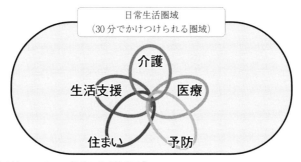

【地域包括ケアの5つの視点による取組み】
地域包括ケアを実現するためには，次の5つの視点での取組みが包括的（利用者のニーズに応じた①〜⑤の適切な組み合わせによるサービス提供），継続的（入院，退院，在宅復帰を通じて切れ目ないサービス提供）に行われることが必須．

①医療との連携強化
・24時間対応の在宅医療，訪問看護やリハビリテーションの充実強化．
②介護サービスの充実強化
・特養などの介護拠点の緊急整備（2009年度補正予算：3年間で16万人分確保）
・24時間対応の在宅サービスの強化
③予防の推進
・できる限り要介護状態とならないための予防の取組みや自立支援型の介護の推進
④見守り，配食，買い物など，多様な生活支援サービスの確保や権利擁護など
・1人暮らし，高齢夫婦のみ世帯の増加，認知症の増加を踏まえ，様々な生活支援（見守り，配食などの生活支援や財産管理などの権利擁護サービス）サービスを推進．
⑤高齢期になっても住み続けることのできるバリアフリーの高齢者住まいの整備（国交省）
・高齢者専用賃貸住宅と生活支援拠点の一体的整備，持ち家のバリアフリー化の推進

図3　地域包括ケアシステム
出典：2012年7月11日厚生労働省在宅医療連携拠点事業説明会．

在り方が問われている．

3　在宅医療の重要性

3.1　生存曲線の変化：大部分が長命化

　今後の医療の在り方にかかわるものとして，超高齢社会に至る過程で注目されるデータとして，祖父江逸郎先生の著書で引用されているグラフがある（図4）．この生存率の推移を示す曲線が，かつては0歳の生存率100%から年をと

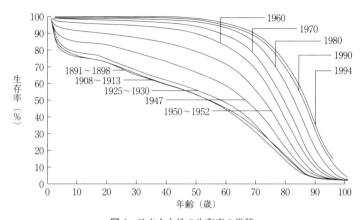

図4 日本人女性の生存率の推移
出典：祖父江逸郎（2009）『長寿を科学する』岩波新書.

るに従い斜めに下っていた（各年齢でかなり等分に亡くなっていた）のが，近年は四角形に近いかたちに近づいているという趣旨の説明がなされている．要するに早死にが大幅に減り，高齢者の長命化が進んでいる．つまり，大部分の人々が長命となり老いたが故に亡くなるという人生を過ごすようになったのである．

3.2 病院医療の進展

終戦直後は，家で亡くなるのが当たり前で，病院で亡くなるのは1割程度に過ぎなかったのが，現在は8割程度が病院で亡くなっている（図5）．この変化は，なぜ起こったのか．私は，病院信仰の歴史の結果と考えている．昭和30年代後半あたりから病院を中心として医学医術が大発展し，目覚ましい成果をあげ，若死には著しく減った．我々はこぞって病院に行き，年老いた親も入院してもらってできる限りの治療をお願いした．その過程で，多くの人々が病院で亡くなるようになったと言っていいだろう．この間医学関係の学会数も大幅に増加したことからもわかるように，病院医療は，「病気には原因があり，それは臓器で特定される．そして特定された臓器の病気を直す」といういわゆる臓器別医療であるとも言えよう．そして，目標は，救命，延命，社会復帰と言えるが，社会復帰の難しい高齢者にとっての病院医療の究極の目標は，「救命，

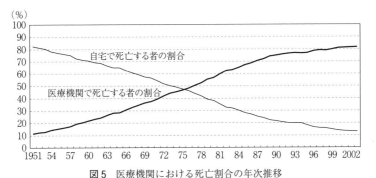

図5 医療機関における死亡割合の年次推移
出典:「人口動態統計」(厚生労働省大臣官房統計情報部).

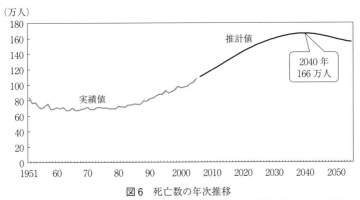

図6 死亡数の年次推移
出典:2005年までは厚生労働省大臣官房統計情報部「人口動態統計」,2006年以降は社会保障・人口問題研究所「日本の将来推計人口(2006年12月推計)」(出生中位・死亡中位).

延命」であると言える.あえてデフォルメして言えば,我々は,老いて死に向かう過程においても,死との戦いを基本とする医療を行う病院で戦って死ぬという姿が普通になっているのである.

日本人の死亡件数の推移を見ると,団塊の世代が90歳を迎える頃には170万人弱が死亡することが予想される(図6).注目すべきが,死亡者の年齢である.昭和40年頃は,75歳以下の者が3分の2を占めていた.それが現在は3割程度となっており,死亡件数がピークとなる時代には,2割程度となる.病院医療の進展とともに,若死には著しく減り,大部分の人が,老いたが故に,大な

り小なり虚弱な期間を経て亡くなるという社会となったのである．

3.3　生活を支える医療としての在宅医療

　アメリカの社会学者が「病人役割」ということを言っているそうだが，病院は，治療の場であり，入院患者には病人役割が課せられる．常に，病んだ人として，自己を認識しふるまわねばならない．

　これまで述べたような長命が一般的に可能となった今日，そのような病院医療だけでよいのか．

　ガン末期の人を想定してみよう．入院していれば，常に死から遠ざかることを目指して過ごす病人であるが，同じ病状でも，在宅，つまり生活の場にいれば，ペットは足元をうろうろしている，大音響の音楽も聞ける，匂いの立ち込める鍋物も食べられる，気分がよければアルコールを飲んでも叱られない．一義的には病人でなく生活者なのである．痛いというときは病人だが，在宅医療が訪問看護等とともに在宅に及んでいれば，その人は，自分らしくその人生を生き切る生活者を続けられるのである．

　人が老いて死ぬことは治すことはできない．その過程を私たちは生活者として過ごせてこそ，長生きしてよかったと言えるのではないか．在宅での看取りの意義については多くの場で語られている．病人としてでなく生活者として逝き，孫が在宅の枕元で自然に死者に頬ずりするなどのシーンが「命のリレー」という形で語られたり，看取りの前後で地域の人々が自然な形で別れを告げに生活の場を訪ね，亡くなった者の地域の人々とのかかわりが遺族に継受され，改めて新しい地域の絆ができたといった話も語られている．ややもすれば生理的な死に立ち会うという形となる病院の死と異なり，日常性の中で，看取る人々がその死を共有するということの意味にははかり知れないものがあり，このように生活者として生き切れるようにすることが，我々の高齢期の不安を和らげ，次世代へ命の尊さを伝えることにつながるのではなかろうか．

　我々誰もが概ね老いたが故に死ぬということになったのは，病気を治す医学医術（病院医療）が素晴らしい成功を収めた結果と言える．そうであるが，我々は，病院医療に加えて，「生活を支える医療」である在宅医療を必要としている．

4 柏プロジェクト

4.1 大都市圏を中心に進む後期高齢者の急増

　大都市部の急速な高齢化は，極めて深刻な様相を呈する可能性がある．とりわけ，ベッドタウンとして急速に人口が流入した地域においては，今後後期高齢者の急増が進み，入院需要は急速に増大する．それは，津波にもたとえられるものであり，病院で受け止めきれず大きな混乱が生ずることも懸念される．このような時代の波の中で，在宅医療の普及が切実に必要とされており，大都市圏から在宅医療の普及を通した医療改革が始まらねばならない．そして，大都市圏にとどまらず，自分の住み慣れた地域で，できる限り元気で，弱っても生活者として住み続けることのできるまちづくりという，より積極的な姿勢に立った社会システムを確立する必要がある．そのシステムは，どの地域でも求められることであり，地方の地域の実態に即したものとしつつ，日本の新しいシステムとして定着するものと考えている．

4.2 柏プロジェクトが目指すもの

　東京大学高齢社会総合研究機構（東大 IOG）は，都市の高齢化の最前線といえる千葉県柏市で，柏市，UR 都市機構とで研究会を作り，この 8 年間，柏市行政を中心に，「柏プロジェクト」として地域包括ケアのまちづくりに取り組んできた．そして，現在は，当機構は，地域包括ケアの構造を，高齢社会総合研究の学際的な研究の方向性を踏まえて，い（医＝在宅医療を含むケア），しょく（職＝生きがい就労等の社会参加），じゅう（住＝安心できる住まいと出歩きしやすい地域空間）のまちづくりと位置付けて，更なる展開を目指している（図 7）.

　「い」としては，かかりつけ医を基本とする在宅医療を含む多職種連携のシステムのモデル化である．「しょく」は，高齢期もワークシェアリングの形態で農業・子育て支援・高齢者の生活支援などの分野で地域で就労する「生きがい就労」を基本に置いた社会参加である．「じゅう」は，24 時間対応の在宅看護介護サービスを 1 階に併設し，1 人暮らしなどの高齢者世帯が安心して住める拠点的なサービス付き高齢者向け住宅をまちの中に導入し，その拠点的な在

図7 柏プロジェクトの位置付け

宅サービスが周辺に住む高齢者にも及び，地域全体が出歩きしやすく年をとっても安心して住める地域となるような空間構造を形成していくことである．

(1)「い」：在宅医療を含む多職種連携

在宅医療に関しては，モデル的にいかなる姿が望ましいかは，ほぼ明らかになっている（図8）．しかし，そもそも在宅医療に取り組む医師が少ない，看護，介護との連携を含めた地域での連携システムを確立するコーディネート機能が明確になっていない，とりわけ1人で開業している医師の在宅医療の負担軽減のためのグループ化等のシステムがまだ確立していないといった相互に関連する基本的な課題がある．

そこで，次のような取り組みを行っている．

第一に，地域の開業医に対する在宅医療の研修事業である．

専門医として病院で育った多くの開業医は，在宅医療の経験がないので，在宅医療に関心が少なく，また，そのノウハウも少ないといえる．そこで，開業医に対するオンザジョブの研修を導入することとしている．この研修は，内科系，外科系の専門医は，病院でかなりの幅のある臨床症例をこなしてきているので，在宅医療を行う潜在的な能力を有しており，適切な動機づけをすれば，在宅医療に取り組むという行動変容が起きるという考え方によるものである．具体的には，在宅医療の経験の深い医師の下で訪問診療に同行し，在宅医療の

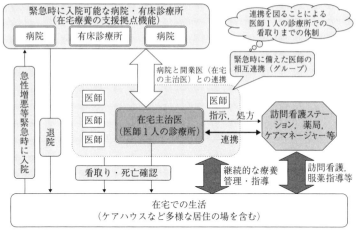

図8 在宅医療（終末期ケアを含む）の連携のイメージ

主催：柏市医師会，柏市
共催：柏歯科医師会，柏市薬剤師会，柏市訪問看護連絡会，柏市介護支援専門員協議会，
　　　柏市在宅リハビリテーション連絡会
後援：国立長寿医療研究センター　協力：東京大学高齢社会総合研究機構

図9　柏市 在宅医療推進のための地域における多職種連携研修会

現場感覚をつかむとともに，緩和ケア，認知症対応といった個別テーマごとに多職種とともにグループワーク（GW）を行うという合計2.5日のカリキュラムを開発し，柏市で実施し，予想を超える成果をあげた（図9）．この研修に参加した地域のかかりつけの医師のかなりの者が在宅医療に取り組むようになっただけでなく，医師会と市役所が主催，他の多職種の団体も共催という形式をとることにより，市内の関係職種のチームビルディングが進んだのである．ま

た，地域の多職種と連携して在宅医療に取り組む醍醐味を味わった医師は，着実に地域のリーダーとして，地域を診る医師に成長していくのである．この医師を含む多職種の研修事業は，国が進めようとしている在宅医療介護・連携推進事業のスタート地点に立つ事業として位置付けてよいと思う．

第二に，かかりつけ医を基本とする在宅医療のモデル的なシステムの開発である．

24時間対応を基本とする在宅療養支援診療所が導入されたが，実質的に実践しているところはまだ少ないと言われている．多くの人がこれほどの長命を享受できるようになったのは，治すという医学医術の進歩のお蔭であるといえるが，そうであるが故に，医療は支える医療すなわち在宅医療に取り組むことが求められている．したがって，かかりつけ医が最期まで看るのが本来の姿であり，そうでなければ医療システムは完成しないといえる．一方，我が国の開業医は，一診療所一医師が基本であることから，時間外診療も伴う在宅医療に取り組みにくい．そこで，地域のかかりつけ医が医師会の下で主治医・副主治医などの関係を作るためグループを組み，かかりつけ医が最期までかかわるシステムづくりに取り組んでいる．

第三に，地域の連携システムを確立するためのコーディネートの方法のモデル化である．

在宅医療のシステムは以上の取り組みだけで普及するわけではない．行政と医師会がタッグを組み，介護保険を担当する行政を事務局として医師会を始め歯科医師会，薬剤師会，訪問看護ステーション連絡会，ケアマネージャー連絡会，介護事業者協議会といった関係者が話し合う場も不可欠である．そのような連携の場を確立したうえで，在宅医療を必要とする地域住民に在宅医療を含む多職種のサービスをコーディネートしたり多職種の研修を行う拠点が必要であり，そのモデル的な拠点である柏地域医療連携センター（国の事業から見ると在宅医療・介護連携推進事業の拠点に相当する）が2014年4月に開業した（図10）．

(2)「しょく」：生きがい就労等の社会参加

「しょく（職）」の分野として，生きがい就労システムの開発に取り組んでい

柏地域医療連携センターの概要
○ 柏市医師会・柏歯科医師会・柏市薬剤師会の共同で，柏市豊四季台団地の中心部に建設（2階建て，約 1000 m²）
○ 柏市福祉政策室（在宅医療担当）が引越し
○ 地域医療の推進と多職種連携の拠点

柏地域医療連携センターの機能
○ 患者が病院から在宅に戻る際の調整支援機能
　　主治医・副主治医，多職種の推薦
○ 医師・多職種による在宅医療・看護・介護のコーディネート機能
○ 在宅医療に係る主治医及び副主治医の研修機能
○ 市民相談・啓発機能

図10　柏地域医療連携センター（2014年4月，運営開始）

る．

　現在の高齢者の多くは，サラリーマン経験者であり，サラリーマンは，定年で仕事が終わって地域に戻ってもなかなか居場所がないということが，かねてより指摘されている．一方，現在の高齢者は，生活習慣病が悪くなって倒れたりしない限りは，75歳程度まではかなりの体力を維持している．

　一方，定年退職して地域に戻り，そこでまた週5日のフルタイム就労あるいは週5日のパートタイム就労かといえば，高齢者にそこまでの気持ちがないことも多いと思われるので，自分の都合に合わせて週2～3回働けて，若干の収入もあり仲間もできるという，いわば生きがい就労といった形態を目指した．

　具体的には，地域で高齢者が働きやすく，かつ，高齢者に対して一定の需要のある仕事の場を見出すとともに，そこに，例えば，3人で1人分とか，6人で2人分といったように高齢者がチームを組んでいわばワークシェアリングする方式を開発した．この新方式をプチ就労とも呼んでいる．

　そのような就労の分野としては，まずは，農業（都市野菜），子育て支援，食（レストラン，配食），生活支援・福祉の4分野を設定し，今準備中の食以外の分野は，動き始めた（図11）．

　その取り組みの順番としては，まず，具体的な就労の場となる事業所を探しだす．例えば，地元農家の有志でLLP（有限責任事業組合）を作ってもらったり，地元幼稚園や特別養護老人ホームで高齢者でも取り組める仕事を用意して

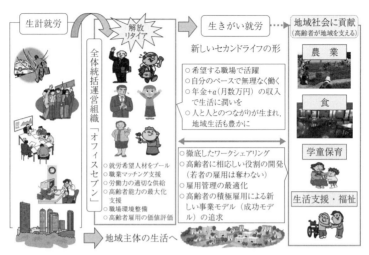

図11 目指すべき「生きがい就労」の実現イメージ

もらうのである.その上で,就労セミナーを主催し,高齢期の生き様や働き方につき学んでもらうとともに,地元の受け皿となる事業所から仕事の説明をしてもらう.柏市は人口40万人だが,1回あたり100人程度がコンスタントに集まった.6割程度が男性である.そして,就労希望者を募り,グループを組んでもらい,事業所とお見合いしてもらう.

参加者からは,ちゃんと正規の手当をもらうので責任を感じるし,励みになる,仲間ができて楽しいといった感想が寄せられている.事業所も適切なコストで必要な人員が得られると満足している.このような形の進め方をマニュアル化し,どこでも普及するようシルバー人材センターなどの業務との連携を進めようとしている.このような就労参加者の健康関連のデータをとっており,興味深いのは,就労している日以外の休日の外出が増え,心身の健康状態も良い方向に変化しているということがわかってきている.

そして,生きがい就労を含む様々な社会参加の場を地域住民の希望に沿って結びつける「社会参加プラットホーム」ともいうべき試みに取り組んでいる.

(3)「じゅう」:地域包括ケアの拠点整備を通した地域空間構造

「じゅう」については,柏市の高齢化最前線といえるUR(都市再生機構)の

図12 UR 柏豊四季台団地内のサービス付き高齢者向け住宅

豊四季台団地（高齢率40％）で，出歩きしやすいまちの構造を目指すとともに，団地の中心部に，1階に24時間対応できる在宅医療・看護・介護のサービス拠点を併設したサービス付き高齢者向け住宅を誘致し，開業した（2014年5月，図12）．この拠点の在宅サービスは，サービス付き高齢者向け住宅だけでなく，周辺の日常生活圏（豊四季台地域）に対しても徐々に普及し，1つ目の柱のシステムとあいまって，豊四季台地域全体（豊四季台団地を含む日常生活圏）に地域包括ケアシステムを普及していこうとしている．

柏市としては，このような地域包括ケアの拠点となるようなモデル的な在宅サービス拠点を各日常生活圏ごとに計画的に誘致する方向を検討している．一方，都市の高齢化の最前線と言える UR 団地においては，このような拠点を医療福祉拠点として，各地で順次整備していくという方針が出されている．このような形で，特に都市の高齢化への対応が急がれるが，UR 団地のように土地の提供が可能でない場合，地価の安い地域にサービス付き住宅が偏在して立地するとしたら，地域包括ケアの構想は，崩れかねない．したがって今後は，民間活力活用を前提として，各市町村が何らかの形で地域包括ケアの拠点となるような土地を計画的に提供し，モデル的な拠点整備を行う事業者を公募するような方式も検討する必要があろう．また，生活支援サービスは，サービス付き高齢者向け住宅だけで提供されるのでなく，地域のコミュニティ単位で提供される方向が必要であり，その際には，ICT システムや配食サービスといった有償の民間部門と地域住民の何らかの自発的なサポート体制とを組み合わせるよ

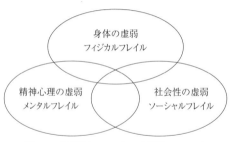

図 13　多面的なフレイル（虚弱：frailty）

うな新しい発想のシステムも必要になるものと考えられる．

　なお，柏プロジェクトの取り組みのうち，「い」と「じゅう」の部分については，『地域包括ケアのすすめ：在宅医療推進のための多職種連携の試み』（東京大学高齢社会総合研究機構編，東京大学出版会）に詳しく示されている．

(4) エビデンスに基づいたフレイル予防

　最後に，「い」「しょく」「じゅう」全体にまたがる分野として位置付けられるフレイル予防の最新の取り組みを紹介したい．

　人間は加齢とともに様々な形で心身の機能を低下させていく．この一連の過程と現象は老化と呼ばれるが，高齢期になればなるほど個体差が大きい．この心身機能の（平均値を超えた）著明な低下を示すことを「虚弱（frailty）」と一般的に呼んでいる．全国民への予防意識を高めるため，2014年の日本老年医学会で虚弱のことを「フレイル」と呼ぶことが提唱された．

　フレイルは骨格筋を中心とした「身体の虚弱（フィジカルフレイル）」だけで考えられがちであるが，それだけではなく，「精神心理の虚弱（メンタルフレイル）」および「社会性の虚弱（ソーシャルフレイル）」が存在する（図13）．すなわち，フレイルは多面的であり，従来の健康増進および介護予防の様々な活動を振り返る中で，今まで以上にこの多面的なフレイルへの包括的な指導が求められる．よって，超高齢社会において，いつまでも心身ともに健全で自立し続けられるように，どのようにこの多面的なフレイルを国民全体に意識させ，自分事化をさせた上で継続的に自主努力を行うように促すことができるのだろうか．

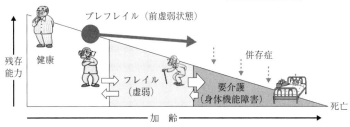

図 14　機能低下が「顕在化する前」の視点を！（飯島勝矢作成）

　そこで，我々は柏市をフィールドとし，フレイル予防のための自立〜要支援を対象とする大規模高齢者縦断追跡調査研究「柏スタディー（栄養とからだの健康増進調査）」（2012 〜 2014 年度）を展開した．これはサルコペニア（筋肉減少）を軸に，些細な老いの兆候（いわゆるフレイルの前段階：プレフレイル）を多角的側面から評価することを大きな目的と位置づけた．言い換えれば，様々な機能低下が顕在化する前の段階から国民が意識し，継続的に腰を上げられるかが鍵になるのであろう．そして，最終的には「エビデンスに基づく簡便なフレイルチェックを考案し，それを介して国民自身により早期の気づき・自分事化ができ，どのように意識変容・行動変容できるようになるのか」という着眼点から出発した（図 14）．

　この柏スタディーから数多くのエビデンスが明らかとなり，それを基に特に栄養面（食と口腔機能）から改めて考え直したフレイル化への一連の流れを概念図としてまとめてみた（図 15）．第 1 段階に社会性と心理の部分が非常に上流（より早期）において重要であり，なかでも注目すべきは「孤食」という現象であった．少なくとも 1 日の中で 1 回は誰かと食事をする（いわゆる共食）集団よりも，いつも 1 人で食べる（いわゆる孤食）集団の方がうつ傾向が非常に高く（約 4 倍），口腔機能や身体機能も非常に劣っていることがわかった．なかでも「同居家族がいるにもかかわらずいつも孤食である」という人々も決して少なくなく，彼らはうつ傾向だけではなく，栄養状態や食品摂取多様性の

図 15　栄養（食／歯科口腔）からみたフレイル化
出典：厚生労働科学研究費補助金（長寿科学総合研究事業）「虚弱・サルコペニアモデルを踏まえた高齢者食生活支援の枠組みと包括的介護予防プログラムの考案および検証を目的とした調査研究」2014 年度報告書．

低下，歩行速度などの身体能力や咀嚼力なども低下しているという結果であった．すなわち，独居であることがリスクになるというよりは，むしろ「孤食」であるほうがリスクであった．続いて注目すべきは，些細なフレイル兆候とその重複が大きな意義を持つ第 2 段階である．口腔機能の衰えにより肉類を食べず，結果的にタンパク質摂取が不足したり，噛み応えのない炭水化物や糖質ばかりが食事の中心になりやすい状態などもこのフェーズに含まれるのであろう．これらの些細な衰え（いわゆるプレフレイル）は今まさに生活に困っている訳ではないのだが，重複してくると徐々に顕著な低栄養やサルコペニアなどに傾きやすくなる．そのため，早期の気づきが一番重要になってくる．

　本研究からのエビデンスをふまえると，「しっかり噛んで食べ，しっかり運動し，そして社会性をいつまでも高く保つ！」という 3 本の柱がどれ 1 つたりとも欠けることのない状態を目指すべきである．この三位一体を普段の日常生活を通して継続的に底上げできているかどうかが大きな課題である（図 16A）．なかでも社会性はサルコペニアを軸とするフレイルの流れに関して，かなり上流の位置づけとして改めて見直されるべきである．それをわかりやすく描いたものが「フレイルドミノ」である（図 16B）．

図16 健康長寿のための「3つの柱」とフレイルドミノ（飯島勝矢作成）

　以上を踏まえ，国民自身が日常生活の延長線上の集いの場で，いかに簡便に，いかに楽しく，いかに自分への気づきにつながり自分事化され，そしていかに継続的に意識できるのかという視点が非常に重要となってくる．言い換えれば，国民自身が前述の基本的な概念を改めて再認識し，より早期からの自発的な行動に出られるのかが最重要であり，本調査による学術的知見を踏まえ，地域コミュニティでのフレイル予防の活動を構築中である．

　具体的には，上述の三位一体の中でどの部分が劣っているのかを市民同士で評価し合える簡易の「フレイルチェック」を考案した（図17）．特に，元気な高齢者自身が社会の担い手側になってもらうために市民フレイル予防サポーターとなり，参加市民とともにそのフレイルチェックを実施し，次回のチェックまでに劣っていた部分（赤信号シールがついてしまった部分）を今まで以上に強化してくる内容となっている．この取り組みのポイントは，①同世代の方々と楽しくチェックし合う，②測定したものには必ず良悪（青信号シールと赤信

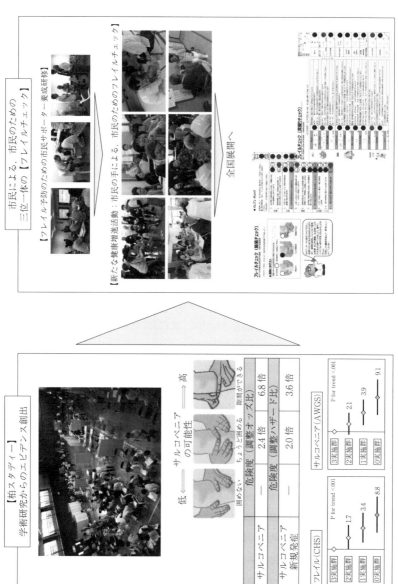

図17 柏スタディーから作られた市民主体で行うフレイルチェック

号シール）の結果が判定され動機づけとなる，③健康診断などで扱うものではなく，学術的知見で裏付けられ，かつ目新しい斬新な測定項目も多く含まれている，④継続して評価をし続け，以前の結果と比較していく，⑤の取り組み自体はフレイル予防サポーターの元気シニアの人々自身のためにもなる，等である．

　以上より，フレイル予防はまさに「総合知によるまちづくり」と言っても過言ではない．行政，各職能団体，市民団体を軸とする市民，そして産業界など，多くの知恵と精力的な取り組みを融合させながら，快活なまちづくりに向けてどのようにコミュニティをリデザインしていくのか，まさに正念場の時期に来ている．

5　おわりに

5.1　人口減少社会のまちづくりへの展開

　柏プロジェクトは，首都圏の急速な高齢化を念頭に置き，「できる限り元気で」「弱っても安心して住み続けることができる」というキイワードを念頭に置いたまちづくり政策の可視化の取り組みとも言えるが，日本全体の動きを見た場合，人口減少の時代に入っている．

　高齢期に安心して住めるまちも次世代がいなければ地域社会自体が持続できないので，「安心して子供が生める」「職住近接」「多世代共生」「定住」といったキイワードが，そのまちづくり政策に含まれていくのは必然と言える．

　そのような意味で，柏プロジェクトの試みは都市型のモデルだが，人口減少を念頭に置いた「コンパクト・アンド・ネットワーク」の構想と根底において軌を一にしていると言える．

　このように考えると，これからのまちづくりは，地域社会レベルでの「多世代共生」というテーマを重視していく必要があると考える．

5.2　価値観の転換

　併せて，我々の価値観の転換とライフスタイルと変革が求められていると言える．

まず，今までの多くのサラリーマンは，65歳程度を境に，会社人間から地域社会の人間に戻るといってよい．したがって，地域での様々な就労需要に向けていわば転職し，地域にスムーズに溶け込んで初めて一人前といえる．サラリーマン時代の社会的な肩書を捨てて，地域を守る仲間として，「生きがい就労」などに参加することが，今後の社会人としての好ましいキャリアであり，我々は，自分の住むコミュニティで一定の役割を果たしてこそ一人前の人生であるといった価値観とライフスタイルを確立し，多世代共生の地域づくりに尽力することが，超高齢社会を明るく迎える秘訣と言えるのではなかろうか．

　また，我々は，病気は治るものと信じ，医療，特に病院医療にあこがれてきたし，今でもそうであると言える．しかし，老いて死ぬということは避けられない運命である．もちろん必要な病院医療を受けることは当然であるが，かなり高齢になったら，安易に入院するのでなく，生活の場で，生活し続ける，つまり，医療のかかり方について学び，地域におけるかかりつけ医を大切にするという意識も必要である．地域包括ケア研究会（前慶應義塾大学大学院教授田中滋座長）の報告書に，「本人の選択及び本人，家族の心構え」が基本という趣旨の記述がある．われわれは，老いて，どのように生き，どのように人生を全うし閉じるのか，人任せでなく自ら考える時代になっているのである．

第2章
路面電車によるコンパクトシティ
富山市の高齢化対策

森　雅志

1　都市の課題

1.1　富山市の概況

　富山市は，水深1000mの富山湾から標高3000m級の立山連峰まで多様な地勢を有する，水と緑に恵まれた自然豊かな都市である．雄大な立山連峰に降り積もった雪が，夏でも豊かで冷たい清浄な水を運んでくれるため，本市の水道水の品質は極めて高く，水道水を詰めたペットボトル「とやまの水」は，国際的な品質評価機関であるモンドセレクションにおいて，2012年度から6年連続で金賞以上を受賞している．

　近年，急速な少子・超高齢社会の進展や本格的な人口減少，CO_2排出量の増大など，都市を取り巻く諸課題への対応が必要となる中，本市では，都市の総合力を高めることが何よりも大切であると考え，30年後，50年後を念頭に置きながら，公共交通を軸とした拠点集中型のコンパクトなまちづくりを基本として，将来にわたって持続可能な都市を構築するための様々な施策に取り組んでいるところである．

1.2　都市の特性

（1）人口減少と超高齢化

　「富山市将来人口推計」によれば，富山市の総人口は，2010年をピークに減少し，2045年には2010年から約23%も減少する見込みとなっている．また，

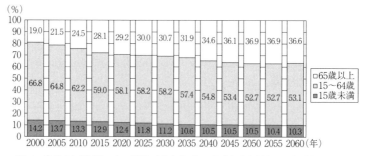

図1 年齢3区分別の人口推計（富山市（2015）「富山市将来人口推計報告書」）

　年少人口（0～14歳）や生産年齢人口（15～64歳）が減少する一方で，老齢人口（65歳以上）は著しく増加し，2045年には全人口の約36％が高齢者となる見込みとなっている（図1）．

　このため，生産年齢人口の減少による経済の縮小化や，高齢化による医療費や介護保険給付費等の社会保障費の増大など，これまでの人口が右肩上がりに増加する時代にはなかった問題の顕在化が危惧されている．

(2) 市街地の低密度化と行政コストの上昇

　富山市の市街地は富山平野の中央に位置しており，東西南北どちらの方向にも地形が平坦なこと，道路の整備率が高いこと，住宅の戸建て志向が強いこと，近郊の地価が安いことなどから，人口や世帯数の増加と共に市街地が郊外へと急速に拡大してきた．

　本市のうち，2005年の市町村合併前の旧富山市地域においては，1971年に線引き都市計画区域（市街化区域と市街化調整区域に区別される）に指定され，都市の無秩序な開発に一定の歯止めをかける役割を果たしてきたものの，市民からの住宅取得要望の大きな潮流に押され，少しずつ市街化区域への編入（市街地の拡大）を行ってきた．人口と世帯数が右肩上がりに増加し続ける時代においては，拡大型のまちづくりに異論を唱える者はいなかったのである．

　しかし，市街地が拡散し低密度化すると，どんな問題が起こるのか．市街地が拡大すると，道路や下水道，公園などの都市インフラを新たに整備する必要があるとともに，それらの維持管理費も毎年必要になってくる．今後，生産年

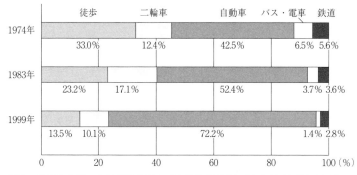

図2　移動する際の交通手段分担率（全目的分担率）（富山高岡広域都市圏第1～3回パーソントリップ調査）

齢人口の減少により税収が低下することが懸念される中，市民1人あたりが負担する都市管理コストは確実に増大していくこととなる．

(3) 過度の自動車依存と公共交通の衰退

　富山県の1世帯あたりの自動車保有台数は全国第2位の1.71台（出典：自動車検査登録情報協会，2016年3月現在）であり，ほぼ大人1人につき1台，自動車を保有している状況である．

　また，1999年に実施したパーソントリップ調査（人の移動の調査）によれば，自動車の交通分担率は72.2%となっており，これは全国の中核都市圏においても特に高い数値となっている（図2）．東京から富山に転居された方は，富山の人がすぐ近くのコンビニエンスストアに行くのにも車を利用することに驚くそうである．一方，公共交通の分担率は，鉄道・路面電車・バスをすべて足しても4.2%しかなく，自動車に頼りきった生活スタイルとなっていることがデータからもうかがえる．

　市街地の拡散と過度な自動車依存は，公共交通の著しい衰退を招いており，過去20年（1990～2010年）の間に公共交通利用者は，JRは約29%，市内電車は約43%，路線バスにいたっては約70%も減少している．さらに路線バスは，利用者数の減少に伴い，事業者としては経費削減のため系統数を減らさざるを得なくなり，それによる利便性低下がさらなる利用者数の減少を招くとい

28　第Ⅰ部　先進事例にまなぶ

う，負のスパイラルに陥っている．

　これらのことから，高齢者や年少者のような「車を自由に使えない人」にとって，極めて生活しづらい街となっていた．この課題は，今後，高齢化率が高まるにつれて，さらに深刻化していくことが危惧される状況であった．

2　公共交通を軸としたコンパクトなまちづくり

2.1　コンパクトなまちづくりの基本方針

　これまで極端な車社会をつくってきたことや，公共施設を郊外に展開してきたことはこれまでの時代には相応であった．しかし，人口が減少するという時代を迎えるにあたり発想を転換しなければならないと考えた．つまり，30年後や50年後の状況を見据え，今のうちから，もう一度公共交通の質を上げる取り組みを始めることによって，車に頼れない世代の人たちも健康で明るく暮らせるまちをつくる必要があると考えた．

　そこで，富山市は，地方都市の1つの未来像を提示することとなった．まちづくりの理念は，「鉄軌道をはじめとする公共交通を活性化させ，その沿線に居住，商業，業務，文化等の諸機能を集積させることにより，公共交通を軸とした拠点集中型のコンパクトなまちづくり」とし，地域の拠点を「お団子」に，公共交通を「串」に見立てた「お団子と串の都市構造」を目指すこととしている（図3）．

　富山市は，地方都市としては比較的恵まれた鉄軌道網を有していることも大きな特徴であり，これらの鉄軌道と運行頻度の高い幹線バス路線で地域の核となる生活拠点を結び，それぞれの拠点ごとにコンパクトにまとまっていくまちづくりを推進することとした．

　お団子（徒歩圏）の中では，徒歩や自転車を日常的に利用し，お団子間は便利な公共交通で移動することによって，車が自由に使えなくても，生活に必要なサービスを享受できるまちづくりを目指している．

2.2　コンパクトなまちづくりの進め方

　コンパクトなまちづくりの進め方は，都市が拡大成長する時代に有効であっ

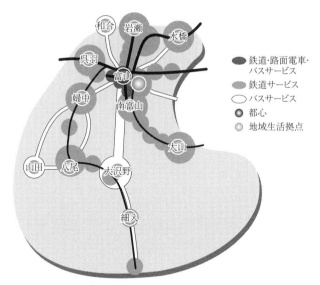

図3 コンパクトなまちづくりのイメージ図（富山市（2008）「富山市都市マスタープラン」）

た「規制」によるものではなく，人口が減少し，都市が縮退する今日の局面では，「誘導」によるものとした．郊外居住者に今すぐ転居を求めることは現実的ではない．

郊外での居住を否定することはせず，公共交通沿線の魅力を高めることにより，公共交通沿線居住という選択肢を増やし，市民が公共交通沿線居住か郊外居住かを選択できるようにする．その上で，公共交通沿線居住を選択する割合を高めたい．

そのために，まちづくりの観点から必要な公共交通は，行政が積極的に支援を行い活性化することとした．

2.3 路面電車を活用したコンパクトなまちづくり

公共交通を軸としたコンパクトなまちづくりを進めるにあたり，行政が公共交通を支援することにより活性化を図るわけであるが，まずは路面電車に集中投資し魅力を高めることとした．

路面電車は，乗り降りしやすく，乗り心地にも優れ，均一運賃で分かりやす

いなど，高齢者に優しい乗り物としての要素が詰まっており，日常の足として気軽に乗れる公共交通として，これからの超高齢社会に必要不可欠な装置である．富山市には，すでに路面電車が存在していたので，それを最大限に活かしたまちづくりを行うこととした．

2.4 LRT ネットワークの形成

路面電車の活性化にあたり，本市では「LRT ネットワークの形成」という戦略を掲げている．LRT とは，ライトレールトランジット（light rail transit）の略で，次世代型路面電車を意味する．

LRT ネットワーク形成の第 1 弾プロジェクトとして富山港線の路面電車化（2006 年 4 月開業），第 2 弾として市内電車の環状線化（2009 年 12 月開業）を実現しており，現在，第 3 弾として路面電車の南北接続事業に取り組んでいるところである．

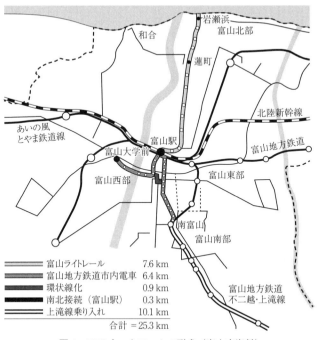

図 4　LRT ネットワークの形成（富山市資料）

さらに将来的には市内電車の上滝線乗り入れの構想もあり，すべて実現すれば，全長約 25.3 km の LRT ネットワークが形成され，都市内の移動利便性が大幅に向上することが期待されている（図 4）．

3　富山港線の路面電車化（日本初の本格的 LRT）

3.1　路面電車化の概要

富山港線路面電車化事業は，JR 富山港線を利便性の高い路面電車として再生し，2006 年 4 月から運行開始したものである（図 5）．JR が運行する鉄道を路面電車化する意義は，路面電車化により利便性を高め北部地区の公共交通軸

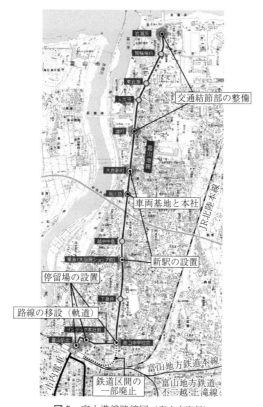

図 5　富山港線路線図（富山市資料）

32   第 I 部　先進事例にまなぶ

とするとともに，将来的に南の市内電車と接続し LRT ネットワークの一端を
担うことである．

　JR 富山港線の輸送人員は，沿線人口が概ね横ばいであるにもかかわらず，
1988 年当時は 1 日あたり約 6500 人であったものが，2005 年には 1 日あたり約
3200 人にまで減少し，利用者の減少に歯止めがかからず，存続が危ぶまれる状
況であった．輸送人員の減少に伴って，1 日あたり運行本数も 25 本→ 23 本→
19 本と減便を余儀なくされ，それがさらなる輸送人員の減少を招くという悪循
環に陥っていた．

　そのような状況の中，富山駅周辺で 100 年に一度の大きな動きがあった．
2001 年度に北陸新幹線が事業認可され，2003 年度には鉄道により分断されて
いた富山駅の南北市街地の一体化を目的として北陸本線等（在来線）の高架化
を行うことが決定した．

　ここで，富山港線を運行する JR 西日本と富山市は大きな決断を迫られるこ
ととなった．新幹線整備に併せ，在来線の高架化を進める上で，利用者の減少
に歯止めのかからない富山港線を北陸本線等と同じように高架化するか否か
（多額の投資をすべきか否か）決断をする必要があった．

　検討にあたっては，学識経験者や軌道事業者も含めた富山港線路面電車化検
討委員会を組織し，富山港線の扱いについて，「既存線の高架化」，「バス代替
による既存線廃止」，「新規路面電車化」という 3 つの案について比較検討を行
った結果，社会的便益は路面電車化案が最大となった．

　この結果を踏まえ，富山市では，富山港線を高架化せずに，節約した事業費
の一部を利用してこれを機会に利便性を大幅に高めることとし，コンパクトな
まちづくりを進めるリーディングプロジェクトとして路面電車化案を採用する
こととなった．

3.2　公設民営の事業スキーム

　富山市では，富山港線をコンパクトなまちづくりを進める上で必要不可欠な
都市基盤として捉え，公的負担を投入しても利便性を高めるべきと判断した．
もはや，富山港線のような基幹となる公共交通は，道路や公園，下水道と同じ
く，生活に欠かすことのできない都市インフラであると考えた．

図6 富山港線の低床車両

このことから,事業の実施にあたっては,「公設民営」の考え方を導入し,富山市(行政)は施設の建設費や維持管理費の負担をし,新たに設立した第三セクター(富山ライトレール株式会社)が運賃収入により運営を行うとして,公共と運営会社との役割を明確化した.

3.3 利便性・快適性の向上
(1) 運行ダイヤの改善

地方都市の路面電車といえども,利用しやすい公共交通を目指し,昼間の運行間隔を思い切って15分間隔まで短縮した.朝ラッシュ時は10分間隔とし,始発・終電時刻も大幅に改善した.

この15分間隔というのは非常に大事な数字であり,人は乗り過ごしても15分なら待ってもよいと考えるものらしく,その結果,時刻表を見る必要がなくなり,気軽に利用できるようになったという声が高齢者からも聞こえた.

(2) 低床車両の導入

100％低床車両を7編成導入し,日本では例のない,全車低床車両による運行にて事業をスタートした(図6).

車内通路部に段差がなく,車いす利用者がスムーズに乗降できるほか,ベビーカーやシルバーカー(高齢者が使用する押し車)も持ち上げる必要がないため,楽に乗降できる.

3.4 デザインの力

日本初の本格的LRTを整備するにあたり，単に「高齢化社会や環境に配慮した，機能的に住みやすいまちづくりを目指す」だけではなく，「まちづくりと連携して富山の新しい生活価値や風景を創造していくこと」，さらに，「新しい富山港線を世界に向けて富山市民が誇れるような路線とすること」を意図し，トータルデザインの手法を導入した．

富山港線に関連する諸要素（車両デザイン，停留場上屋デザイン，会社シンボルマーク，ICカード，社員制服など）に，コンセプトに即した統一性を持たせることにより，今までの公共交通にはない価値を創出し，今までのまちの風景を一変させた．7色のアクセントカラーを効かせた白く輝くモダンなポートラム（車両愛称：港（ポート）と電車（トラム）の造語）が，富山駅北を静かに滑るように移動する姿は，まちの洗練度を数段アップさせた．

3.5 富山ライトレールの整備効果

路面電車化後の利用者数は，JR運行で鉄道だった2005年度と比較すると，平日で約2.1倍，休日で約3.4倍に増加した．さらに詳しく比較すると，平日の時間帯別の調査結果では，どの時間帯も利用者数が増加しているが，特に日中の利用者が大幅に増加したことが分かる（図7）．

年代別では，特に60代以上の利用者が大幅に増加している．車を自由に使えない高齢者が，富山港線が便利になったことによって，それを利用して外出する機会が増えたことがうかがえる（図8）．

15分間隔の高頻度運行や，運行する車両すべてが低床車両，全停留場のバリ

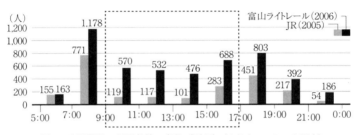

図7　時間帯別の利用者数の変化（平日）（富山市アンケート調査）

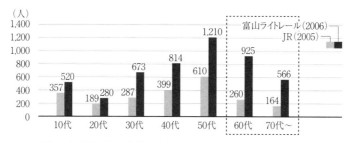

図8　年代別の利用者数の変化（平日）（富山市アンケート調査）

アフリー化など，公共交通の徹底したサービスレベルアップが，高齢者を中心とした沿線住民利用者のライフスタイルの変化をもたらしたと言えよう．

4 LRTネットワークの展開

4.1 市内電車の環状線化

(1) 市内電車環状線化の概要

　富山市の市街地の中心部を走る市内電車は100年以上の歴史を持ち，1943年からは富山地方鉄道株式会社が運行している．戦後に実施された復旧や大改修で1960年代には総延長10 km以上あった軌道は，モータリゼーションの影響による利用者の減少に伴い，路線の縮小が繰り返されつつも，1984年以降は，路線延長6.4 kmを維持し，営業を続けてきた．

　このように1984年以降は路線に変化はなかったわけであるが，富山市が公共交通を軸としたコンパクトなまちづくりを進めるにあたり，富山港線路面電車化事業の次のプロジェクトとして市内電車を環状線化することとした．市内電車環状線化の意義は，富山駅周辺地区と平和通り周辺地区という2つの都心核の連携強化，都心エリアでの回遊性の強化，南北接続後の路面電車ネットワークの形成の3つである．

　丸の内〜大手モール〜西町の約0.9 kmに軌道を新設することにより，既存の市内軌道約2.5 kmと合わせて，1周約3.4 kmの環状運行を2009年12月に実現した（図9）．

　事業の最大の特徴は，2007年10月に施行された「地域公共交通活性化及び

図9 市内電車路線図

再生に関する法律」を適用し,路面電車事業としては全国初の「上下分離方式」（施設の整備と車両の運行を分離）の運営形態を採用したことである．

(2) 市内電車環状線の整備効果

　市内電車の利用者数は2006年度までは減少傾向であったが，2006年の富山ライトレールの開業後は横ばい基調となり，2009年に市内電車の第3系統として環状線が加わった以降は，増加傾向となっている．

　本市が実施したOD調査（起終点調査）によれば，環状線利用者のうち高齢者の利用者数は，開業翌年の2010年度と比較して，2014年度では平日は28%,休日は67%増加しており，高齢者の外出機会の増加につながっている（図10）.

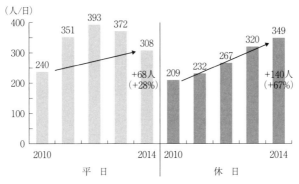

図10 環状線利用者数（65歳以上）の推移（富山市OD調査（2010～2014年））

環状線は，高齢者にとって中心市街地へのおでかけのツールとして定着しているといえる．

4.2 路面電車の南北接続

(1) 路面電車南北接続事業の概要

路面電車南北接続事業は，都心部と北部地区とのアクセス強化や乗継利便性向上などを目的とし，鉄道高架下に軌道を延伸（約250m）し南側の市内電車と北側の富山ライトレールとの接続を図る，本市のLRTネットワーク形成の中核を担う事業である．本事業は，北陸新幹線開業に併せて新幹線高架下へ市内電車の乗り入れを行う第1期事業（2015年3月14日開業）と，在来線高架化後に市内電車と富山ライトレールを接続する第2期事業に分けて進めている（図11）．

(2) 富山駅停留場（高架下）の整備

新幹線高架下に路面電車が乗り入れ，停留場が設置されたのは全国初の形態である．富山駅停留場は新幹線改札口の正面に位置し，乗り継ぎに要する移動距離はわずか約38mとなっている（図12）．なお，現在供用されている在来線仮改札口も在来線高架下に設置されており，乗り継ぎに要する移動距離は同様である．また，荒天時でも雨や雪に濡れることなく快適に乗り継ぎが可能など，乗り継ぎ利便性が大幅に向上している．

図11 路面電車南北接続事業概要図

図12 新幹線改札口と路面電車停留場の距離感

(3) 南北接続第1期事業の整備効果

　第1期区間開業後の市内電車利用者数（2015年度）は開業前（2014年度）に比べて約11％の大きな増加となっている（図13）．支払方法別では通勤定期利用者が約13％，通学定期利用も約7％の増加が見られる．乗り継ぎ利便性や

図13 市内電車利用者数の変化

快適性の大幅な向上が大きく寄与しているものと考えられる．

また，定期外利用者（現金もしくは定期券以外のICカード利用者）は約14％の増加となっている．北陸新幹線などでの来街者が中心部を訪れる際に多く利用されたことなどが主な要因と考えられる．

今後，第2期事業が完成し富山ライトレールとつながると，富山駅の北側から乗り換えなしで中心市街地に行くことができることから，高齢者からは1日も早い完成を期待されている．

5 持続可能な都市経営をめざして

5.1 公共交通沿線地区への居住推進

富山市が進めるコンパクトなまちづくりは，規制の強化ではなく，駅やバス停の周辺の魅力を総合的に高めることでゆるやかに長期的に居住を誘導していくことを基本としている．しかしながら，実際のところは，公共交通沿線（「お団子」）は魅力的で住んでみたいと思いながらも，地価が高めであり，限りある不動産購入資金の中では，どうしてもより安価な物件に目移りしてしまうケースがあると思われる．

そこで，公共交通沿線地区への住宅供給及び居住のインセンティブとして，良質な共同住宅を建設する事業者や，住宅を建設・購入する市民に対して助成を実施している．

公共交通沿線については，鉄軌道の駅から半径500 m，または運行頻度の高いバス路線（1日おおむね60本以上運行）のバス停から半径300 mを「公共交通沿線居住推進地区」と位置付け，支援することとした．

公共交通沿線居住推進地区においては，「公共交通沿線居住推進事業」として，事業者向けには共同住宅の建設に対して1戸あたり最大で70万円を，市

40   第Ⅰ部　先進事例にまなぶ

民向けには戸建住宅または共同住宅の購入費などの借入金に対して1戸あたり最大で30万円を市から支援している．加えて，区域外からの転入の場合は上乗せ補助10万円，さらに，高齢者と同居する場合は上乗せ補助10万円を助成している．

5.2　中心市街地の活性化

（1）おでかけ定期券事業

　富山市では，65歳以上の高齢者を対象に，市内各地から中心市街地に出かける場合に，公共交通機関を100円で利用できる「おでかけ定期券（ICカード）」を発行している．本市の高齢者の約24％が所有し，1日平均2748人が利用する大変人気の事業となっている．

　おでかけ定期券は，昼間の時間帯の公共交通の利用促進と高齢者の中心市街地への来街を図ることを目的として開始したが，それに加えて，高齢者に外出を促すという大きな効果があることが判明した．2015年度に市が実施した「おでかけ定期券利用者モニター調査」では，おでかけ定期券を利用して外出することで，1人あたり1794歩／日の歩数増加効果があるという結果が出た．

　本事業については，①公共交通の利用促進，②中心市街地の賑わい創出，③高齢者の健康づくりと一石三鳥の施策であると自負している．1つの施策が1つの効果しか生み出さないということはない．事業の実施において一方向からだけ見て費用対便益（B/C）を考えてしまうと，できることもできなくなってしまう．いろいろな角度から物事を見つめることが大事だと思う．

（2）市街地再開発事業

　市内電車環状線沿線では，2015年8月にオープンした「TOYAMAキラリ」（市立図書館とガラス美術館をメインとした再開発ビル）をはじめ，2016年6月には「ユウタウン総曲輪」（シネマコンプレックスやホテル等が入る再開発ビル）が開業するなど，近年，沿線の開発が着々と進んでいる．環状線に乗って訪れたいスポットが徐々に増えてきており，環状線の存在が民間投資の呼び水となっていることがうかがえる．

(3) 角川介護予防センター

中心市街地での小学校の統廃合に伴う跡地の利活用において，高齢者の健康寿命を延伸し自立した生活を送ることができるよう支援することを目的とした「富山市角川介護予防センター」を 2011 年 7 月に整備した．これは，介護予防を専門に行う施設であり，温泉水を活用した水中運動や温熱療法，パワーリハビリテーションなどの運動を，楽しく無理なく取り組めるようにするものである．このような施設こそ，車でしか行けない郊外につくるのではなく，公共交通と徒歩で通うことができる中心市街地につくらなければならない．

6 まちの総合力を高めるには

6.1 ライフスタイルの変化

多くの方に富山市のまちづくりの評価をしていただいているが，関西大学経済学部の宇都宮浄人教授の調査によると，富山ライトレール沿線の住民アンケートでは「ライトレールが自分の行動を変化させたか」という問いに対して，高齢者の約 6 割の方が「変化あり」と回答していた（宇都宮，2016）．さらに，「買い物や習い事への参加が増えた」が約 4 割，「新たな知り合いが増えた」が約 7％と回答があったことが印象的であった．この結果を見ると，富山ライトレールのような便利な公共交通の存在は，人との出会い，人と会話する機会を創出している．買い物をするだけでなく，人と楽しく会話して，元気になって健康寿命が延びる．路面電車が単なる移動手段にとどまらず，沿線の人々のライフスタイルを豊かなものに変えている．社会活動への参加の頻度を高め，人との絆を強くする「ソーシャルキャピタル」の形成に寄与するとともに，認知症の予防や健康寿命を延ばすことにつながるのではと期待している．

6.2 健康寿命の延伸

今後，高齢者が増えることは確実であり，健康寿命を延ばすという視点が，まちづくりにおいても必要不可欠である．健康寿命を延ばすためには，「歩く」ことが重要であることは明白であり，高齢者が歩けるような環境をいかに提供するかが，まちづくりにおけるキーポイントではなかろうか．本市が進める

42 第Ⅰ部 先進事例にまなぶ

「公共交通を軸としたコンパクトなまちづくり」は，高齢者を含めすべての人が歩いて暮らせる環境の提供につながっている．

　その他にも，本市では元気な高齢者を増やすための取り組みを始めている．一例を紹介すると，祖父母と孫で出掛けた場合，動物園をはじめとする市の施設の入園料を無料にしたり，街区公園の一部を畑に変えて地域の高齢者に野菜づくりの機会を提供したりするなど，既成概念にとらわれないユニークな事業を実施している．

6.3　公共交通が QOL を高める

　今後，本格的な人口減少時代を迎える中，元気で活力あるまちづくりを進め，まちの総合力を高めていくにはどうすればよいのか．それには，高齢者から若い人まで1人1人の QOL（クオリティオブライフ）をより高めていくことが重要と考えている．

　まずは，富山駅で南北に分かれている路面電車を 2019 年度末までにつなぐことが本市の大きな仕事である．おそらく，富山駅は世界に誇れる駅になると思う．新幹線という都市間を結ぶ高速鉄道の駅の中に，路面電車の停留場があって，そこからネットワーク状に市域のあちこちに路面電車で移動できるという都市構造は世界でも稀である．

　路面電車ネットワークが完成するころには，例えば，高齢者が孫といっしょに路面電車でコンサートに出掛けて幕間にワインを飲んで，終わってから食事へという楽しみ方もできる．高齢者にとって，おいしい，楽しい，おしゃれな日常はもう目の前にある．

文献
宇都宮浄人（2016）「公共交通を見直し，地域再生へ：路面電車による新しいまちづくり」『Reed』（関西大学ニューズレター）45: 7-8.

第3章
いつまでも自分らしく過ごせるまちづくり
横浜市青葉区の地域包括ケアシステム事例と考察

大石佳能子

1 はじめに

　日本社会の高齢化は，世界に例を見ないスピードで進展している．これは，たとえてみれば「走り幅跳びを助走なしで跳ぶようなもの」であり，社会のインフラも，人々の意識も急激な変化が求められる．2025年には団塊の世代が後期高齢者になる．欧州等も規範にならず，それまでに，高齢者が「自分らしく」過ごすことができる日本独自の社会をどう作っていくのかが，大きな課題となっている．

　高齢者が「自分らしく」過ごすことのできる地域づくりの胆は，「地域包括ケアシステム」の整備にあり，各基礎自治体は2025年までに整備をすることが求められている．しかしながら，現実的には基礎自治体の職員で医療・介護を専門的に長期間，担当している人は少なく，「地域包括ケアシステム」を整備せよ，と言われてもどこから取り掛かっていいのか悩むケースが大部分だと思われる．

　地域包括ケアシステムの柱の1つは「在宅医療の整備」である．しかし，地域の医師会や病院等の医療リソースの提供者と連携しながら在宅医療を整備していくことのハードルは高い．わが町なりに地域包括ケアシステムに取り組んでも，十分な仕組が構築できたのか，悩む場合もあると思われる．

　本稿では，いち早く地域包括ケアシステムづくりに取り組み，在宅医療の整備を行った横浜市青葉区の事例を紹介し，地域包括ケアシステムの構成要素や，

44 第 I 部 先進事例にまなぶ

構築ステップに関して考察したい.

2 横浜市青葉区の取り組み

2.1 青葉区の概要

　横浜市には 18 の行政区がある.青葉区は市の内陸北部に位置し,東急電鉄田園都市線沿いに開発された典型的な郊外型ベッドタウンが広がる.人口は約 30 万人で,同じく北部エリアの港北区 34 万人に次ぎ,市内で 2 番目に多い.農村が点在する丘陵地帯だったこのエリアは,1966 年の東急田園都市線の開通を機に,都心へ通勤するサラリーマン層を取り込み,全域で大規模な宅地開発が進んだ.現在でも人口流入が続く人気地域で,美しが丘等の高級住宅地が広がり,たまプラーザやすすき野,奈良北といった UR 都市機構の団地群も存在している.2014 年の高齢化率は 18.5％で,市内の全区の中でも 3 番目に低いが,男性の平均寿命は 81.7 歳(2005 年市区町村別生命表)で全国 1 位となったこともある長寿の区でもある.

　青葉区は,若年層を含めた人口流入が続き,まだ高齢化していないこと,所得が高く資産もある住民が比較的多いことなどにより,高齢化社会対応は大きな課題とされていなかった.市内でも旭区・栄区はともに 24.3％と高齢化率が最も高く,これらの区における対応が急務とされてきた.しかしながら,人口構成の将来推計を行うと,青葉区は今後急速に高齢化することが分かり,今から対応しないと間に合わないことが判明した.これは時間をかけて高齢化した北欧諸国と,急激に高齢化した日本の問題の相似形で大きなリスクを抱えていることとなる.

2.2 「次世代郊外まちづくり」

　東急電鉄が開発し,田園都市線の駅を中心に形成されている横浜市青葉区の郊外住宅地を持続的に発展させていくため,2012 年 4 月に横浜市と東急電鉄は「次世代郊外まちづくり」という取り組みを官民共同で推進する包括協定を締結した.「次世代郊外まちづくり」は,人口の減少,高齢化社会を迎える大都市郊外の街におけるさまざまな課題を,行政と企業が手を組み,住民,大学等

を巻き込みながら解決する試みである。「次世代郊外まちづくり」の目的は、高齢者が安心して暮らし続けるとともに若い世代を惹きつけていく魅力ある街を、ハード・ソフトの両面からさまざまな施策を通じ実現していき、「既存のまち」の暮らしやコミュニティを重視しながら、新たな発想で郊外住宅地を再生させていく、というものである。(http://jisedaikogai.jp/)

　「次世代郊外まちづくり」では、2012 年より複数のリーディング・プロジェクトを始動させた。そのテーマは高齢化社会への対応だけではなく、子育て、エネルギー、移動、企業社宅等の土地活用等、多岐にわたる。その 1 つが、地域包括ケアシステム「あおばモデル」のパイロット・プロジェクトである。同プロジェクトは、青葉区医師会や地域医療機関、介護事業者が参画し、高齢者が住み慣れた地域で自立した生活が続けられるように、在宅医療の充実と、医療・介護が連携した地域包括ケアシステムの実現を目的とする。

2.3　地域包括ケアシステムの推進組織

　地域包括ケアシステム構築においては課題が複雑であり、関係者も多いので、その推進組織の設計が成功の大きな鍵と言っても過言ではない。「あおばモデル」の場合は、その推進組織を「医療・介護連携の地域包括ケアシステム推進部会」(略称：ケア部会) と「在宅医療ワーキンググループ」(略称：在宅 WG)の 2 層構造とした (図 1)。

　ケア部会は、青葉区の三師会 (医師会、歯科医師会、薬剤師会)、区内の主要病院、「ねっとわーく青葉」という介護事業者連絡会 (ケアマネージャー連絡会、訪問看護連絡会、訪問介護連絡会、通所介護連絡会) 等が参加し、課題を討議し、方向性を定めるステアリング・コミッティの役割を担う。在宅 WGは、地域包括ケアシステムを青葉区で構築する上で最も課題になると判明した「在宅医療」の問題を専門的に討議する場で、区内で熱心に在宅医療に取り組んでいる 4 か所の診療所や、容体急変時のバックベッドを提供できる病院などを加え、より実務的な課題解決を行う。ケア部会と在宅 WG はそれぞれ 2 か月ごと交互に開催されるので、毎月それぞれで進捗確認と報告が行われる。

　ケア部会、在宅 WG はともに、東京大学高齢社会総合研究機構 (東大 IOG)にアドバイスを仰ぎ、柏プロジェクト (第 1 章) などの先進事例の共有を図っ

46

```
■ 医療・介護連携の地域包括ケアシステム推進部会

 青葉区医師会，歯科医師会，薬剤師会          区内病院
                                     (市ヶ尾カリヨン病院，青葉さわい病院，
   青葉区メディカルセンター                    横浜総合病院)

 青葉区ケアマネージャー連絡会          社会福祉法人 中川徳生会，緑成会
 青葉区訪問看護連絡会
 青葉区訪問介護連絡会              青葉区福祉保健センター，横浜市健康福祉局
 青葉区通所介護連絡会                    ㈱東京急行電鉄


■ 在宅医療ワーキンググループ

 青葉区医師会，歯科医師会，薬剤師会      市ヶ尾カリヨン病院，青葉さわい病院，
                                 たちばな台病院，横浜新都市脳神経外科病院，
   青葉区メディカルセンター                  横浜総合病院

 区内在宅療養支援診療所 (4か所)       青葉区福祉保健センター，横浜市健康福祉局
                                    ㈱東京急行電鉄
```

事務局支援：㈱メディヴァ　アドバイザリー：東京大学高齢社会総合研究機構

図1 「あおばモデル」組織図 (「医療・介護連携の地域包括ケアシステム推進部会」
資料)

た．また，事務局として，行政（青葉区福祉保健センター，横浜市健康福祉局）
と企業（東急電鉄，メディヴァ）が入っている．3か年の活動の後，事務局機
能は青葉区に引き継がれていくのであるが，当初から市だけでなく，区行政が
関わっていたことの意義は大きい．

　また，メディヴァはコンサルタントとして本プロジェクトに関わったが，単
に議事進行コーディネートだけではなく，区が抱える課題や将来的な方向性に
ついて分析し，ファクトベースの議論を促す役割を担った．どの団体の意見か
ではなく，ファクトを元に語ることは，各団体の意見の方向性を揃えるには極
めて有効である．

3　ファクトの共有

3.1　青葉区の高齢化と医療介護需要予測

　地域包括ケアシステムの構築支援を行うに当たり，まずは青葉区が置かれて
いる高齢化の実情をマクロ的に把握しケア部会で共有した．前述のとおり，青
葉区の高齢化率は18.5％で，18区の中では北部の都筑区，港北区に次いで，3
番目に低い．しかしながら，低い高齢化率は安心材料ではなく，リスク要因で

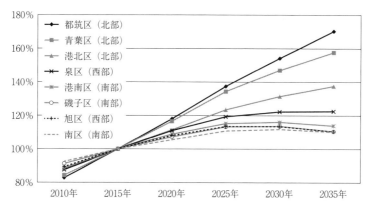

図2 横浜市内各区の入院患者数伸び率の将来推計（2015年を基準とした増加率比較）（「医療・介護連携の地域包括ケアシステム推進部会」資料）

ある．というのは，医療提供体制の整備という視点で見た場合の高齢化問題の本質は，「高齢化率の高さ」よりも「高齢化の速さ」である．青葉区では，東急田園都市線の開発により短期間で集積した大きな人口が，一気に後期高齢者となり，医療介護ニーズが高まる．

横浜市の区において，2015年の入院患者数（予測値）を100として，今後の入院患者数の伸び率で比較した（図2）．西部南部の各区で，2025年に入院加療のニーズがピークアウトし，現状の10〜20％のキャパシティ拡張で対応できるのに対し，北部の青葉区や港北区では，2025年以降もニーズの伸びが続く．青葉区は10年後の2025年までに35％増，2035年には現状の1.6倍となり，入院加療が必要な患者の絶対数も市内最大となる．需要のピークアウトはさらに先となる．

3.2 定性調査による課題の絞り込み

次に，実際に地域で医療・介護を提供している多職種に対するヒアリング調査を行った．このヒアリングから明らかになった青葉区の現状は，「看護・介護の各職種については，質・量共にそれなりの充実感があり，各連絡会間のネットワークが草の根で形成されている」一方，「介護と医療とのパイプはまだ不十分」で，さらに「区内の在宅医は不足状況にある」というものだった．

48　第Ⅰ部　先進事例にまなぶ

高齢化が現時点ではそれほど進んでいない青葉区において，外来需要はまだ伸び続けており，わざわざ外来の時間を減らしてまで，さまざまなハードルや面倒臭さがある在宅医療に参入する診療所は当然ながら多くない．ましてや介護サービスとのパイプを積極的に持とう・増やそうとする医師は少ないことが判明した．これを元にケア部会では地域包括ケアシステム構築に向けた大きな課題として，「在宅医療の量と質の充実」を掲げた．

3.3　死亡診断書から見える看取りの実態

いかにして，ひとりでも多くの外来開業医に，在宅医療の第一歩を踏み出してもらうのか．単なるマクロ把握や，定性的なヒアリング結果だけでなく，よりリアルで，納得感のある根拠として「死亡診断書」のデータを分析することにした．

「死亡診断書」は，医師によって発行される診断書で，「死体検案書」（死亡診断書と同書式）と合わせて，死亡を証明する効力を持つ．死亡診断書および死体検案書の全データは死亡統計として国がまとめている他，各保健所でもCSV 形式で保管されている．ひとりひとりの死亡診断書データは「死亡小票（個票）」と呼ばれ，調査票情報を分析に利用するためには，統計法（第 33 条）に則り，自治体の首長から厚生労働大臣に対して利用申出を行う必要がある．

死亡診断書（および死体検案書）は，地域で死亡した全住民のデータベースとなるため，在宅医療や地域包括ケアの重要な要素である「看取り」を，地域全体で客観的に把握する上で，非常に重要な意味合いを持つ．分析上，特に死亡診断書（および死体検案書）に記載される次の 3 つの情報が鍵となる．

① 死亡場所の種別（「病院」か「自宅」か「施設」か）

② 死因の種別（「病死・自然死」なのか，「事故死」や「自死」なのか．また，「がん」なのか，「老衰」「肺炎」なのか）

③ 診断書を発行した医師の住所，氏名（その人を「誰が」看取ったのか）

青葉区民が「どこ」で，「どんな死因」により亡くなり，「誰」に看取られたのか．この 3 要素をクロス分析することで，これまで現場レベルで曖昧に把握されていた青葉区における看取りの実態を，ファクトとして，客観的に把握することが可能となる（図 3）．

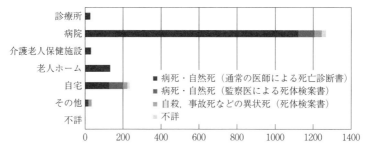

図3 青葉区民の死亡場所別死亡者数(「医療・介護連携の地域包括ケアシステム推進部会」資料)

　図3は,2011年の青葉区民の死亡場所別の死亡者数を,死因の内訳付で表したものである.1732人の年間死亡者のうち,73.2％の1267人が「病院」で亡くなっている.その次に多いのが,235人(13.6％)の「自宅」死亡者だ.この分析によると,全体の13.6％が自宅で亡くなっている.しかし問題は,その死因である.

　「自宅」死亡者の中には,死因が継続的に診療中のものであった死亡(＝死亡診断書の発行)と,それ以外の死亡,すなわち「異状死」(＝死体検案書の発行)に分類可能である.「自宅死亡者」235人のうち,46％に相当する108人は「異状死」であった(うち74人は死因が病死・自然死であった.これらの死亡のなかには多くの「孤独死」が含まれると想定される).一方,自宅死亡者のうち継続的な在宅医療の診療内の死因で死亡した,いわゆる「自宅看取り」は,全体の54％に過ぎない.この結果,2011年の青葉区において,本当の「自宅看取り率」は13.6％ではなく,7.3％しかないことになる.この数字は,医師会にとっても行政にとっても,大きなインパクトを与えた.

　さらに「自宅看取り」を行った医療機関を分析した.図4は,年間の自宅看取り件数(死因内訳あり)を医療機関ごとにランキングして並べたもので,青葉区内に立地する医療機関を左側に,青葉区外に立地する医療機関を右側に寄せている.この分析からは,青葉区民の自宅看取りの約7割の看取りは,青葉区内の医療機関が担当していることが分かる.ただし,残りの3割は,都筑区や緑区,川崎市や東京都内といった外部の医療機関による自宅看取りである.さらに,青葉区内の医療機関による看取りは,その半数強が2つの在宅療養支

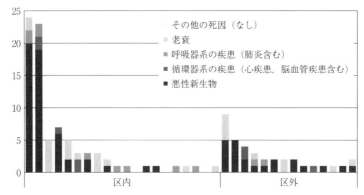

図4　青葉区民の自宅看取りを行ったクリニックの地域分布（「医療・介護連携の地域包括ケアシステム推進部会」資料）

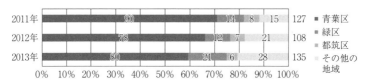

図5　青葉区民の自宅看取りを行った医療機関の立地分布の推移（「医療・介護連携の地域包括ケアシステム推進部会」資料）

援診療所に依存して担われている.

区内の自宅看取りを区外医療機関に依存する状況は，経年で見るとさらに顕著に分かる（図5）. 2011年に全体の3割だった区外依存度が，年々増加し，2013年には4割にまで上昇していた. すなわち，青葉区内の在宅医による自宅看取りの比重が，7割から6割へ落ちている. 外部依存度が年々上がっている，となれば，医師会としては放置できない問題である.

3.4　看取りの推計

超高齢社会のその先にあるもの，それは多死社会だ. 団塊の世代が平均寿命を迎える2040年頃，日本の年間死亡者数は約167万人というピークを迎える. 病院のベッドで亡くなる人数も，自宅や施設での看取り数も増えなかった場合，2040年のピーク時には約35～40万人の死亡者の「看取り場所がない」という問題が発生する.「看取り難民問題」とも言われるこの視点は，基礎自治体に

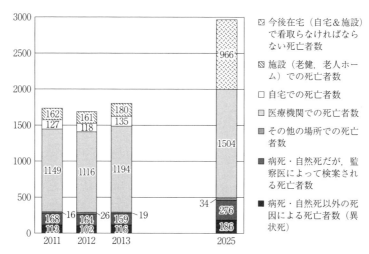

図6 看取りの場所の将来推計(「医療・介護連携の地域包括ケアシステム推進部会」資料)

も当てはまる.

　青葉区では2011年の時点で, 年間1735人が死亡している. これが2025年には3000人近くに達すると予測されている. この人数を, 病院と在宅(施設を含む)で受け止める必要がある.

　医療機関で亡くなった青葉区民は, 2011年の実績値で年間1149人(異状死を除く). 厚生労働省の病床削減シナリオや全日本病院協会が集計した全国の病院の1病床あたりの年間看取り人数等を参考にしながらロジックを組み推計したところ, 医療機関での看取りは現状の約1.3倍で限界に達し, 最大で1504人までしか増やせないことが分かった.

　一方, 2025年の総死亡者数の予測は2966人なので, 異状死の予測496人および医療機関での死亡者数予測1504人を差し引くと, 残りの約966人は, 自宅(サービス付き高齢者向け住宅含む), もしくは特別養護老人ホームや介護老人保健施設, 有料老人ホームといった施設, すなわち在宅側で看取られなければならない, ということになる(図6).

　2011年の段階で, 青葉区民の在宅看取り数は289人(自宅看取り127人, 施設看取り162人)であるので, 966人という人数は, 2011年の実績値の約3.3

52　第I部　先進事例にまなぶ

倍に達する.

　青葉区医師会には,現在約150か所の医療機関が所属し,そのうち内科標榜の医療機関は約120か所であるため,1内科医療機関あたり年間7.5人の在宅看取りを行わなければならない.在宅看取りを行っている医療機関のほとんどが年間看取り件数1〜2名であることを考えると,非常に大きな数字となる.

　この数値は医師会の巻き込みだけでなく,多様な主体が参画するケア部会の課題認識の共通化・標準化にも重要な役割を果たした.これらの分析結果をケア部会で報告した結果,医療側だけでなく,介護側の構成員からも,「これまで題目として聞くだけで,漠然としていた医療との連携の必要性を,納得感を持って認識できた」,「少ない資源で多くの需要に対応するためには,仕組みづくりが必須だ」といった発言が出てきた.

　青葉区でも他の地域と同様,ケア部会発足当初,医療側と介護側との間には,地域包括ケアや医療介護連携を巡って,課題認識のズレや心理的なわだかまりや隔たりがあった.しかし客観的な数字が示され,問題の所在やボトルネックが明らかになることが,両者の自然な歩み寄りを導いた.

4　ベストプラクティスの共有

　ケア部会がスタートして最初の1年間は,このようなファクトの共有を行いながら,医療・介護の多職種連携,在宅医の負担軽減と量的確保のための仕組みづくり,ICTシステム導入といった各種テーマの他地域における先行事例を共有した.

　東大IOGの辻哲夫特任教授,医療法人横浜柏堤会奥沢病院の松村光芳院長(当時),医療法人社団プラタナス桜新町アーバンクリニックの遠矢純一郎院長等,在宅医療や地域医療を代表する人たちを招いてベストプラクティスを聞きながら,地域包括ケアシステム「あおばモデル」のあるべき姿を形作っていった.ゴールイメージとしての「あおばモデル」は,横浜市と東急電鉄の「次世代郊外まちづくり基本構想2013:東急田園都市線沿線モデル地区におけるまちづくりビジョン」の中に盛り込まれた.

5 課題の解決

5.1 「医療・介護連携の顔の見える場づくり」

2年目の2013年10月から,ケア部会第2フェーズが始まった.「医療・介護連携の顔の見える場づくり」は,区役所が事務局となった.最初は,食事会でお互いを知るところから始まったこの会は,今では完全に区の事業として活動している.また行政の地域支援事業へと組み込まれる「地域ケア会議」を検討する場としても機能している.

2014年10月1日には,青葉区内の在宅ケアに関わる専門職向けの多職種連携事例検討セミナーが開催された(図7).セミナーでは冒頭に青葉区長があいさつをし,区役所や医師会の講演ののち,医師会長を含む各職能団体の代表者が壇上に立ち,多職種連携の事例検討劇を上演した.このセミナーには区内の多職種が集まり,総数350人の参加で会場が埋まる盛況となった.

5.2 ICTによる多職種連携

ケア部会1年目の検討で焦点となった課題の1つは,医療従事者と介護従事者の間にある心理的な「壁」の解消と,その結果としてのチームケアの質の向上だった.ベストプラクティス共有の場では,ICTシステム導入の結果,多職種連携が充実化した先行事例が紹介されていた.

図7 セミナーの模様

54 第Ⅰ部 先進事例にまなぶ

「あおばモデル」の青写真が部会で共有された2年目の秋,「横浜市環境未来都市超高齢化対応推進モデル事業」という市の総事業費500万円の補助事業情報が入った. 課題がある程度見えた部会にとって, この補助金はタイミングが良く, 早急に規約を作成, 部会を団体化し, 翌年1月に無事採択された. 経費項目は, クラウド型情報共有システム（カナミックネットワークのTRITRUS）の購入と, それを多職種で活用するためのタブレット端末（42台）の購入だった.

整備後, システムやタブレットの操作研修会を開催して準備を整え, 翌年度の初めから年度末までの1年間を, まずはクローズドな体制で少数の患者を症例として登録する形でパイロットスタディーを開始した.

スタディーでは, 参加する12名の在宅主治医が, システム上でそれぞれの「患者の部屋」を構築, その患者が利用している全ての多職種事業所を招待し, 各部屋でICT多職種連携をスタートさせた. このスタディーの目的は, 連携上・システム機能上の課題点を集積し, 青葉区の実情に沿った多職種連携の「型」とルールを整備することにあった.

しかし新たなシステムはなかなか普及しない. 理由はシンプルで, 新しい仕組みに何とか慣れ, みんなで便利に使いこなすまでの間に必要な苦労（＝面倒臭さ）が, 短期的に想定されるメリットよりも過大だからである.

青葉区でも, この課題は発生した. そのため, 設計したのは, コミュニティの「にぎわい」である. 通常の連携に使用する「患者の部屋」のほかに, 訪問歯科診療の導入をサポートする「歯科医師会の部屋」や, 訪問服薬指導の導入をサポートする「薬剤師会の部屋」, 臨床面での相談や, 医材の小ロット注文や在庫のやり取りが可能な「ドクターズサロン」, 青葉区内の病院の空床状況が毎日更新され患者急変時の入院を支援する「バックベッドの部屋」等を構築した. このように, これら在宅主治医にとってメリットの大きいコミュニティを整備した.

しかしどれだけ在宅主治医のメリットを強調しても, 導入時の複雑な手続きを在宅主治医が負担するモデルだったことから, 限界があった. この状況を打開したのが, 青葉区における在宅医療連携拠点（以下, 連携拠点という）の設置だった. 横浜市では, 青葉区を含む10区でスタートすることとなり, 青葉

区では 2015 年 1 月 5 日に常勤スタッフ 3 名体制で開所した.

これに合わせて，これまで在宅主治医が担当し負荷が高かった「患者の部屋」の構築や，関係多職種の招待といった作業を，連携拠点が代行する仕組みに移行した．ICT システムのコミュニティを活性化させ，にぎわいを創出し維持していく機能も，連携拠点の重要な役割である．「バックベッドの部屋」における空床情報の毎日の更新や，「ドクターズサロン」における医材の購入代行等も担当する．拠点が代行することにより，在宅医の負担は大幅に減って導入ハードルは下がった．一方，拠点の負荷が大きいという課題は残り，今後の課題となった．

5.3 バックベッドの確保

3 節の死亡診断書分析によって指摘したとおり，青葉区の場合は，看取りまで担う在宅療養支援診療所の数が圧倒的に足らない．ケア部会で在宅医が増加しないボトルネックとして指摘されたのは主治医の「24 時間 365 日対応の負担」と合わせて，「バックベッド確保の困難さ」であった．

患者の容体が肺炎などで増悪した際，在宅医は後方支援病院（いわゆるバックベッド）に患者を入院させ，治療が安定した後，再度自宅へ戻す（在宅復帰）．しかし，特に夜間や休日といった時間帯にこういった手配を行うことは，在宅医，特に最近在宅医療を始めた医師にとってはハードルが高い．

普段バックベッドとして頼んでいる使い勝手の良い規模の病院には夜間・休日の緊急受入体制がないことがある．逆に，夜間・休日でも緊急で受入体制をしいている比較的大きな急性期病院では，仮にベッドが空いているとしても，入院長期化の可能性がある高齢者は受け入れづらい．

「あおばモデル」では，この両者を組み合わせる形で在宅医のバックベッドを確保するようにした（図 8）．常時受入体制がある病院を「夜間休日受入病院」とし，夜間・休日に容体が悪化した在宅患者は，まずこの病院に入院する．しかし長期間の入院は受け入れづらいため，容体が安定したら比較的ベッドに余裕がある地域密着の中小病院へ転院する．この転院先の病院は，最初の急性期病院と在宅復帰までの中継地という意味合いを込め「トランジット病院」と呼んだ．「夜間休日受入病院」にとっては，「トランジット病院」が入院患者の

図 8　転院を前提としたバックベッドモデル（「在宅医療ワーキンググループ」資料）

転搬送を一時的に受け入れてくれることが，在宅療養中の患者の緊急入院受け入れのハードルを下げる．

　青葉区内の複数の病院がそれぞれ「夜間休日受入病院」，または「トランジット病院」として登録したのに加え，最大の急性期病院である昭和大学藤が丘病院も，この枠組みを包括する外側のセーフティネットとして参画した．仮に「夜間休日受入病院」が全て満床だった場合，藤が丘病院に入院させることができる．「夜間休日受入病院」と「トランジット病院」という 2 種類の病院の選択と相互連携は青葉区の在宅医療連携拠点が担う．

6　今後の課題

6.1　在宅支援診療の増加と連携

　バックベッドを整備し，「あおばモデル」は，いよいよ在宅支援診療所の増加という最大の課題に直面した．ケア部会では，かかりつけ医が少しでも在宅医療に興味を持ってくれるように，メディヴァのコンサルタントが「在宅医療開設・診療報酬講習会」を開催し，経営上のメリットを説明しながら，疑問に答えた．この講習会の結果として，今まで在宅に全く興味がなかった診療所の

参入を得た.

　また外来中心のかかりつけ医が診ることのできる数が限られているため，複数の医師を雇用し，在宅専門で診療をする在宅療養支援診療所の新規開設を促した．在宅主治医にとっては，「24 時間 365 日対応の負担」が在宅医療をスタートすることの大きなハードルになる．複数の医師が勤める在宅専門診療所は，院内で連携しながらこの負担を減らしている．実験的にではあるが，この連携を院外にも広め，かかりつけ医が夏休みを取る時などには，バックアップすることも試行している.

　青葉区内を複数の地域に分け，かかりつけ医同士がグループを組んで，連携しながらバックアップを行うモデルを目指して，検討が開始されている．主治医と副主治医のマッチングも，まずは日頃から交流のある医師同士から実行し，患者サマリーシートを元に多職種連携 ICT システム上で情報を共有し，閲覧可能な状態にしておくというルールも作成した．まだ必要とされる在宅療養支援診療所の数には及ばないが，それを目指して地道な取り組みを重ねている.

6.2　認知症の早期の発見と介入，そして地域ぐるみでの予防

　在宅医療以外にも，地域の多職種が連携しながら区民の健康を予防レベルから早期発見・早期介入していくことや，認知症への対応も重要な課題である．この課題はケア部会と密に関わりを持ってきた在宅医，看護・介護系の多職種，訪問系の薬局，地域包括支援センターだけではなく，外来開業医や，一般薬局等を巻き込んでいく必要がある．診療所の外来や，薬局の窓口等での早期発見と適切な資源への接続，介入ができるよう，在宅資源側との連携の確立とガイドラインの整備が求められる.

　2014 年の介護保険法の改正により，2018 年 4 月からは，これらの取り組みは「地域支援事業」として，市区町村の事業として展開されなければならない．それまでに，在宅医療と介護の連携だけではなく，行政，医師会，第 3 セクター等の役割分担と対応領域を確認し，具体的な取り組みを開始しなくてはならない.

6.3 住民意識の向上

　青葉区民は交通の便や地域柄もあって，「都心の大病院志向」が強いことが，ヒアリング調査からも明らかになった．「かかりつけ医は都心の大学病院です」という区民の意識にどう対応するのか．高齢になって都心に通いにくくなった時，もしくは突然大病をして入院した後，退院した時，地域のかかりつけ医や地域の在宅医の診療へ速やかに連携するのにはどうすれば良いのか．バックベッドモデルにしても「なぜ急性期病院から転院しなければならないのか」を理解してもらうには，地道な区民啓発が求められる．

　青葉区では，2015 年に，医師会主催の区民向けシンポジウムを実施し，医療・介護の専門職向けセミナーと同様，各職能の代表者による劇形式の事例を上演し，住民啓発を促した．また同年，在宅ケアに関わる「地域資源マップ」をリリースした（あおばケアマップ http://www.aoba-caremap.org/）．これは地域包括ケアという理念のもとで，医療と介護のサービスを横断的に検索できる Web サービスである．同時に，「地域包括ケアあおばモデルとは？」などを一般区民に分かりやすい形で解説し，最新情報を告知するポータルサイトとしての機能を持たせている．

　区民の理解を得るには，シンポジウムでの地道な区民への発信から，Web を使った戦略まで，幅広く，地域包括ケアと在宅療養を身近なものにしていく努力を積み重ねていくことが求められている．

6.4 本当の「地域包括ケアシステム」を目指して

　地域包括ケアシステムは，医療と介護，予防だけでは成り立たない．それらアウトカムを成立させるためには，生活支援サービス・福祉サービスといった支援が，単に行政の事業としてだけでなく，市民社会的な厚みの中で自給されている状況が必要であり，その前提として高齢期の安心の住まいが用意されていなければ成り立たない．

　現在の青葉区のケア部会で議論されていることは，「地域包括ケアシステム」の本当の定義からいうと，まだ医療と介護の連携，および在宅主治医の負担軽減，といった次元の議論しかできていない．これはケア部会のメンバーも十分に分かっていて，優先順位付けをしながら課題を解決している．将来的なあり

方に関しては，「次世代郊外まちづくり」のフレームワークの中で整理される
のではないか，と考える．

「次世代郊外まちづくり」は，地域包括ケアシステム「あおばモデル」だけ
でなく，住民創発プロジェクト（住民活動の活性化），コミュニティ・リビン
グ（地域活動と協働），パーソナル・モビリティ（地域移動の手段）等の，都
市が抱える近未来的課題に対応している．これらは，まさに多様な主体を活用
した生活支援サービスの充実や，高齢者の社会参画を通じた介護予防といった，
厚生労働省のビジョンとも重なるところである．

7 「在宅医療・介護連携推進事業の通信簿」

以上，地域包括ケアシステム構築の先進的な事例として，横浜市青葉区にお
ける取り組みを紹介した．メディヴァは，横浜市青葉区以降，東京都練馬区，
葛飾区，町田市，茨城県筑西市等，多くの自治体で地域包括ケアシステムづく
りを支援してきた．その経験に基づくと，地域包括ケアシステムを作っていく
ためには，本稿で述べたとおり，いくつかの鍵となる組織体制や運営方法があ
るように思われる．

一方，6節末尾のとおり，地域包括ケアシステムのカバーする範囲は莫大で，
完成までには相当の期間と労力を要し，関係者も非常に多い．地域包括ケア
システムを構築する担当の基礎自治体の立場に立つと，どういうことを具体的に
したらよいのか，どこまで進捗したのかが分かれば，イメージがしやすくロー
ドマップになるのではないか，と考えた．そこで，最近メディヴァで使ってい
るのは，「在宅医療・介護連携推進事業の通信簿」と称する表である．

これは，厚生労働省老健局老人保健課が「在宅医療・介護連携推進事業」に
ついて示した8つの項目を，段階別に具体例を示し，それぞれについて「検討
に対して未着手である（0点）」から，「実施後に事業評価を行いPDCA（plan-
do-check-act）を回している（5点）」までの6段階で評価するものである（40
点満点）．例えば，青葉区の場合は，メディヴァが関わった初年度から，事務
局機能を行政等に引き渡した3年後では，4点から33点に進捗していること
が見て取れる．

メディヴァは在宅医療を担う全国の診療所と密に情報交換をしているが，地域包括ケアシステムへの取り組みや進捗度合いは地域によって相当差があるように聞いている．このような「通信簿」を用いることにより，地域の進捗状況が可視化され，住民や関係者にとっても分かりやすくなると，熱心に取り組んでいる基礎自治体や関係者にとって励みにもなるのではないか，と考える次第である．

第4章
中山間の小さな拠点
高知県の集落活動センター

中村　剛・樋口裕也

1　はじめに

　高知県では 1990 年に，全国に 15 年先行して都道府県で初めて人口の自然減が始まった[1]．過疎化と少子高齢化の進行と，それに伴う県経済の活力や地域の支え合いの力の著しい低下といった，当時から本県が直面した課題は，今では全国における共通の課題となっている．

　高知県は，こうした人口減少による負のスパイラルから生じる様々な課題を抱える「課題先進県」である．だからこそ，全国に先んじてその課題解決に取り組み，その解決策等を提示する「課題解決の先進県」となることを目指してきた．本書の副題にある「持続可能な地域共生社会」の実現に向けても，「官民協働」，「市町村との連携協調」の方針のもと，全県挙げて取り組んでいるところである．本稿では，その取り組みの1つである「集落活動センター」について紹介していきたい．

2　高知県の中山間地域の現状

2.1　高知県の地形の特徴と中山間地域

　高知県は四国の太平洋側に位置し，東西に長い 713 km もの海岸線を有する

---

1)　人口動態調査（厚生労働省）及び人口移動調査（高知県）に基づく．

62   第Ⅰ部　先進事例にまなぶ

と同時に，全国1位の森林率（約84％）を誇る，海と山の県である．海と山の距離が近く，また内陸部もV字谷の地形が多いため利用可能な平地は限られており，県中央部の高知平野に位置する県庁所在地の高知市と隣接する南国市に県人口の過半（約51％）が集中している．

　太平洋ベルト地帯から離れた位置にある高知県では2次産業の集積が進まず，1次産業を中心とした産業構造となっているが，上述のような地勢のため，大規模農業のための生産条件も，決して良好とは言えない．

　こうした特徴を有する高知県は，県土のほとんどがいわゆる「中山間地域」に該当する．中山間地域について明確な定義があるわけではないが，本稿では，高知県が定義する山間地及びその周辺の地域等地理的及び経済的に不利な地域として，地域振興に関する5つの法律の規定により指定された地域を中山間地域としている[2]．この定義によれば，高知県はその総面積の約93％が中山間地域となるが，そこに居住する人口は県総人口の約41％にとどまる．都市地域への集中と周辺地域の過疎化，そして同時に進行する全体としての人口減少という状況は，現在の我が国の縮図とも言える．次項では，この人口減少と相まって進行する高齢化の状況について述べる．

2.2　人口の減少と高齢化

　高知県の人口は，高度経済成長期の1960年からの50年間で約11％減少しているが，そのうち中山間地域の人口減少率は約42％となっている．過疎地域自立促進特別措置法に基づく過疎地域[3]に限れば，約49％の減少である．過疎地域では人口の自然減に加えて，過疎地域以外への人口流出（社会減）が起こり，地域を担う生産年齢人口も急減している．特に近年は集落あたりの世帯数の減少が顕著であり，20世帯未満の小規模集落が増加している．

　人口減少と相まって進行しているのが高齢化である．国勢調査の結果による

---

2)　過疎地域自立促進特別措置法による「過疎地域」，特定農山村法による「特定農山村地域」，山村振興法による「振興山村地域」，半島振興法による「半島地域」，離島振興法による「離島地域」を指す．

3)　過疎地域自立促進特別措置法において，「人口の著しい減少に伴って地域社会における活力が低下し，生産機能及び生活環境の整備等が他の地域に比較して低位にある地域」と規定されている地域．

と，高知県の高齢化は全国と比べ概ね 10 年先行しており，50 年間で高齢化率は約 28％増加し，37％を超えている．特に留意すべきは過疎地域における 15 歳未満の若年者数の減少であり，生産年齢人口の減少率約 43％と比較しても格段に大きい，約 74％の減少率となっている．現役世代よりも将来世代の人口流出の方が激しく，人口構造の逆ピラミッド化を加速することとなっており，我が国における過疎高齢化の状況を典型的に示していると言えよう．

3 高知県の中山間対策

3.1 集落調査：疲弊する中山間地域と集落調査

前節で述べたような地理的状況や人口減少・高齢化の進行によって，高知県では中山間地域の疲弊が顕わとなっている．草刈り等の共同作業の実施やお年寄りの見守り，健康維持活動，伝統文化の継承や防災意識の共有といった中山間の集落機能の維持に必要な取り組みが廃れていき，地域から活気が失われていった．

これらの状況は，中山間地域に居住する，または中山間地域に関わる県民それぞれの実感として，早くから認識されていたものと思われる．住民と直に接する市町村の首長や議員，職員にとってもそれは同様であり，危機感を覚えた住民が力を合わせて生活必需品の小売に取り組んだり，市町村が負担をして，住民の日常の足となるコミュニティバスを運行したりといった，自助・互助・共助・公助にわたる様々な取り組みは，現在のように国を挙げて人口減少の克服や東京一極集中の是正が叫ばれるようになる以前から存在していた．

高知県でも，こうした取り組みを個々に支援し過疎・高齢化の進行を食い止めようと取り組んできたところであるが，こうした住民と市町村の個々の取り組みを先行事例とし，県全体を支える施策として再構築するためには，県全体の住民の実感・思いを可視化することが必要となってくる．このため高知県では，県内中山間地域の集落の実態を悉皆的に把握する集落調査を 2011 年度に実施し，その後の県の中山間対策に反映することとした．この集落調査の概要を以下に述べる．本稿標題の集落活動センターは，その調査結果を受けて策定された施策である．

64

■集落調査の目的と内容

少子高齢化や過疎化が著しく進行する中山間地域の実態調査を行うことによって，中山間地域の実情や住民の思いを知り，本県の中山間対策に反映させる．

（従来から実施してきた調査）　　　　（平成 23 年度に新たに実施した調査）

集落データ調査	集落実態調査

集落データ調査

・平成 22 年国勢調査の結果を踏まえ，市町村や集落ごとの人口，世帯，高齢化率等について，調査・分析を実施

■調査対象数　2,573 集落

■データ内容
・県，市町村の人口，高齢化率の推移
・集落数の推移
・世帯規模別，人口増減別，世帯数増減別，高齢化率から見た集落の推移

※昭和 35 年から 5 年毎に定期的に調査

＋

集落実態調査

・中山間地域を基本として，50 世帯未満の集落を対象に実施（調査項目により，2 段階で集落の実態や課題や住民の思いを把握）
【調査内容】　集落活動，生活（生活環境，安心安全），産業振興

集落代表者聞き取り調査	世帯アンケート調査

集落代表者聞き取り調査

・実際に地域に入り，集落やコミュニティ活動の実態等を，地区長等の代表者から聞き取り調査の実施
【調査対象】　1,359 集落
【調査項目】　64 項目
【調査期間】
H23 年 8 月～H24 年 1 月
【実施方法】
調査員や県，市町村等による面会

世帯アンケート調査

・1,359 集落の中から，各市町村と協議し，2～3 集落を抽出して，アンケート調査を実施
【調査対象】
109 集落の 20 歳以上の者
【調査項目】
世帯主　11 項目
個　人　33 項目
【配布数】
2,607 世帯
（個人 5,476 人）

図1　集落調査の概要

　図1のとおり，2011 年度集落調査は，集落データ調査と集落実態調査の 2 つの調査から成る．前者は 2010 年度に実施された国勢調査の結果を踏まえたデータ分析である．これは従来から国勢調査ごとに実施してきた調査であり，人口や高齢化率，世帯規模といった指標を時系列で把握するものである．後者の集落実態調査が，2011 年度に特別に実施した追加調査となる．

　集落実態調査は，集落代表者に対する聞き取り調査と，世帯アンケート調査の 2 つに分けられる．聞き取り調査は，中山間地域を中心とした，おおよそ 50 世帯未満の集落を対象に実施された．その対象集落数は 1359 集落で，これは県下の集落総数の半数を超える．世帯アンケート調査は聞き取り調査対象集落のうち，抽出した 109 集落を対象に，集落に住む 20 歳以上の全住民に対して実施し，その人数は 5476 人に及んだ．調査員，市町村，何よりも地域住民の方々の協力により，短期間でこれだけの調査が可能となった．その結果，以下のような課題が見えてきた．

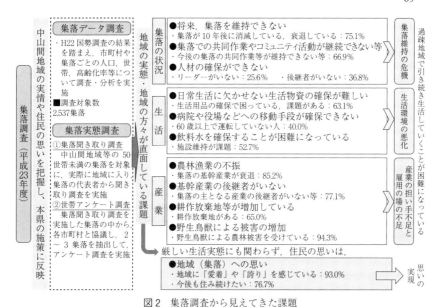

図2　集落調査から見えてきた課題

　図2は，集落調査の結果見えてきた，地域の実態や地域の方々が直面している課題の中から，主だったものをまとめたものである．集落の状況，生活，産業の3つの項目について，集落が将来消滅または衰退している，生活用品の確保に課題がある，野生鳥獣による被害の増加も相まって集落の基幹産業である一次産業が衰退し，後継者不足に陥っている，といった厳しい認識が示されている．一方で，これら厳しい生活実態にもかかわらず，調査対象の9割以上の住民が地域に「愛着」や「誇り」を感じており，7割以上の住民は今後も住み続けたいと考えていることも同時に明らかになった．

　この集落調査によって，数々の課題と住民の思いは，特定の地域における個別の事情により存在するものではなく，県内中山間地域に共通するものとして把握された．経験や勘や思い込みからくる推測や予断ではない，確たる結果を踏まえて，県全体としてどのように対処していくべきか，住民の思いをどう実現していくか，行動が迫られることとなったのである．

3.2 集落調査を踏まえた体制強化

集落調査の結果を踏まえ，高知県では2012年度からの中山間対策の抜本強化に向けた検討が進んだ．具体的には，以下のような庁内の組織体制と中山間施策の充実・強化が行われたのである．

まず，過疎対策をはじめとする中山間対策に関する総合的な政策を推進するためのエンジン役として，「中山間地域対策課」が新設され，併せて中山間対策を統括する部長級職員である「理事（中山間対策・運輸担当）」が新設された．そして深刻化する鳥獣被害への対策を中山間対策の重点課題に位置づけ，当時他部局にあった「鳥獣対策課」を理事所管へと移管した．

さらに，全庁を挙げて中山間対策をより強力に推進していくため，庁内の中山間対策を横断的に推進する組織となる「中山間総合対策本部」が強化された（図3）．当該本部は1995年度に設置されて以来，副知事が本部長を務めていたが，2012年2月に知事を本部長とし，重点課題の数々について，知事直轄で強力に推進する体制を整えた．そして県として「中山間地域でだれもが一定の収入を得ながら，安心して暮らし続けることができる仕組みづくりの推進」を目

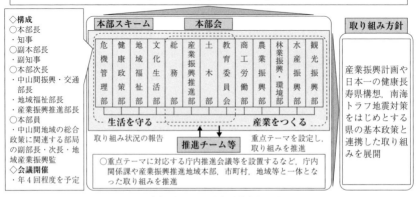

図3　高知県中山間総合対策本部の概要

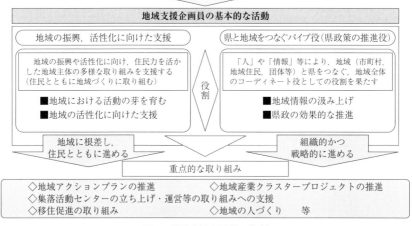

図4　地域支援企画員の役割

標に掲げ，「生活を守る」と「産業をつくる」の2つを柱とした中山間対策の総合的な推進を図ることとしたのである．以上の体制のもと策定された施策の1つが，次節に述べる「集落活動センター」である．

　もう1つ，既存の高知県の制度の中で特筆しておくべきが，高知県独自の「地域支援企画員制度」である．2003年度に始まった本制度は，「市町村と連携しながら，実際に地域に入り，住民の皆様と同じ目線で考え，地域とともに活動することを基本として，それぞれの地域の実情やニーズに応じた支援を行うことによって，地域の自立や活性化を目指す」ことを狙いとして始まった制度であり，具体的には，県の職員（地域支援企画員）が県出先機関への配属や市町村との人事交流といった形をとらず，本庁所属職員として市町村役場などに配置され，単身で地域に駐在する制度である．

　実際に地域に入り，それぞれの地域支援企画員の視点で自主的に活動することで，福祉や農業といった分野や，県や市町村といった自治体の枠を横断的に俯瞰することが可能となる．期待される役割は導入以来年々広がってきており，2016年度現在では図4のとおりとなっている．また図5のように，地域支援企

図5 地域支援企画員の配置方針

画員は県内7ブロックごとに，地域産業振興監という副部長級職員のもとに配置されている．この地域産業振興監をトップとし，関係部局の出先機関，地域支援企画員により「産業振興推進地域本部」が構成されている．

このように地域本部ごとに，県内全域に地域支援企画員が配置されていることによって，前述した中山間総合対策本部において県庁各部局横断的に検討された施策を，各地域の現場においても横断的に，かつ円滑に推進することが可能となっている．もとより地域支援企画員制度は中山間対策のみを対象としたものではないが，高知県の中山間対策を語る上では欠くべからざる制度である．後述の集落活動センターの推進にあたって，地域支援企画員が果たす役割は極めて大きい．また，明示的なものではないものの，地域に駐在し，住民の方々とともに業務に取り組んだ県職員が年々増えていくことで，具体的な現場の課題をイメージした実効性の高い施策立案や，県庁という組織と地域との距離感を近づける効果も期待されるところである．

4 集落活動センター

ここまで，高知県の中山間地域の現状と集落調査，調査を踏まえた県の対応のうち主に体制整備に係る部分について概観してきた．本節では，整備された体制のもと，2012年度から推進されている高知県の中山間対策の中心的な施策である，「集落活動センター」について詳述する．

4.1 集落活動センターとは
(1) 集落活動センターの理念

図6は，集落活動センターの概要を示したものである．左上部分に定義が書かれているが，集落活動センターとは，「地域住民が主体となって，旧小学校や集会所等を拠点に，地域外の人材等を活用しながら，近隣の集落との連携を図り，生活，福祉，産業，防災などの活動について，それぞれの地域の課題やニーズに応じて総合的に地域ぐるみで取り組む仕組み」である．この「仕組

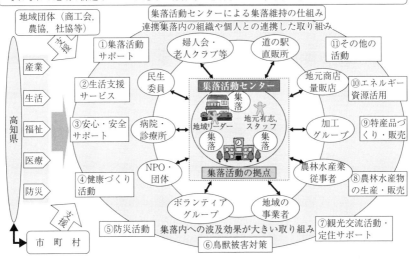

図6 集落活動センターの概要

70　第Ⅰ部　先進事例にまなぶ

み」というところが，集落活動センターの理念，考え方におけるポイントとなっている．

　また，3.1の図2に掲げた集落調査の主な結果を改めて見てみると，生活や産業といった分野では，生活物資の確保や鳥獣被害対策といった比較的具体的な課題が並んでいる一方，「集落の状況」については，コミュニティ活動や人材確保といった，他の分野に通底するであろう課題も挙げられている．例えば，シカ除けの柵にはシカの侵入を防ぐという具体的な目的がある一方，集落の共同作業体制を充実させる目的は，柵の設置作業への協力や道路の草刈りなど多岐にわたるものと考えられるといったように，対症療法的アプローチと体質改善的アプローチがともに求められている．このような状況を包括的に解決するために必要なものは何か．その答えが，本節冒頭に挙げた「仕組み」の構築，すなわち集落活動センターなのである．

　ではなぜ，「仕組み」が必要なのか．図6中央の円形のイメージに，その考え方が表されている．円の外周には，地域が抱える様々な課題に応じた個々の活動が列挙されている．対症療法的なものから体質改善的なものまで，福祉から防災，産業まで全てを網羅した個別の処方箋である．その内側の円上には，それぞれの活動を担っている，或いは担うことを期待される人々がいる．これらの人々で構成する各種の団体は，地域に十分な活力があれば，それぞれが個々に活動していても問題はない．しかしながら，本稿冒頭から述べてきたような高知県の中山間地域の状況にあっては，最早それぞれが孤立していては十分な活動は覚束ない．個々人の情熱はあっても，個々の集落の衰退と軌を一にして活動も縮小する恐れが強くなっていく．そうならないよう活動を活性化し，集落を衰退ではなく再生へと向かわせるため，集落間で優先度の高い活動に人材を融通し合い，活動に隘路があれば切り開くための知恵を結集する．そういった取り組みが必要となるのであり，そのために，イメージの中心に据えられているのが，集落活動センターという「仕組み」なのである．

　このような仕組みは，集落内の寄り合いなど，小規模な地域コミュニティが元来保持していた機能とも重なる．集落活動センターは，過疎化・少子高齢化や生活様式の変化などにより希薄化や変質を余儀なくされてきたコミュニティの機能を，改めて再生・発展させようという試みとも言える．すなわち，地域

住民が主役であり，単独の集落では困難でも複数集落の住民や移住者などが協力して，自分たちで地域の将来を決めていくという理念である．この理念に基づいて集落活動センターの在り方を整理したものが，図6に掲げられた定義である．

(2) 行政からの支援策

以上述べたとおり，集落活動センターとは集落維持の仕組みづくりに他ならない．もとより主役となるのは地域住民の方々，そして住民に最も近い基礎的自治体である市町村であるが，高知県も，3.2で述べた全庁を挙げた体制をもって，この取り組みを総合的に支援している．その具体的な内容が，図7に掲げた一連の支援策ということになる．

まず1つ目は，資金面での支援である．仕組みづくりが集落活動センターの本質であるといっても，新たに複数集落での話し合いの場を用意し，集落の将来を見据えた活動に取り組むということになれば，施設も含めた一定の投資はやはり必要である．高知県では集落活動センター推進事業費補助金を創設し，市町村と連携して集落活動センターに取り組む住民の支援を行っている．この補助金の特長はその対象事業の幅広さであり，図6のイメージにあるような様々な活動を全て対象としている．必要な要件としてあるのは，事業の種別ではなく，集落活動センターの活動として行うかどうかである．ここで重要な点は，集落活動センターは地域住民の協力によって成り立つものであり，その活動は住民の総意の上にあるということである．もちろん大勢の住民の100％の賛成を求めるようなものではないが，しかるべき手続きによる総意の担保が必要である．この，住民総意を得る作業の積み重ねとその制度化のプロセスが，集落活動センターを立ち上げるということであり，そこで生まれる地域運営の形がまさしく集落を維持する「仕組み」というわけである．実際に，集落活動センターはその立ち上げまでの間に住民参加のワークショップを複数回実施し，その成果を反映した設置要綱などを整備し，集落としての意思決定の仕組みを具備している．

次に，2つ目と3つ目に掲げられているアドバイザーの派遣と研修会の開催である．この2点は，主として集落活動センターを担う人材に対する支援とい

(1) 資金面での支援

●集落活動センター推進事業費補助金

【補助内容】 ①集落活動センターの取り組みに必要な経費（ハード・ソフト）への支援
②センターの設置や運営に係る活動従事者の人件費を含む活動経費への支援
③集落活動センターが取り組む経済活動の新たな展開や事業の拡大に必要な経費（ハード・ソフト）を支援
④集落活動センター連絡協議会が実施する事業（総会・役員会・研修会の開催等）に要する経費を支援

【補助事業者】 ①～③市町村，④集落活動センター連絡協議会

【補助率】 ①，②市町村事業費の1/2以内
③市町村事業費の1/2以内 （事業実施主体の義務的負担を要する） ④定額

【事業実施主体】 ①市町村及び集落組織，地域団体，NPO 等 ②市町村
③集落活動センター運営組織及びその構成員 ④集落活動センター連絡協議会

【補助上限額】 ①30,000千円/1箇所（3年間） ②1,250千円/1人 ③5,000千円/1箇所（年度）
④1,000千円/1年

【補助期間】 ①，③最長3年間 ②最長4年間 ④1年毎

(2) アドバイザーの派遣

●集落活動センターの立ち上げや運営等について，総合的に助言を行う県のアドバイザー等を地域に派遣（集落活動センター推進アドバイザー：中山間対策にかかる専門家等6名を委嘱）

(3) 研修会等の開催

●予定地区の住民や市町村職員等を対象にした研修会や交流会等の開催

(4) 支援チームによる支援

●集落活動センター支援チームによる支援【市町村別支援チームを編成し，全庁を挙げた支援を展開】
・センター実施地区の活動の充実，強化や，準備地区の円滑な立ち上げに向けた支援

(5) 情報提供による支援

●集落活動センターの普及，拡大に向けた総合的な情報の提供
→集落活動センター連絡協議会の活動支援，集落活動センターのポータルサイトの運用，パンフレットや集落活動センター探索マップの作成・配付，集落活動センターの取り組み実践者等の取材広報 など

図7 集落活動センターの取り組みの支援策

った性質を持つ．集落活動センターは集落維持の仕組みづくりであるが，仕組みを運用するのは「人」であり，人こそは集落そのものである．高知県ではこの人の力を高めるための取り組みとして，専門家を地域に派遣し，また研修会を主催して人材育成に努めている．

そして4つ目と5つ目，支援チームによる支援と情報提供による支援である．この2点は高知県という行政組織の体制やそれ自体の活動の部分である．支援

チームによる支援とは，既出の中山間総合対策本部をより地域に近いところでも再現するといったもので，同様に既出の地域本部を中心に，農業，林業等の各部局の出先機関が部局横断的に集まり，市町村とともに地域を支援していくものである．なお，ここで言う支援とは，地域からの要望に応えることのみではなく，必要に応じて市町村や県からも積極的な提案をしていくことを含んでいる．情報提供による支援についても，県広報誌やパンフレットによる広報，ハンドブックによる踏み込んだ制度説明などに加えて，商店街でのPRの場やインターネットでの広報の場を県が用意し，集落活動センターに対して提供するといったことを行っている．

　なお，1つ目の資金面での支援は，制度設計上活用できる年数に制限があるが，2つ目から5つ目までの支援策については，年数の縛りはない．集落活動センターを立ち上げた後も，地域が自立して活動を行っていくことができるよう，継続して支援していくという高知県の姿勢を示したものである．

4.2　集落活動センターの現状

　前項では，集落活動センターの理念と高知県の支援策について述べ，集落活動センターの姿をその原点に近いところでとらえた．本項では，集落活動センターの取り組みの実例や今後の方向性などについて述べ，集落活動センターの輪郭をより明確にしていきたい．

(1) 取り組み事例：四万十市大宮地区

　まず，集落活動センターの具体的な取り組み事例として，高知県西部，四万十市大宮地区の取り組みを紹介する．

　四万十市中心部から四万十川沿いに遡った山間部，平成の大合併以前は西土佐村と呼ばれていた地域の南西部分を占める大宮地区は，大宮上，大宮中，大宮下の3集落から成り，2016年度当初の人口は133世帯284人，高齢化率は50.9%となっている．

　当地区では2004年度に，それまで日用品販売店舗やガソリンスタンドを経営していたJA（農業協同組合）出張所の撤退が表面化した．危機感を持った住民が団結し，住民出資の株式会社「大宮産業」を設立，JA撤退後に事業を

図8 大宮集落活動センター「みやの里」の概要

継承し，地域を支えるための活動に取り組んでいた．しかし人口減少と高齢化に歯止めがかからず，大宮産業だけでなく地域全体で「支え合いの仕組み」を再検討しようと，集落活動センターの取り組みに着手した．

　各地区，各団体でワークショップを繰り返し，「困っていること，不安なこと」「大宮自慢」「将来こうだったらいいのに！ これしたい！」といった項目ごとに意見を出し合った．意見の総数は約600にのぼり，分野ごとに整理して話し合う部会の体制を備えた「大宮地域振興協議会」の設立に繋がった．協議会の委員には各地区・老人会・婦人会等の代表者のほか，前出の「大宮産業」，地域福祉の向上に取り組むNPO法人「いちいの郷」，耕作放棄地対策に取り組む農事組合法人「大宮新農業クラブ」の代表者も就任し，「地域ぐるみで取り組む仕組み」が整った．そして2013年5月26日，協議会を運営主体として，大宮集落活動センター「みやの里」が開所したのである．

　「みやの里」が取り組んでいる活動は，図8のとおり多岐にわたる．既存の活動について地域ぐるみで協力していくことに加え，ワークショップで出された意見から生まれた新たな活動も始まっている．これら様々な事業間の調整や，

地域としての方向性の決定を,「みやの里」の運営主体である大宮地域振興協議会が行うということである.

また, 図の中央下段に仕組みづくりの推進役として地域おこし協力隊と記載している. これは総務省の制度で, 都市地域から過疎地域へ移住し市町村の委嘱を受けて地域協力活動に従事する人材を支援するものであるが,「みやの里」及び四万十市ではこの制度を活用し, 地域の外から人材を呼び寄せた. その中には, 任期終了後も大宮地区に残り, 当地で結婚した方もいる.

「みやの里」開所前後の数年間で, 大宮地区では人口の推移に大きな変化が見られた. 2011 年と 2016 年の比較で, 4 歳以下の幼児が 2 人から 11 人に増加したのだ. I・U ターンで, 25 ～ 34 歳の親世代が増えている. 仮にこの傾向が持続できれば, 地区人口は長期的には増加に転ずることが見込まれている[4].

(2) 集落活動センターの広がりと県の役割

次に, 集落活動センターの現在の広がりや国・市町村との関係, 今後の方向性などについて述べる.

国においては 2014 年 9 月 3 日に「まち・ひと・しごと創生本部」の設置が閣議決定され, 同年 11 月 21 日にいわゆる地方創生関連 2 法案[5] が可決・成立. 人口急減・超高齢化を我が国が直面する大きな課題ととらえた, 地方創生の推進に向けた取り組みが本格化した. さらに同年 12 月 27 日に国が閣議決定した「まち・ひと・しごと創生総合戦略」には, 住み慣れた地域で暮らし続けるための「小さな拠点」が主要な施策の 1 つと位置づけられた. 2012 年度から高知県版の小さな拠点とも言える集落活動センターの取り組みを開始していた高知県にとってはまたとない追い風であり, 国の動きに呼応して, 2015 年 3 月 27日には高知県版の総合戦略を都道府県では最も早く策定した. 戦略の対象期間は 2015 年度から 2019 年度の 5 か年. この期間に, センターを 80 か所まで拡大することを目標としている.

2016 年 4 月 1 日現在, 高知県では 30 か所の集落活動センターが開設されて

---

4) 島根県中山間地域研究センター研究統括監(当時)藤山浩氏(高知県集落活動センター推進アドバイザー)によるシミュレーション.

5) 「まち・ひと・しごと創生法」及び「地域再生法の一部を改正する法律」.

76 第 I 部 先進事例にまなぶ

いる．前述の「みやの里」など先駆的な地域は概ね開設に至り，さらなる普及
段階への移行時期にあるが，そのための要諦が，国の総合戦略と連動した高知
県版総合戦略，そして県内市町村版総合戦略である．

　ポイントは，県と市町村が足並みを揃えてまち・ひと・しごと創生総合戦略
を策定しているという点にある．個々の市町村の施策のベクトルを合わせ，民
間も巻き込み，県全体として大きな効果を発揮するための船頭の役割を県が積
極的に果たしているわけである．中山間地域を多く抱える高知県において，人
口減少と高齢化に立ち向かうためには，広域的な自治体の役割がより重要とな
ってきている．

5　持続可能な中山間地域の実現に向けて

5.1　誰もが住み慣れた地域で，安心して暮らし続けられるために

　以上，集落活動センターとはどういうものか，その理念と制度，事例や方向
性といった複数の観点から詳述した．本稿の最後に，高知県版の「小さな拠
点」である集落活動センターが「持続的な地域社会の実現」を図る上でどのよ
うな役割を果たすことができるのか考察し，本稿のまとめとしていきたい．

　3.2 でも触れたように，高知県の中山間対策は，「生活を守る」と「産業をつ
くる」の 2 つを柱としている．前節の後半部分では集落活動センターを主に後
者に関連づけて述べたが，地域社会の持続性を考える上では，前者も同様に，
或いはそれ以上に重要である．住民同士の結びつきが強い中山間地域において
は特に，住民が健康で生き生きと暮らせる期間，いわゆる健康寿命が延伸され
れば，たとえ過疎や高齢化といった状況下にあっても，住民自身が互いに生活
を支え合うことが可能となり，引いては地域の産業を担う人材の確保にも繋が
るからである．

　集落活動センターにおいても，「生活を守る」取り組みは重視されている．
この中で特に健康・福祉の分野では，前節で取り上げた大宮地区における
NPO 法人「いちいの郷」のように，既に多くの地域で様々な主体が活動を行
っていることから，既存の活動との連携が図られるケースが多い．

　高知県が進める取り組みとしては，2009 年度から地域福祉の拠点として推

進している，小規模多機能支援拠点「あったかふれあいセンター」がある．これは地域の多様なニーズに効率的・効果的にサービスを提供することが可能な拠点の整備を目的とするもので，高齢・障害等を問わない制度横断的な支援拠点の確保や，「制度の隙間」的ニーズに応える施策の充実・強化をその特徴としている．高知県ではこのあったかふれあいセンターと集落活動センターの連携を図ることで，集落機能を支える仕組みを県下全域に張り巡らせることを目指している．

また，国が推し進める地域包括ケアシステムの構築と集落活動センターの親和性も高くなっていくと考えられる．例えば，介護保険制度の生活支援体制整備事業は，地域包括支援センター以外への事業委託を可能とするなど，地域の自主性や特性に対応できるような改正が図られた．今後，住民自身が地域を支える集落活動センターとの連携も考えられるのではないだろうか．誰もが住み慣れた地域で安心して暮らし続けていくために，連携の輪が広がっていくことが期待される．

5.2　中山間地域の自立に向けて

前項からもわかるように，集落活動センターは，地域の支え合いを軸としながら，そこに住民自身の活動に加えて国や県といった公的セクターの事業も繋げていく結節点の役割を果たすことができる．もとより，この役割は「生活を守る」面だけではなく，「産業をつくる」面にも共通している．この根本にあるのは，人々の繋がりや助け合いを大切にする心である．

4.1 でも述べたように，集落活動センターの理念はある特定の活動のみの充実ではなく，地域コミュニティの維持・再生である．集落が元来持っている「助け合いの心」とも言うべきものを，地域住民自身の手で守り伝えていく．その営みこそが地域を活性化し，高齢者も若者も安心して住み続けられる集落の基盤となるのである．

地域住民が自分たちの住む「まち」や「むら」に誇りを持ち，その未来に向けて夢を語り「しごと」を紡ぐ．その姿勢が共感を呼び，新たな仲間を，「ひと」を呼び寄せる．その積み重ねによってこそ，中山間地域は再生するのである．

そして中山間地域が再生し自立することで，これまで中山間地域が都市地域に対して果たしてきた役割もまた再生していく．すなわち人材や資源の供給である．中山間地域対策は，決して都市と地方のゼロサムゲームではない．お互いがお互いを支え合い，共生し，共に発展していくための，プラスサムゲームなのである．

第5章
病院の再編・統合と地域づくり
山形県における取り組み

村上正泰

1 はじめに

　地域住民が豊かで魅力ある生活を営んでいく上で，生命・健康を維持し，暮らしの安心を確保するために，医療はなくてはならない基盤の1つであり，「社会的共通資本」に挙げられる（宇沢・鴨下，2010）．他方，人口減少が進む中，患者数との兼ね合いから，特に医療資源を集中的に投入しなければならない急性期医療について，医療機関をあまりに分散配置することにはおのずから限界がある．分散配置による手薄な人員配置は，医療従事者の疲弊の原因でもあり，医療の質や医療安全の観点から決して望ましくない．地域全体での急性期機能の集約化は不可欠である．

　最近，都道府県ごとに「地域医療構想」を策定し，2025年の機能別必要病床数へと「収斂」させる方向性が示され，急性期から回復期への病床機能の転換や在宅医療等の受け皿の整備が進められたり，「新公立病院改革ガイドライン」によって公立病院の再編・ネットワーク化や経営形態の見直しなどが求められ，医療提供体制改革が大きな焦点になっているのも，必然的な流れだといえる．こうした議論においては，ともすれば経営の効率化だけに目が奪われがちだが，健全で持続可能な病院の運営体制を構築し，医療資源の最適配置と機能強化を図ることは，人口が減少を続ける地域全体において，医療機能の向上と人材の集積を可能とし，地域づくりにも多大な貢献をもたらすことになる．

　本稿では，全国でも先駆的に病院の再編・統合に取り組んできた山形県での

80　第Ⅰ部　先進事例にまなぶ

事例を紹介しながら，病院の再編・統合による急性期機能の集約化が地域全体にいかにメリットをもたらすのかを確認する．その上で，今後，人口減少の加速が見込まれている中で，検討しなければならない問題点などについても議論することにしたい．

2　山形県における病院の再編・統合

　山形県は，2015年国勢調査によると，総人口は112.3万人となっており，5年前の調査に比べて4.6万人（3.9％）の減少となっている（山形県企画振興部，2016）．県全体として見ると，人口は減少の一途をたどっており，国立社会保障・人口問題研究所（2013）によると，2025年には100.6万人，2040年には83.6万人まで減少する．疾病リスクの高まる75歳以上の後期高齢者は，2030年に21.8万人になると見込まれるが，2010年の18.1万人から20年間で3.7万人（20.7％）増加するだけであり，増加幅では全国的に見て極めて少ない部類に入る．

　つまり，現在，いわゆる「団塊の世代」が後期高齢者となる「2025年問題」への対応に世間の注目が集まっているが，これから高齢者が急増するのは大都市部であり，人口減少が加速する地方では，高齢化率は高まるものの，高齢者数自体はさほど多くは増えず，医療機関経営にとっては，むしろ患者数の減少の方が深刻な問題となってくる．急性期病院では，平均在院日数の短縮が延べ患者数の減少にいっそう拍車を掛ける．今後も続く急激な人口動態の変化を考えると，「2025年問題」はあくまで1つの通過点にすぎず，特に地方においては，それ以降も人口減少のインパクトが重くのしかかってくるのである．

　人口が減少しているにもかかわらず，複数の病院が同じような機能を担って競合し，限られた患者を奪い合っていても，将来的に「共倒れ」の危険が高まるだけである．地域に必要な医療機能を維持していくためにも，病院の再編・統合が不可欠になってくる．こうした状況の中，山形県では15年以上前から，病院の再編・統合の取り組みが進められてきた．山形県には4つの医療圏がある（図1）が，注目すべきは置賜二次医療圏における置賜広域病院組合の事例と，庄内二次医療圏における地方独立行政法人山形県・酒田市病院機構の事

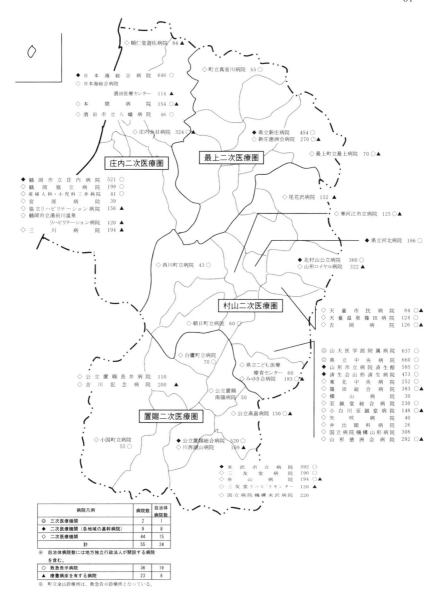

図1　山形県内の一般病院の体制図（山形県健康福祉部，2016，p. 115）

82　第Ⅰ部　先進事例にまなぶ

例である．これらの2つの事例は全国的にも非常に有名なものとなっているが，ここではそれらの概要を見ることにしたい．

2.1　置賜広域病院組合

　置賜二次医療圏のうち，長井市，南陽市，川西町，飯豊町の4自治体には，長井市立総合病院（463床），南陽市立総合病院（251床），川西町立病院（98床），飯豊町中央診療所（無床）が存在していたが，「山形や庄内で生きられる命も置賜では生きられない」といわれるほど，高度な急性期機能が不十分であった．さらに，それぞれの病院が老朽化し，それぞれで高額な医療機器を整備することもできない状況にあったのである．そこで，長井市，南陽市，川西町，飯豊町の4自治体に県が加わって置賜広域病院組合を設立し，2000年に救急救命センターを備えた公立置賜総合病院（520床）を開院し，この基幹病院に急性期機能を集約化させた．他方で，旧長井市立総合病院と旧南陽市立総合病院は，それぞれ公立置賜長井病院（110床），公立置賜南陽病院（50床）として病床数を大幅に減少させ，旧川西町立病院も川西診療所へと無床診療所化し，これらをサテライト医療施設とすることにより，全体の合計病床数を812床から680床へとスリム化する中で，集約化と機能分担のネットワーク化を進めた．ただし，置賜二次医療圏内の米沢市，白鷹町，小国町，高畠町は加わっていない．

　置賜総合病院が，近隣の病院が中途半端な機能のままで競合するのではなく，急性期機能を集約化し，再編・ネットワーク化によって診療体制を整備した先駆的な事例であることはよく指摘されるとおりである．置賜総合病院では，2015年11月時点で2000年の開院時に比べて医師が19名増加し100人となり，100床当たりの医師数が全国平均の約1.8倍になるなど，医師確保にもつながった．ただし，看護師の確保には苦労している．また，サテライト医療施設はダウンサイジングしたものの，そこで担う診療機能が必ずしも明確になっていなかった面がある．最近は，置賜長井病院と置賜南陽病院で一般病棟の一部を「地域包括ケア病棟」（①急性期からの受け入れ，②在宅・生活復帰支援，③緊急時の受け入れにより，急性期医療と在宅医療等をつなぎ，地域包括ケアシステムを支える役割が期待される病棟）に転換するなどの動きが出ているが，病

院再編において，急性期機能の集約化が非常に分かりやすい一方で，後方病院の診療機能や体制には難しさもあり，体系的な検討が必要である．

　しかも，山形大学蔵王協議会（2015）によると，置賜二次医療圏全体での患者の急性期病院への入院状況を見ると，今後，高齢者数が緩やかに増える米沢市内の患者は，米沢市内の急性期病院（米沢市立病院〔349床〕，三友堂病院〔190床〕）に入院しているため，ほとんど置賜総合病院には入院していない．他方で，置賜総合病院の入院患者の多数を占めている東置賜・西置賜エリア（置賜二次医療圏内の米沢市以外のエリア）では，今後，高齢者数すらおおむね横ばいで推移すると見込まれている上に，予定入院で手術を受ける患者は，山形大学医学部附属病院や山形県立中央病院などの所在する村山二次医療圏に入院する割合が2〜3割に上っている．こうした中，置賜総合病院の入院患者数はすでに逓減傾向にあり，現状の患者の受診行動から考えると，大規模急性期病院としての経営環境は厳しく，今後の診療体制についてさらなる見直しは避けられないであろう．つまり，急性期機能を集約する場合でも，症例数や患者の受診行動，交通事情なども考慮し，その地理的範囲や病床規模を十分に検討する必要がある．再編・ネットワーク化の代表例といわれたケースの現状からは，成功した面に加えて，中長期的な持続可能性の確保に向けて，さまざまな課題も浮かび上がってくる．

2.2　山形県・酒田市病院機構

　庄内二次医療圏のうち，酒田市において，1993年に山形県立日本海病院（528床）が開設されたが，たった2kmしか離れていない場所に酒田市立酒田病院（400床）があり，診療機能も重複するため，経営状況が悪かった．さらには市立酒田病院の老朽化問題もあり，山形県と酒田市による協議の結果，これらを経営統合し，2008年に地方独立行政法人山形県・酒田市病院機構を設立して，日本海総合病院（646床）と日本海総合病院酒田医療センター（114床）に再編することになった．2008年度から2010年度の3年間を移行期間とし，この期間のうちに両病院の医療機能の分担を図り，急性期機能は日本海総合病院に集約化して，救命救急センターも開設した一方で，酒田医療センターは療養病棟と回復期リハビリテーション病棟とすることにより，回復期・慢性期の患者

を受け入れて，日本海総合病院の後方機能を果たすこととなった．

　日本海総合病院への急性期機能の集約化がどのような効果を生んだのかという点は，次節で詳述するが，急性期機能の集約化は手術件数や医師数の大幅な増加をもたらし，「スケール・メリット」を働かせることができただけでなく，地方独立行政法人の仕組みの下での自律的な経営改革により，大幅な財務上の改善にもつながっている．この2病院は，県立病院と市立病院の統合であったため，それに起因する難しさもあったが，人口減少が進んでいる約10万人の市で，2 km しか離れていない場所で急性期病院が競合することはあまりに非効率的であり，もっと広域的な範囲での病院再編に比べて，経営統合の必然性は明らかであった．そこにタイミングとしては，旧酒田市立酒田病院の老朽化などの問題も絡んでいた．

　現在では，同じく酒田市内の酒田市立八幡病院についても，2019 年度までに山形県・酒田市病院機構に移管・統合し，同病院を診療所化する方向性を打ち出している．また，医療機関相互間の機能分担や業務連携を推進するために，2014 年の医療法改正によって創設されることになった「地域医療連携推進法人」の仕組みの活用に向けて，山形県・酒田市病院機構は，酒田市内の複数の医療法人や社会福祉法人，訪問看護ステーションを運営する酒田地区医師会との協議を始めている．このように人口減少と高齢化が進む中で，「競争よりも協調」のための取り組みを前進させている点は，大いに注目される．

　ただし，人口が減少を続ける中では，「スケール・メリット」を目指して機能を集約化するにも限度があり，今後，ダウンサイジングを図っていくことは避けられない．また，同じ庄内二次医療圏には，急性期の基幹病院として，鶴岡市に鶴岡市立荘内病院（521 床）がある．山形大学蔵王協議会（2015）によると，予定入院で手術を受ける場合，鶴岡市を中心とした南庄内エリアからも約3割の患者が日本海総合病院に入院するなど，鶴岡市も含めた二次医療圏全体で日本海総合病院への機能の集約化が一定程度進んでいるが，年間の救急車受け入れ件数では，日本海総合病院が約 3400 件，鶴岡市立荘内病院が約 4300件となっている．両病院の役割分担のあり方を含めて検討が必要になってくると考えられるが，この点については後で触れることにしたい．

3 日本海総合病院における機能集約の効果と地域へのメリット

　前節で見た 2 事例のうち，病院の再編・統合によって経営改善に大きな成果をあげている日本海総合病院について，いかに地域全体にメリットをもたらしているのか，具体的な数字を紹介しながら検証する．

　日本海総合病院と酒田医療センターの病床数の合計は，すでに述べたとおり168 床の削減となっており，再編・統合を機にダウンサイジングが行われている．そして，表 1 のとおり，機構全体で延べ入院患者数は約 3 万 4700 人減少しているが，実入院患者数は約 1200 人増加している．急性期と回復期・慢性期の機能分担を図ったことで，急性期機能を担う日本海総合病院の平均在院日数は 11 日台にまで短縮している．最も注目されるのが手術件数の増加である．統合前の 2 病院合計の 5227 件から 6152 件へと，手術件数が 900 件以上も大幅に増加しているのだ．これは日本海総合病院への医師の集約化とセットで理解すべき状況である．医師数も統合前に比べて 30 名以上増加している．

　一般的に急性期病院では，症例数が多い病院ほど，医師が多く集まる傾向がある．しかも，その関係は比例的なものではなく，規模が大きくなればなるほど，より集約傾向に拍車が掛かる．症例数が多い病院ほど，さまざまな経験を積むことができるし，医局から医師を出している大学医学部にとっても，多く

表 1　日本海総合病院の再編・統合による変化（山形県・酒田市病院機構の資料をもとに筆者作成）

		統合前（2007 年度）	現在（2015 年度）
延べ入院患者数	日本海	161,872	190,458
	酒田	97,765	34,486
	全体	259,637	224,944
新入院患者数	日本海	9,334	16,252
	酒田	6,250	573
	全体	15,584	16,825
平均在院日数	日本海	17.3	11.7
	酒田	15.5	61.6
手術件数	日本海	3,255	6,152
	酒田	1,972	—
	全体	5,227	6,152
医師数	日本海	72	141
	酒田	40	3
	全体	112	144
雇用者総数*	全体	1,370	1,588

*正職員・臨時職員・委託職員・病院内出店勤務者

86　第Ⅰ部　先進事例にまなぶ

の医師を配置しやすくなる．勤務環境も含めて，医師にとっての魅力が増せば，働きたい病院としての人気も高まりやすい．実際，日本海総合病院には臨床研修医なども多く集まっている．そして，医師が多く集まれば集まるほど，そこには患者も集まり，症例数はますます多くなる．

　なお，現在，専門医制度改革が進められている．議論が迷走気味であるため，最終的にどのようになるのか不透明な面もあるが，研修施設要件や資格取得要件が症例数で大きく左右されると，こうした傾向がさらに強まる可能性もある．また，症例数の多さは医療の質にもつながってくる．川渕（2014）によれば，経皮的冠動脈形成術の症例数と急性心筋梗塞患者の医療成果の関係を見ると，病院レベルでは量的効果は確認できないものの，医師については，一定の症例数までは症例数と医療成果との間に有意な量的効果が認められたという．疾患や治療法などにもよるため，一概にはいえず，その他の研究では多様な結果が示されているが，医療密度の高い急性期医療においては，医療の質の面からも，症例数の経験の多さは一定の重要性を持つといえる．

　急性期医療にこうした特性がある中，日本海総合病院では，再編・統合による急性期医療の集積効果がかなり鮮明な形で発揮されていることが分かる．このことは，地域内で資金が循環し，持続可能な地域社会づくりを進めていく上でも大きな意味がある．というのも，近隣で重複した診療機能の病院が競合している場合，それぞれが同じように高額な医療機器に重複投資しなければならず，それだけ住民の支払った医療費（患者自己負担だけではなく保険料，税金による給付分も含めて）は地域の外へと流出することになるからである．病院の再編・統合を通じて，そのような重複投資を抑制する一方，医師や看護師をはじめとする病院スタッフを増員させることができれば，逆に地域の中で資金の好循環を生み出すことになる．日本海総合病院では，急性期機能の集約化により，医師数が大幅に増加したことはすでに述べたとおりだが，それ以外のさまざまな職員も含めて，病院全体で働いている人の数は，統合直後は一時的に減少したものの，その後は増加し，現在では統合前に比べて200人以上も増加している．日本海総合病院の再編・統合は，地域の中でそれだけの雇用の場を創出することにつながったということである．地域での雇用創出につながれば，住民の支払った医療費は地域の中で循環し，経済的に見ても波及効果が期待で

きる.

　日本海総合病院の経営状況を見ると，営業費用は統合前の 2007 年度の 93 億 9900 万円から 2015 年度には 171 億 9800 万円へと約 1.8 倍に増加しているが，営業利益は 86 億 2000 万円から 181 億 800 万円へと約 2.1 倍に増えている．その結果，営業収支は約 7 億 7900 万円の赤字であったものが約 9 億 1000 万円の黒字になっている．経常損益は，日本海総合病院が順調に経常黒字を計上し，2015 年度は約 9 億 6400 万円の黒字となっている一方，酒田医療センターは約 1 億 600 万円の経常赤字となっているものの，赤字幅は徐々に縮小しており，法人全体で約 8 億 5700 万円の過去最高の経常黒字をあげている．経営改善による医業収支の黒字化は，迅速な医業再投資を可能にし，正職員数を増加させ，さらには業績手当の支給やスタッフ職員（正職員と臨時職員の中間の職員）制度の運用など，職員の処遇改善も容易となる．これは，人口や雇用機会の減少が進む地域において，病院の再編・統合は，単に医療提供体制の持続可能性を高めるだけではなく，地域経済の好循環と底上げにもつながるということを意味している．持続可能な地域社会の構築という観点からは，こうした病院の再編・統合の社会的なメリットについても注目する必要があるだろう．

　日本海総合病院は，病院の再編・統合と並行して，地域の他の病院や診療所などとの連携強化にも積極的に取り組んでいる．それは再編・統合による病院機能の見直しにとっても不可欠なことだ．そのための代表的なツールの 1 つが，医療機関などの間での診療情報の相互参照・共有システムである ID-Link を活用した「ちょうかいネット」（名称は鳥海山に由来）である．これは庄内二次医療圏全体の医療情報ネットワークであり，情報開示施設は 6 施設，参照施設は薬局や訪問看護ステーション，介護老人保健施設なども含めて 177 施設に上っている．ちょうかいネットでは，患者の診療録の情報を全面的に開示しており，登録患者数は 2016 年 5 月 1 日現在で 2 万 1292 人となっており，庄内二次医療圏の人口の 7.6％を占めている．ICT を活用した同様の医療情報ネットワークは，近年，全国各地において整備が進められているけれども，ちょうかいネットはその中でも高い実績をあげている．そして，診療所のかかりつけ医などが日本海総合病院に患者を紹介したような場合に，治療の途中経過をリアルタイムで正確かつ詳細に確認することができるため，適切なフォローアップが

可能になるとともに，地域の関係者全体での一体感を生み出している（山形県における医療情報ネットワークの状況は山形県医師会（2016）に詳しい）．

　社会保障制度改革国民会議（2013）でも指摘されているように，持続可能な医療提供体制を構築するためには「競争よりも協調」が不可欠である．それは，人口減少によって社会の縮小が加速している地域では，いっそう切実な問題である．当然のことながら，地域の医療資源にも限りがある．その制約は，地方ほど厳しいものがある．その中で，地域の医療ニーズに適切に対応できる体制を確保しながら，医療資源の適正配置と有効利用を進め，地域医療の持続可能性を高めていくには，個々の医療機関のことだけをばらばらに考えていてはいけない．地域全体を一体的に捉えていく必要がある．地域医療が崩壊してしまうと，一番困るのは地域住民であり，そうなってしまっては，その地域で人びとは安心して住むことはできない．地域の医療機能を守っていくためにこそ，「競争よりも協調」が必要なのである．その際，病院を再編・統合しさえすれば成功するわけではないし，逆に再編・統合しなければうまくいかないというものでもない．それは地域の患者数や医療機関の状況などによっても異なってくる．「勝者独り占め」になり，地域内の医療提供体制が歪んでしまっているようなケースもある．ただし，特に人口が少なく，大幅に減少しているような地域では，経営統合は有力な選択肢になってくる．こうした観点から，地方独立行政法人山形県・酒田市病院機構の成果は，病院の再編・統合の重要性を明確に示しているといえよう．

4　病院の再編・統合の課題と限界：「ダウンサイジング」と「地域包括ケアシステム」

　再編・統合による日本海総合病院への急性期機能の集約化は，これまで見てきたように大きな成功を収めているが，今後の病院運営のあり方を考えると，いくつかの課題があることも事実である．中長期的に持続可能な医療提供体制の構築という観点から，それらの課題について議論することにしたい．

4.1 人口減少社会における「ダウンサイジング」の必要性

　日本海総合病院の事例で示されているとおり，医療密度の高い急性期医療は分散させるのではなく，集約化を図ることにより，大きな集積効果がもたらされる．しかし，機能を集約するとしても，患者数が頭打ちになり，今後減少していくと見込まれる地域では，患者数や手術件数を増加させ続けることはできない．人口減少社会においては，集約化による「スケール・メリット」だけでなく，患者数の減少傾向に合わせたダウンサイジングの視点も不可欠になってくるのである．

　地方独立行政法人山形県・酒田市病院機構の場合も，再編・統合時に病床数を合計で168床削減している．それでもなお，日本海総合病院では，2011年度には86.0％であった病床利用率が，2014年度には78.6％にまで低下している．直近の2015年度は80.6％となっているが，新入院患者数を見ても，統合前の9334人から2015年度は1万6252人へと増加しているといっても，最も多かった2011年度の1万7354人からは緩やかに減少してきている状況にある．

　つまり，急性期病院の「スケール・メリット」を追求しようとしても，それには限界がある．すでに述べたとおり，再編・統合による経営改善は，雇用機会の創出などにもつながる．しかし，だからといって不用意に図体の大きすぎる体制を作ってしまうと，いずれ持続可能ではなくなってしまう．仮にそうした体制を維持することを目的にせざるをえなくなってしまうと，本末転倒であり，地域医療を歪めてしまうことになってしまいかねない．急性期機能の集積効果だけを考えていると，人口減少の進む地方では，結局のところ行き詰ってしまいかねず，大都市部などを除いて，持続可能性の確保のためには，身の丈に合ったダウンサイジングこそが重要になってくる．地域ごとの実情も踏まえながら，規模の集積と縮小の間でバランスを見定めることが求められる．そして，病院の再編・統合は行ってしまえば安泰ということではなく，社会の変化に合わせて中長期的な対応を積み重ねていかなければならない．

　こうした観点から，日本海総合病院の場合，今後の課題として，同じ庄内二次医療圏内にあって，もう1つの急性期の基幹病院である鶴岡市立荘内病院との関係も考えていく必要がある．庄内二次医療圏の面積は神奈川県と同程度であるが，人口は約28万人で，その中で酒田市を中心とした北庄内と鶴岡市を

90 第Ⅰ部 先進事例にまなぶ

中心とした南庄内という2つのエリアが存在しており，それぞれおおむね同数の人口規模となっている．救急医療などは，北庄内エリアと南庄内エリアでそれぞれ完結しているが，がん医療などでは，南庄内からも北庄内の日本海総合病院を受診する患者が一定程度見られる．また，山形大学医学部附属病院や山形県立中央病院などの他医療圏の病院への流出患者は，がん医療などの場合であっても，地理的要因・交通事情も背景として非常に少なく，二次医療圏としての完結性がかなり高くなっている．がん医療などを中心として，二次医療圏全体で日本海総合病院への集約化傾向が生じているのは，再編・統合による高機能化ゆえのことであり，集積効果は庄内二次医療圏での医療機能の確保と向上につながっているということである．

　しかし，すでに指摘したとおり，救急車受け入れ件数は，鶴岡市立荘内病院が日本海総合病院よりも1000件弱多い状況にあり，例えば，それらも含めてすべての急性期機能をさらに日本海総合病院へと集約化することなどは，現時点では非現実的であり，不可能である．鶴岡市立荘内病院は，日本海総合病院にとっても必要な存在であるといえる．したがって，二次医療圏の中で日本海総合病院と鶴岡市立荘内病院がうまく共存し，それぞれに必要な診療機能を確保する必要がある．そのためには，診療機能ごとや疾患ごとの特性も踏まえながら，集約化や役割分担・連携の姿をきめ細かく考えていくことが地域医療の持続可能性のために不可欠になる．これは先のダウンサイジングの必要性にも関係してくるが，集積効果や収益性だけではなく，患者数や地理的要因・交通事情も踏まえながら，地域医療のバランスを考えていかなければならない．

4.2　超高齢社会における医療ニーズの変化と「地域包括ケアシステム」

　医療密度の高い急性期機能の集約化はある意味で非常に分かりやすいが，これからの医療ニーズを考えると，軽度の急性期から回復期，慢性期の医療機能をどのように体系化するのかという点が大きな論点になってくる．現在，「地域包括ケアシステム」の構築が進められているが，診療報酬改定においても，7対1病棟（患者7人に対して看護職員が1人以上の場合，入院基本料を高めに算定できるもので，一般病棟入院基本料では最も高い区分）の算定要件を厳格化し，急性期病床の絞り込みを図る一方で，地域包括ケア病棟への転換を促

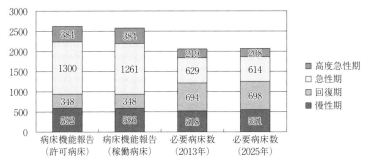

図2 山形県地域医療構想における庄内二次医療圏の機能別必要病床数(山形県,2016, p. 11)

したり，在宅医療の推進に力を入れるなどしている．また，都道府県ごとに策定が進んでいる「地域医療構想」でも，首都圏などを除き，2025年の必要病床数は現状の病床数よりも少ないが，機能別の内訳を見ると，高度急性期・急性期の病床数が必要病床数を上回っている一方で，回復期の病床数は不足している状況にある．さらに介護施設も含めた在宅医療等（病院・診療所での入院以外）の受け皿も拡大する必要がある．

「山形県地域医療構想」（山形県,2016）を見ても，庄内二次医療圏においては，現状の稼働病床数ベースでは高度急性期が384床，急性期が1261床，回復期が348床となっているが，2025年の必要病床数は高度急性期が208床，急性期が614床，回復期が698床となっている（図2）．このように回復期の医療ニーズが大きく増加するのは，入院基本料とリハビリテーションを除く1日当たり医療資源投入量が診療報酬点数で175～600点（1点10円）の患者数を回復期の医療需要として推計しているためである．在宅療養している高齢者が軽い肺炎などで入院して間もなくであっても，医療資源投入量がそれほど多くなければ，すべて回復期に分類されている．軽度な急性増悪も含めて回復期と呼ぶことには違和感が拭えないし，実際の病棟のマネジメントは医療資源投入量にもとづく機能ごとにはっきり区分できるものではない．しかし，これからの超高齢社会においては，診療密度の高い典型的な急性期の医療ニーズよりも，慢性疾患を抱えて療養生活を継続する患者を「治し，支える」医療ニーズが増大する．こうした患者像の変化に伴って回復期の体系化が大きな鍵になってくるの

は確かであろう．大規模急性期病院をそうした患者が占めてしまうと，そこで果たすべき機能と乖離が生じるからだ．急性期医療に必要なことは，機能を集約化しつつ，ダウンサイジングを図ることであり，機能を転換し，もっと拡大しなければならないのは回復期機能である．急性期機能を集約化するだけではなく，それらを体系的に構想していかなければ，病院の再編・統合としては不十分なのである．

　また，急性期病院が真にその機能を発揮するには，入院当初からの早期の退院支援などが不可欠であり，急性期病院も「地域包括ケアシステム」と無縁ではいられない．日本海総合病院が，介護施設なども含めてちょうかいネットを構築していることはその証拠であり，同病院が慢性期の医療機能を担っている他の民間病院や診療所，介護施設，訪問看護ステーションなどを含めた「地域医療連携推進法人」の協議に着手していることにも，如実に表れている．そして，「地域医療連携推進法人」のように，いわば「グループ化」していくことは，施設間でのやり繰りも含め，人材確保と適正配置にもつながる．地域全体が一体化して持続可能な事業体を構築していくためには，今後，「垂直統合」の流れはいっそう加速していくと思われる．急性期以降の体制づくりは，急性期医療の集約化以上に地域にとって重要なことだといえるかもしれない．

　しかも，「地域包括ケアシステム」は，決して在宅医療や医療・介護連携だけの問題ではない．住宅の問題や地域における生活支援のあり方も問われてくる．経済的格差の拡大が社会問題となっている中，高齢者の貧困もクローズアップされるようになっている．医療や介護においても，低所得者には費用負担の問題が重くのしかかってくることになる．「地域包括ケアシステム」を構築していくために，地域に目を向け，住民の生活全般を視野に入れていくことが不可欠である．病院の再編・統合の議論になると，どうしても急性期機能をどのように集約化するかという点に関心が集まりがちだが，「地域包括ケアシステム」の時代には，もっと広い射程の取り組みが求められる．

5　おわりに

　病院の再編・統合には，利害対立も含め，難しい問題が絡んでくるし，先行

事例にもみられるように，すべての問題を解決できるわけではない．人口変化が中長期的に続いていく以上，その趨勢を踏まえながら対策を講じ続ける必要も出てくる．魔法の杖は存在しないのである．しかし，人口減少社会において，持続可能性を確保していくためには，医療提供体制改革は避けられない．それをどのように進めるかは，人口動態や医療・介護資源も地域によって大きく異なる以上，それぞれの地域ごとに違ってくる．先行事例はさまざまなことを教えてくれはするが，その真似をするだけではうまくいかない．そして，病院の再編・統合は決して医療だけではなく，地域づくりそのものに関わる問題であり，地域全体が一体化した取り組みを進める上でも，地域力こそが問われてくるといえよう．

文献

宇沢弘文・鴨下重彦編（2010）『社会的共通資本としての医療』東京大学出版会.

川渕孝一（2014）『"見える化"医療経済学入門』医歯薬出版.

国立社会保障・人口問題研究所（2013）「日本の地域別将来推計人口（平成 25（2013）年 3 月推計）」.

社会保障制度改革国民会議（2013）「社会保障制度改革国民会議報告書：確かな社会保障を将来世代に伝えるための道筋」.

山形県（2016）「山形県地域医療構想」.

山形県医師会（2016）「各ネットワークの事例発表」『山形県医師会学術雑誌』51: 69-109.

山形県企画振興部（2016）「平成 27 年山形県の人口と世帯数：山形県社会的移動人口調査結果報告書」.

山形県健康福祉部（2016）「山形県の健康と福祉」.

山形大学蔵王協議会（2015）「山形県の医療需要の将来推計と DPC データから見る二次医療圏別の急性期医療の動向」.

その他，置賜広域病院組合と地方独立行政法人山形県・酒田市病院機構の資料をそれぞれ適宜参照させていただいた.

第6章
地域での調剤情報共有とデータ二次利用
長崎県五島市の取り組み

山口典枝

1 費用対効果の高いシステムの構築

1.1 取り組みの背景

　五島市は，長崎の西方海上約 100 km，九州の最西端に位置している．大小
140 の島々からなる五島列島の南西部にあり，11 の有人島と 52 の無人島で構
成，ほぼ全域が西海国立公園に指定されており豊かな自然に恵まれている．ま
た，歴史的には，異国の文化を求めて大陸へ向かう人々の最終寄港地であった
ため，遣唐使の一員として海を渡った空海の記念碑や，あるいは，江戸時代末
期には信仰の新天地を求めてキリシタンが五島の島々に渡ったための教会群な
ど，多くの歴史文化財が残っている．

　現在の五島市の人口は約 3 万 7327 人（2015 年国勢調査）で，高齢化も進行
しており，全人口に対して 65 歳以上の方の占める割合が 35.16 ％（2014 年 12
月末時点）に達し，全国や長崎県の平均を大幅に上回っている．また，高齢者
のいる世帯のうち単身世帯の割合は 39.1 ％と，他地域の 24 ～ 26 ％台と比べ極
めて高い．要介護（要支援）認定率は，微減傾向に転じているものの 24.39 ％
であり，全国平均の 18.23 ％，長崎県の 22.74 ％を上回っている．また，介護サ
ービスの状況としては，居宅サービス受給者割合は，2011 年度までは全国・長
崎県に比べて低い水準だったが，2012 年度からは長崎県平均と同水準まで上昇，
今後も上昇するものと思われる．高齢化は今後も進行し，2017 年度には市民の
2.7 人に 1 人が高齢者となる見込みで，高齢者人口 1 万 4172 人，高齢化率 37.73

96　第Ⅰ部　先進事例にまなぶ

％，後期高齢化率は，21％を超える（2014年4月現在で20.45％）．2025年度には，高齢化率は44.74％となると推計されている（五島市，2015）．

　このような高齢化が進む中，「中核病院が1つしかない地域」での「地域医療連携」はどのようなものが望ましいか，情報共有による定性的な成果だけではなく医療費削減といった具体的な目標を持って進められないか，運用の手間がかからず費用も抑えたしくみは構築できないか，等の検討が行われた．

　長崎県では，既に全国的に有名な病診連携ネットワーク「あじさいネット」が運用されており，五島市においても長崎県五島中央病院の情報を地域の医師や薬剤師が閲覧可能なしくみは構築されていた．しかしながら，市内における医療は長崎県五島中央病院だけでなくその他民間病院や診療所でも提供されており，これら医療機関からの情報も含めたより日常的な連携を支援するしくみが必要なのではないか，との議論が行われていた．また，五島市としては，高齢化の進行とともに増え続ける医療費の増加に対して何らかの改善策がないか，地域の医療関係者に相談をしていた．このような背景により，何らかの取り組みを行うという機運は高まっていたものの，一方で，手間がかかるしくみや運用費用が高いしくみだと，費用を負担するのが誰にせよ，五島市にとって身の丈にあったしくみにはならないのではないか，との声もあった．

　これから紹介する「五島市地域調剤情報共有システム」は，人口が減っていくとともに高齢化率は上昇するという，これまでに例がないほど積極的な手を打たなくてはならないという環境下でこそ，実現した事例といえるだろう．実際，本システムの導入の検討を開始した2012年には4万2000人だった人口が，2017年には3万7000人まで減少したが，これは年平均約1000人の人口が減少している計算であり，五島市の抱える課題の大きさが推察できる．

1.2　調剤情報共有システムの構築

　システム開発費用としては地域医療再生基金の活用も可能ということで，課題解決の具体的な検討は2011年頃から開始された．検討主体となったのは，しくみを主導することになった五島市と地域医師会，薬剤師会，および，2004年の長崎県と五島市の寄附講座「離島・へき地医療学講座」の開講以来，五島市と強い関係を持つ長崎大学離島医療研究所である．五島市は，前述のような

課題を抱える一方，離島ということもあり，他地域に比べて助け合いの意識が根強く，医師・薬剤師・看護師等多職種の人的関係も強固である．これら関係者は「顔の見える関係」で結ばれており，五島市の将来については，各職種の役割の違いや利害を越えて，共通の問題意識を持つ中で議論が進められていった．

　検討を進める中で，2009 年からの経済産業省事業「地域見守り支援システム」として構築されたシステムの一部機能である，調剤情報を収集して情報共有するしくみと住まい方や緊急連絡先等の「見守り」に必要な情報を統合して管理するしくみに目をとめた．医療情報の中で「調剤」のみにフォーカスするのは，情報として十分ではないものの，連携においては最初に必要となる重要情報だからである．莫大な費用をかけて医療に関する多種多様な情報を共有するよりも，調剤情報に共有内容を絞り込み，そのかわりに参加者を薬剤師に限らず，医師や訪問看護師，介護職など広く医療介護関係者と共有していく方がよいのではないか，との考えである．

　五島市に導入したしくみのベースとなったのは，長野県須高地区を実証地域として行われたモデル事業および調査事業である．この取り組みの中で構築された ICT システムは，過去の事業の大部分が補助金を受け続けなければ運営継続できないという課題を解決すべく，安価に情報収集が可能で，機能のシンプルさは利活用の工夫で補うことにより，継続運用が可能となるように構築されたクラウド型のシステムである（山口，2013）．

　この「地域見守り支援システム」事業において，対象となった住民や医療介護関係へのヒアリングを行ったところ，「見守りシステム」の対象が高齢者であったこともあり，患者自らが医療情報を管理し，自ら能動的に情報を誰かに委託するといった手法よりも，安心できる先に情報を預け，自動的に情報共有や連携が行われていくしくみが求められている，という調査結果が出ていた．それを受けて，従来から紙で運用されている「お薬手帳」やその電子版である「電子版お薬手帳」とは異なり，包括同意のあった住民の情報については，自治体等が主体となり，地域全体の調剤情報を統合して管理し，医療連携の必要が生じた際の情報共有に利活用するという手法がとられた．主体は自治体ではなく薬剤師会等でも可能であるが，住民が安心して情報を託せる先としては，

98 第Ⅰ部 先進事例にまなぶ

薬剤師会や医師会等ではなく，自治体が一番よいという結論も得られていた．また，住民サービス等の観点から「見守り」に積極的に取り組んでいかざるを得ない自治体に対して，どれくらいの費用であれば住民サービス等の観点から自治体が毎年の通常予算の中で支出可能かについてヒアリングを行い，その金額から突出せずにシステムが運用できるようにターゲット費用が設定されていた．

　しくみとしては，既にほぼ100%電子化されている調剤レセプト情報を収集し，住民ごとに名寄せする方式を採用した．調剤レセプトコンピュータ自体は様々なメーカーのものが導入されているが，日本薬剤師会（当時は福岡県薬剤師会）の仕様により標準化された形で情報の出力が可能で，かつ，日本薬剤師会の規定によりデータ出力のための費用の上限が定められていたため，安価に標準化された電子情報が収集可能であった．

　以上のような，「地域見守り支援システム」で検討された観点は，五島市において重要視することとして合意された，次の3点と方向性が合致するものであった．

　その3点とは，1つには，他地域の医療連携や医療介護連携とは異なり，医療機関等ではなく自治体自らが運用主体となることである．中核病院である長崎県五島中央病院や地域の医師会が主導するモデル，あるいは関係者で協議会やNPOを設立して運営するモデルでは，システムや事務局運営のコストをどのように継続して確保し続けるのか，継続性に関して不安があった．いわゆる地域での病院・診療所連携や医療介護連携はその性格上，対象とする患者は医療機関から見ればごく一部の患者であり，経営や業務効率の観点から費用対効果を得るためには，システム利用料の自己負担額を相当下げなくては難しい．そのため，自治体の財政状況が今後ますます厳しくなることは間違いないものの，住民が安心・安全に住まい続けられるような住民サービスを向上させることを目標に，自治体自らが，敢えて先行投資を行い，それにより将来の支出を抑えるモデルを目指すこととなった．

　2つめが，市が通常予算で出せる金額は当然のことながら限られることから，必然的にICTとしては，安価かつ長期に運用し続けられるシンプルなものに留める点である．仮に初期導入の補助率が大きく，初期導入の負担は軽かったと

しても，大きなしくみを作ればその後のシステム費用および運用のための事務局等の費用は大きくなってしまう．そのため，敢えてシステム機能はシンプルに留めることで合意した．まずは小さくスタートすることを重視し，その後運用が軌道に乗り，効果が明確に見込め，本当にしくみを使いこなせるという確信があってから初めて，システム機能を増やしていけばよいのではないか，という結論となった．

3つめが，連携の取り組みとしては一般的なオプトイン（手上げ）方式では大きな成果が見込めないと考え，範囲を絞りしくみをシンプルにすることを前提に，地域保険薬局のすべてに参加を求めたことである．最終的に調剤情報共有システムは，2013年に導入が決まったが，その際に五島市が設定した条件は，市内の全保険薬局が参加することであり，そうでなければ，市としては導入を断念することになっていた．課題の認識および将来の五島市に対する懸念では一致していても，日々それぞれの役割で業務を行う中で，全関係者の考えは必ずしも一致しない．そのため，当初は全薬局に参加を求めるのは難しい状況だったが，「今しくみを構築しなくては，将来に対する打ち手がなくなってしまう」と考えた，離島医療研究所の教授や五島薬剤師会の会長が中心となり，説明・説得が繰り返され，全薬局の参加となった．こうして，市内全薬局（現在21）が参加して，全住民の調剤情報および市が保有する見守り情報（高齢者に対する全数アンケート結果）を統合管理するという，他では例を見ないしくみが誕生したのである．

「見守り情報」とは具体的には，五島市が高齢者に対して行っているアンケート項目のうち，「住まい方（65歳以上の同居者がいるかどうか，65歳未満の同居者がいるかどうか，同じ敷地内に同居者がいるかどうか）」「健康状態」「緊急連絡先（本人との関係および電話番号）」「通院中の病院と病名」の4項目である．これら項目の情報共有については何度も議論が行われたが，プライバシーに深く関わること，服薬指導等のための医療情報共有の場面では必ずしも必須情報とは言えないことから，現在の運用としては救急現場で五島市の消防の職員のみが閲覧可能とした．そのため「見守り情報」を実際に閲覧できる利用者や閲覧頻度は限られることとなり，システム名称としても「見守り」よりも「調剤情報共有」に重点を置いた「五島市地域調剤情報共有システム」と

なった.

　なお,　システムの初期導入費用は,　総額約 2050 万円.　その内訳は,　各薬局との接続費を含む調剤情報共有システム導入費用が約 1000 万円,　カスタマイズ・初期データ移行費用が約 500 万円,　県のインフラである「あじさいネット」と接続するため[1] の VPN (Virtual Private Network) 費用が約 450 万円,　端末機器等が約 250 万円である.　財源として地域医療再生基金を用いることができたため,　五島市の負担割合は 50％であった.　また,　2 年目以降の運用費用は,　医療クラウドデータセンター利用料含むシステム利用料・保守料が年間約 200 万円,「あじさいネット」との接続のための VPN 費用が約 150 万円である.

1.3　期待する成果

　本システムの構築により,　次のような成果を期待した（上村,　2015,『調剤と情報』編集部,　2015）.

　保険薬局においては,　調剤した薬剤の重複・相互作用の発生や複数医療機関への通院状況等について,　より確実に確認できることである.　市内の全保険薬局が参加し,　全住民の情報を対象とするため,　すべての薬局で調剤された医薬品情報をもとに重複や相互作用の発生を通知する.　また,　調剤情報登録時には,　重複・相互作用のメッセージに加えて,　直近に他医療機関への通院がある場合にはその旨を即時に薬剤師に通知する.　特に飲み合わせの問題や重複がない場合でも,　注意して薬剤師が服薬指導にあたれるようにシステム支援を行えるようにした.　また,　本システムにより重複処方が削減されれば,　薬剤費が削減できることから,　五島市としての医療経済学的効果が期待された.

　医療機関における有用性としては,　処方時や救急外来の際に,　内服薬の状況を確認できることである.　救急時には,　慌てた患者・家族がお薬手帳を持参し忘れることも多いため,　システムにより確実に内服薬の確認ができることは有用である.　また,　一般外来においては,　他院の処方内容を閲覧することにより,

---

1)　「あじさいネット」は長崎県全体の地域医療連携のインフラであるため,　当初から将来的に「あじさいネット」と接続することを想定していた.　そのため,　VPN については同じものを採用した.　1 つの VPN で「五島市地域調剤情報共有システム」も「あじさいネット」も利用できると,　VPN の切り替え業務がなくなる,　それぞれの VPN 費用を支払う必要がないというメリットが得られる.

従来の問い合わせ業務を削減できることを期待した.

　消防における有用性は，24時間365日，地域見守り情報から緊急連絡先等を確認できることである．独居の状況や緊急連絡先の家族の情報などの見守り情報は，五島市の担当部署が管理しているため，日中の業務時間以外は問い合わせができない状況にあった．それがこれを機にクラウド上に登録されることになれば，必要な時にはいつでも参照できるようになる．また，最新の処方内容や，医療機関・担当医等を把握できる.

　さらに，災害時等に調剤情報が保護される点も期待される成果の1つである．自治体にとっては，服薬指導の強化や救急時の情報提供により，住民への医療サービスの質向上が期待され，安心して住み続けられるまちづくりへつながることである．財政的に厳しい状況にある五島市にとっては，まずは重複処方といった，わかりやすいものを対象に，費用を削減していきたいと考えた.

1.4　五島市地域調剤情報共有システムの流れ

　「五島市地域調剤情報共有システム」の入口は，各保険薬局である．患者が処方箋を持って保険薬局に行くと，薬局でレセプトコンピュータに処方情報を入力する．その際，日本薬剤師会の仕様「NSIPS」規格で情報を出力してもらい，それを調剤情報共有システムのプログラムが，医療情報の取り扱いの各種ガイドラインに沿った医療クラウド上のサーバに自動送信する．送信情報の内容は，患者情報，処方日・医療機関・医師等の処方情報，薬剤情報および用量・用法等である.

　前述の通り，市内の全保険薬局が参加するしくみのもとで，全住民の情報がサーバに送信されるが，その情報は五島市事務局によって「必要時には確認された上で，自動的に名寄せ」がされる．つまり，住民が市内のどの保険薬局に行っても，すべての調剤内容は1つの記録に統合されることになる.

　なお，住民マスタは，住民基本台帳ネットワークシステム（住基ネット）からキーとなる情報（住民の氏名，生年月日，性別，住所）をオフラインで取得して作成した．最低月に一度，五島市の事務局職員が住基ネットから情報をCSV（Comma-Separated Values）の形で取得し，それをもとに調剤情報共有システムの住民マスタを作成・更新している．そのため，住民の存在や属性情

報が正しく管理される状況となっている.

　また, 名寄せの方法は, 同市が位置する長崎県において県レベルの医療連携基盤となっている「あじさいネット」と同様, 情報が必要となればすぐにでも閲覧できるようになるのが望ましいが, 五島市が限られた資源で事務局を運営していくに際しては, 専任の担当者を通常運用では置くことができず（初期の順次導入期間は, 専任の臨時職員を採用していた）, 事務局の業務負担とニーズを考慮して「可能な限り速やかに名寄せを行う」ことで合意された. 実態としては, ほぼ毎朝, 事務局である五島市国保健康政策課の職員が, 前日の情報を確認の上で名寄せを実施している. そのため, 初めての薬局に住民が処方箋を持っていった場合には, 通常は情報の確認はできず, どうしても至急の閲覧が必要という場合に限り, 五島市事務局に電話を入れて即時に名寄せをしてもらう必要がある. 翌日になれば, 気になった患者情報については閲覧できるようになるため, 理想的ではないものの, これが五島市の中で検討した結果の「費用対効果が見合った」運用である.

　五島市のそれまでのお薬手帳の運用については, 他地域同様, きちんと管理・持参する患者もいる一方で, 薬局ごとに複数のお薬手帳を持っていたり, シールをもらっても貼らないままだったりと, 薬剤師が重複や飲み合わせ等を確認するのに, 情報が十分・確実とは言えないケースも多かった. 特に問題なのが, ヘルパーが高齢者自身に代わって薬を取りに来る場合である. お薬手帳を持参しないことや, 状況を聞いても答えられないことが多く, 多剤投与の懸念が高く, より管理が必要な高齢者の方に対する服薬指導が, 実際には十分にできていないという状況にあった. その点, このしくみであれば, 処方箋を保険薬局に持参するだけですべての情報が登録・統合されるため, 情報に漏れがなくなった. 加えて, 薬剤師が確認すべき飲み合わせや重複については, システムが他所での調剤情報も含めて自動的に判定してその結果を薬剤師に即時に知らせるため, 服薬指導を支援することにもなった.

1.5　情報共有に対する住民本人からの同意取得と個人情報保護について

　全住民を対象にすべての調剤情報を収集することを目指し, 個人情報保護上どのように取り扱うかについては, 慎重に議論が重ねられた.

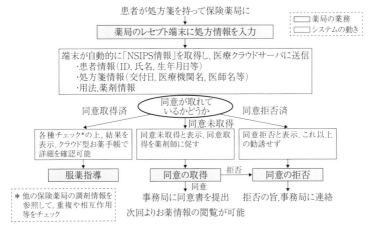

図1 五島市地域調剤情報共有システムの利用の流れ（前田隆浩氏（長崎大学）作成）

　五島市は関連部署で個人情報保護の観点から協議を重ねたが，結論としては，事前にも運用に入ってからもしっかり広報を行い，パンフレットや市のホームページ，参加機関での掲示等で十分に周知することで，情報の収集は全員分を対象としても問題ないと結論づけた．もちろん，個人情報保護法に基づき，オプトアウト可能であること（希望者は情報削除の請求ができること）は明示している．

　なお，全住民の情報を収集する際には個別に同意取得を行わないとしたものの，その情報を第三者と共有するに際しては，救急搬送時も含めて，本人の同意がなければ情報は共有されないこととした（図1）[2]．つまり，情報自体はどんどん蓄積され名寄せされていくが，同意をしていなければ，服薬指導等で直接利用されることはなく，同意をした後初めて，同意以前の過去分も含め，情報が共有されることになる．

---

2) 個人情報保護法の第23条第1項に「第三者提供の制限」があり，「個人情報取扱事業者は，次に掲げる場合を除くほか，あらかじめ本人の同意を得ないで，個人データを第三者に提供してはならない．」とある．ただし，第23条第4項では，次に掲げる場合において，当該個人データの提供を受ける者は，前三項の規定の適用については第三者に該当しないものとして，「個人データを特定の者との間で共同して利用する場合であって，その旨並びに共同して利用される個人データの項目，共同して利用する者の範囲，利用する者の利用目的及び当該個人データの管理について責任を有する者の氏名又は名称について，あらかじめ，本人に通知し，又は本人が容易に知り得る状態に置いているとき」と定めてある．

104　第Ⅰ部　先進事例にまなぶ

同意取得業務は，各薬局の窓口で，薬剤師がしくみの意図や情報の利活用目的と開示範囲を説明の上で行った．対象患者が現在，同意書を提出しているかどうかについても，薬の飲み合わせの問題や重複のメッセージと同様，即時に薬剤師に情報を提供して，未同意の場合には同意取得を依頼している．

2　取り組みの成果と課題

2.1　同意取得の状況

本システムにおいては，薬剤師による服薬指導の対象となるだけでなく，救急搬送時の情報共有も住民本人の同意が前提となるため，同意取得がどれだけ進捗しているかは，成果を見る上で非常に重要な指標である．

現在の同意取得率は，2016 年 9 月 30 日末時点で，当月患者の約 52%，対登録住民数では約 33% と，地域医療連携における参加患者数としては，非常に高い数字である．これは，自治体主導という安心感が住民に認識されているのに加えて，同意取得業務自体は，市内に 21 ある保険薬局に任せるという，五島市と薬剤会の両者で力を合わせて取り組んだ成果であると，五島市および関係者は考えている．ただ一方で，これ以上薬剤師が勧誘しても同意を取得できそうにない住民については，特に署名をもらうわけではないが，薬局から「同意拒否」の旨の報告をあげてもらいステータスを管理しているのだが，この同意拒否者が，登録住民数の約 3% となっており，当初想定していた数字より大きくなっている．今後は，薬剤師による説明をさらに工夫する，業務が忙しく同意取得の対応が十分にとれない薬局の支援を行う，未同意者に対してはもちろんのこと，同意拒否の方にも十分な説明がされてきているのかを振り返りながら五島市からの広報活動を改めて強化する，などの対応を行い，同意者数をさらに増やしていくことを予定している．

2.2　取り組みの成果

本システムの導入により，既に達成できたと考えているのは次の点である．

まず，第一に，全住民・全保険薬局を対象にして外来処方の調剤情報を統合したことにより，薬剤師による服薬指導が強化できた点である．重複・相互作

用がすぐに検知でき，疑義照会につながる機会が増えた．病院医師からも，以前より疑義照会の内容が増えた，疑義照会の内容が具体的になった（「既に○○という薬が出ていますが……」という形に）という声があがっている．

ただ一方で，重複処方の回避の結果による薬剤費の削減額[3] については，現在経済性分析を行っているところであるが，当初期待していた年間 1000 万円程度（五島市の 2014 年度の外来処方薬剤費[4] は約 20 億円のため，その約 0.5 ％）を大きく下回り数百万円程度になりそうである．その理由としてはまず，発生している件数自体が全体の処方数（処方箋の中の薬剤発行数）に対して，薬効成分重複が 0.36 ％，薬効分類重複が 1.08 ％と多くないことがある．また薬効成分重複の残存率（疑義照会の結果削除されずに残っているもの）の実際の中身の一部をサンプリング追跡したところ，長崎県五島中央病院から診療所等への逆紹介の結果発生した重複であり，服薬指導時にもその旨が明確に説明がされており問題ないなどの例もあり，必ずしもシステム検知したすべての成分重複が費用削減対象とならないことがあげられる．また，薬効分類重複はそもそも薬剤師に対する注意喚起情報であり敢えて併用しているケースでは費用削減対象とならないと考えられる．しかしながら，薬効分類重複の中身のサンプリング調査を行う中では，併用が問題ないケースが多いものの，一部医師から併用が大きな問題を生じさせうると指摘されたケースもあり，今後はシンプルに数量・金額を追うのではなく，内容も合わせて分析していく必要があるとの考えに至っている．

次に，五島市の調剤の状況を関係者でデータとして共有可能となった点である．前述の重複・相互作用の発生状況だけでなく，特に五島市がデータとして共有の上で進捗状況を追っていき費用削減成果を上げたいと考えているのが，後発医薬品の使用状況である．2014 年度の取り組み開始時点の割合は 34.85 ％であり，全国平均より悪い状況であった．現在も依然全国平均を下回っており

---

3) 疑義照会により薬剤のキャンセルにつながったと考えられるものについては，登録履歴から判断しているため，一部登録間違いの情報が含まれてしまっている場合がある．しかしながら，並行して実施した薬局に対するアンケート調査の結果から判断する限り，調剤レセコンの確定情報を登録する本システムに間違った情報が登録されるケースは限られている．

4) 本システムの分析で用いている「薬剤費」は，薬価基準に基づく薬価に実際に出された数量をかけたものであり加算等は含んでいない．よってレセプトの金額とは一致しない．

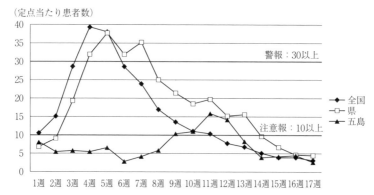

図2 2016〜2017年のインフルエンザ発生動向(長崎県感染症情報センター「長崎県感染症発生動向調査速報」,国立感染症研究所「感染症発生動向調査週報」より小屋松淳氏(長崎大学)作成)

今後の関係者の協力が必要であるが,本システムのデータから推察して,すべてを置き換えると年間約7億3500万円の薬剤費が削減できる(2014年度の場合)ことを示し,こうしたデータを共有しながら医療費適正化計画の取り組みを推進している.

さらには,収集・蓄積した情報の予防医学への利活用例の第1弾として2015年度から開始した抗インフルエンザ薬の調剤数をカウントして日報を作成し,医療機関のみならず学校や高齢者施設等と共有する取り組みを開始した(菅原ほか,2015).これにより,既存の発生動向調査よりも早期かつ正確に感染状況の把握ができるようになった.2016〜2017年のインフルエンザシーズンにおける五島市の状況は,長崎県とも全国とも異なり,発生自体が少なく,そのピークは明らかに遅くなっていた(図2).そして,五島市内での3年間の状況を比較すると,図3のようにピークが次第に後方にシフトしていた.情報を受けての手洗い慣行や学童・生徒・入居者等への注意喚起の成果なのかどうか,シーズンにより大きく状況が異なる内容でもあり,現時点では減少した正確な理由を考察することは困難である.しかしながら,重要な現象として五島市としては評価しており,市長が市の広報誌のコラムに「五島市地域調剤情報システム」の成果として記述するとともに,より一層の住民の参加(同意書の提出)を求めている(野口,2017).

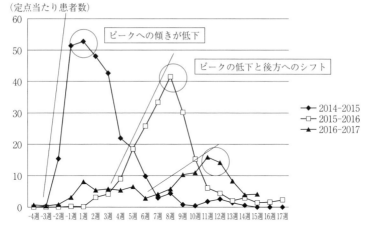

図3 五島市のインフルエンザ発生動向(長崎県感染症情報センター「長崎県感染症発生動向調査速報」より小屋松淳氏(長崎大学)作成)

なお,当初より「あじさいネット」との接続を考え,接続可能な VPN 基盤を採用していたが,2017年9月にシステム間の連携が実現した.

2.3 現在のシステムの限界と今後の対応

「五島市地域調剤情報共有システム」では,市内全保険薬局の協力のもと,全住民のデータを対象としたしくみを作り上げ,情報共有や蓄積情報の利活用を推進することができた.ただし,保険薬局の調剤レセプト情報を元にしているという性格上,限界が存在する.

病院や診療所による院内処方の場合には,電子カルテ導入済みの公設診療所を除き対応していないため,情報が統合されない.五島市の医薬分業率は79%と高いため影響は限定的ではあるものの,この点については今後はできるだけ院内処方情報まで取り込み範囲を広げ,外来処方に関する把握率を高めたいと考えている.

また,本システムは五島市のみのしくみであるため,市外の保険薬局の処方内容は反映されない.2017年9月に「あじさいネット」との接続が実現し,市外の病院等からも統合された調剤情報を閲覧できる環境が整備されたため大部分の課題は解決する見込みだが,実際の利活用については今後の課題である.

108　第 I 部　先進事例にまなぶ

このため，長崎市など五島市外での院外処方分については，可能な限り処方箋を五島市内に持ち帰り，五島市内の薬局で調剤してもらう方が，重複処方の確認はもちろん，救急搬送時などに有用であることを市民に呼び掛けていく予定である．

　最後に，薬局での報酬算定がないため，薬剤師の手間への対価がないという課題がある．追加の診療報酬算定の算定対象となる見込みが薄いことから，より直接的な受益者となる五島市から何かインセンティブを出せないかといったことも含めて積極的に検討しないと解決できないのではないか．この点については，現在具体的な検討は行われていない．

3　データ利活用の推進

3.1　データ二次利用基盤の構築

　蓄積データのさらなる利活用を目的として，二次利用可能な基盤[5]を整備しつつある．現在は日本医療研究開発機構（AMED）の 2016 年度および 2017 年度の「Medical Arts の創成に関する研究」の採択を受けて，図 4 の通り，服薬指導等のために「個人が特定できる」データを含む「情報共有環境」とは別に，「匿名化した」データのための「二次利用データ環境」を医療クラウド上の別の仮想空間に構築した．データクレンジングもほぼ目処がつき，詳細な内容分析に着手している．

3.2　自治体主導のデータ二次利用モデルの確立を目指して

　五島市では，全保険薬局が参加して全住民の情報を統合・管理するという，

5）　二次利用環境を構築するにあたって，主な情報項目を下記の通り処理した．
　・氏名→削除
　・生年月日→年代に置換
　・住所→地区に置換
　・住民統合 ID →ランダムで不可逆な文字列に自動変換
　・薬局名，医療機関名，医師名→削除
　・薬局 ID，医療機関 ID →ランダムで不可逆な文字列に自動変換
　「情報共有環境」のデータから日次で情報の更新を行い，「二次利用データ環境」を構築する．つまり，前日末時点での情報確認が随時できる環境となっている．

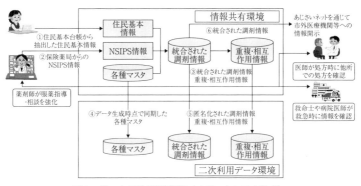

図4　データ二次利用基盤（メディカルアイ作成）

他地域では例を見ないデータ環境が構築できている．情報源は調剤レセプト情報であるが，日々取得している点，履歴をすべて保持している点で，これまで分析に用いられてきたレセプト情報のみの場合とは異なる．特に変更履歴からは，疑義照会により削減されたと想定できるデータ（現地調査も併せて実施して判定）を抽出し，削減可能な薬剤費用のシミュレーションに用いることにより，重複投与の削減により可能なコスト削減額が試算できるなど，これまで行われてきたものとは異なる活用ができている．また，調剤情報共有システムを基盤として，関係者が共有したい情報を入力することも可能であり，疑義照会の状況など一部については既に運用を開始している．今後は副作用情報・アレルギー情報を中心とした，地域で共有したい患者情報を登録した上で，その情報も含めた分析を検討していきたい．

　また，以上のような，調剤情報共有システム単体でのデータ利活用だけでなく，他の情報と組み合わせるとさらに利活用の幅が広がる．例えば，五島市においては既に，公設診療所・出張所の一部に，調剤情報共有システムを導入したメディカルアイ社のクラウド型電子カルテを導入済みである．そのため，これらにより収集された情報についても，情報を名寄せできるようになっており，後はどのような考え方に基づき，誰がどのようにデータ利活用を行うかを具体化する段階にある．さらには，例えば，匿名化を前提に健診結果や介護情報を名寄せすると，より分析可能な範囲が広がる（図5）．

　今後は，蓄積情報を利活用して五島市内で役立てるだけでなく，外部に情報

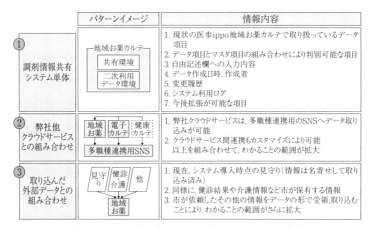

図5 データ二次利用の広がり（メディカルアイ作成）

を提供してその対価を得ること等により，分析に必要なツール類を開発したりデータを抽出したりする費用，有識者による研究成果を五島市で活用するための費用，さらにはシステム運用コストを賄っていけるようなスキームを構築することを目指している．

外部に情報を提供する際には，個人情報保護への配慮はもちろんのこと，倫理的に問題がないか，あるいは公的な費用を用いて収集した情報の利用目的が公益に資するものであるかどうか，といった観点での審査が必要である．五島市では関連部署および委員会にて，外部のデータ利活用第1号として長崎大学の前述のAMED研究に関する審査を行った（疾病予防に関する公衆衛生の観点および本システムの成果の医療経済学の観点からの分析）．

本システムの情報源は，大手薬局チェーンが製薬企業等に販売している情報や国が構築した「レセプト情報・特定健診等情報データベース（NDB）」，あるいは保険者が保持している情報と同じ調剤レセプト情報ではあるものの，住基ネットから正しく住民属性を取得できること，市が保有するその他情報との名寄せも可能であること，処方箋単位・日別など細かく情報を追跡することが可能であること，地域全体の状況を把握可能であることなど，他の情報にはない特性を持っている．そのため，AMED研究以外にも漢方薬の処方状況についての調査研究やポリファーマシーに関する研究などの申請も既に出ており，さ

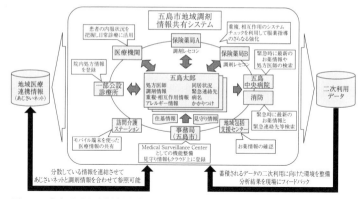

図6 五島市地域調剤情報共有システムの発展イメージ（メディカルアイ作成）

らなる研究への利活用を想定して，今後研究者以外からの申請も視野に入れた審査体制の強化を五島市は検討中である．

以上のように，五島市調剤情報システムは今後，
1　五島市内での関係者の情報共有のさらなる活性化
2　「あじさいネット」との接続による広域的なデータ利活用の促進
3　データ二次利用を単に外部へのデータ提供に留めるのではなく，その成果を五島市の現場へフィードバック

という3つの点で，発展させていく計画である（図6）．

事例紹介：地域医療介護連携のための「在宅クラウド浦安方式」

在宅医療においては，多職種間での様々な情報の共有や情報のやりとりが不可欠である．千葉県の浦安市医師会では，医師の負荷を増やすことになった過去の取り組みの教訓を踏まえて，多忙な医師の業務負荷に留意し，従来のやり方では限界があるとの判断のもと，業務負荷削減を目標として新たな情報共有・コミュニケーションのあり方について2014年から検討を開始した．

そして，クラウド型のSNSを採用し，現在では地域のほぼすべての関係者が参加している．運用費用に関しては，浦安市医師会および浦安市の予算を利用している．地域の予算のみでできる範囲で推進することにより，過大なシステムを抱えることもなく，医師会として目指していた「身の丈にあった連携」

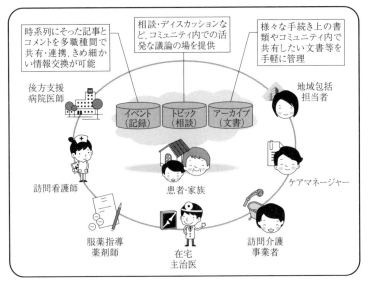

図7　多職種連携用SNS

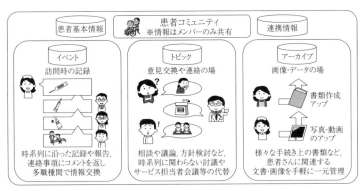

図8　患者ごとの「コミュニティ」

ができている．

　多職種連携のツールとしては，メディカルアイ社の多職種連携用SNS「医歩ippoソーシャルネット」を採用した．クラウド上に患者ごとの「コミュニティ」を作成，直接患者に関わる多職種間で情報を共有するしくみである（図7，8）．

　技術的には電子カルテと接続して，電子カルテの情報を取り込むことも可能

第6章　地域での調剤情報共有とデータ二次利用　113

だが，連携させるとシステム・運用ともに複雑になり，システムコストも高くなる．また，医療情報を中心として情報が蓄積されると第三者にとっても価値が生じ，情報のハッキングリスクが高まるのではないかという懸念の声もあり，敢えて電子カルテとの連携は行っていない．

　在宅多職種連携においては，医療情報そのものの共有よりも，患者や家族の「住み慣れた地域で生き切りたいという思い」を尊重するために，療養生活の中で日常的に発生する患者や家族の心配や不安，あるいは希望・要望などの情報を共有する頻度の方が高い．病診連携などでは有用な検査画像等の共有も，在宅多職種連携においては実際ほとんど必要がなく，たまに必要が生じた際には，iPadで写真を撮りアップロードすれば十分である．このような考えのもとシンプルなしくみでスタートしたが，実際，当初考えていた以上に検査結果等の医療情報の共有の必要性は生じていない．

　在宅多職種連携にICTを導入したものの，プラス面より業務負担の増加等によるマイナス面の方が大きいという例を聞くことも多い．浦安市医師会においては，どのようにして，医師の業務負荷を増やすどころか，むしろ減らすことができたのだろうか．

　まず，医師の主導のもと，対象とする患者の選定やコミュニティ編成を行い，情報を発信して多職種をつないでいくのは，訪問看護師とケアマネージャーの役割とした．その結果，医師は特に指示等がある場合を除いては特別な情報発信は行わず，自身で情報を書くよりも閲覧する方が多くなった．がんばって動き回り情報を伝えてくれる多職種メンバーに，感謝の意を表したり励ましたりする際には，ワンクリックでコメントを簡単に返信できる．

　また，コミュニケーションルールを定め，訪問記録ではすべて書くのではなく「変化に着目」して最低限の記述に留めることや，どういったやりとりが効果的か「チームごとに集まって議論すること」などが推奨された．

　また，後方支援病院への入院を想定して事前にまとめておく「患者サマリ」などのルールも作成された．さらに，医師と看護師のみの連携が多くなりがちな中に，活躍の余地がある薬剤師に積極的に在宅多職種チームに入ってもらうとともに，誰がどのような情報を取得するのかの役割分担を明確にすることに，現在取り組んでいる．

　以上のような取り組みの結果として，在宅医療に取り組む医師からは，「多職種とのやりとりの負荷が軽減した」「情報が散逸するファックスとは違い，

114　第Ⅰ部　先進事例にまなぶ

患者ごとに情報がまとまり経緯がわかりやすくなった」「診療報酬算定に必要な文書も作成でき，業務負荷が減った」「以前は個別に伝えざるを得なかった注意事項を患者に関わる人たちに一斉に周知でき，指示を徹底できるため，安全性の向上にもつながっている」といった評価が得られている．最後の安全性については，特に複数の訪問看護ステーションが関与している場合に成果が大きいとのことである．

　また，医師以外の職種からは「特に医師との間のコミュニケーションの壁が低くなった」，後方支援病院からは「事前に情報を得られるため，受け入れがスムースになった」，基幹病院である順天堂大学附属浦安病院や東京ベイ・浦安市川医療センターなどの地域医療連携室からは「退院後の経緯がわかるようになった」，との評価の声が得られている．

　一方で，より一層の業務負荷の削減を目指した取り組みが必要である．例えば，定型入力を簡単に行うための「テンプレート入力」機能をシステムとしては提供しており，前述のようなチームごとの打ち合わせの結果入力すべき項目が確定すれば，この機能の活用により入力を簡素化できる．しかしながらまだ，この機能は十分に活用されていない．疾病ごとなどの切り口により医師に報告すべき項目の整理ができないか，チェックリストなどの定型化が適した場面は何かなど，今後さらに検討していく予定である．

文献

上村秀明（2015）「五島市地域調剤情報共有システムについて」『ながさき経済』313: 22-27.

五島市（2015）「老人福祉計画・第6期介護保険事業計画」.

菅原正明・菅原正典・出口法隆・前田隆浩（2015）「地域情報共有システム（お薬カルテシステム）を用いた，インフルエンザ感染流行の早期検出システムの構築のための取り組み」『日本薬剤師会雑誌』67(11): 1623-1627.

『調剤と情報』編集部（2015）「クラウド型お薬手帳で全薬局が患者情報収集：五島市が医療情報共有システムを導入」『調剤と情報』21(8): 981-983.

野口市太郎（2017）「インフルエンザ大幅減少」（市長コラム）『広報ごとう』2017年5月号, 8.

山口典枝（2013）「多職種連携を支える情報共有基盤に関する考察：2025年の在宅医療ニーズを満たすために必要なICTの利活用」『医療と社会』23(1): 29-41.

第 || 部

持続可能な地域づくり

第7章
持続可能な地域経済の実現
岡山県真庭市の木質バイオマス利活用

中村聡志

1　はじめに

　私たちは何かしらの地域とかかわりを持ちながら日々の暮らし，さらには人生を送っている．したがって，多くの人々にとって「どのようにすれば，地域が活性化し，住み慣れた地域で暮らし続けることが可能になるか」という問いは切実なものであり，社会として対応すべき課題である．しかし，総人口や生産年齢人口が減少する中で地場産業の衰退や中心市街地のシャッター通り化など，地域の経済的側面の減退がいよいよ顕在化し，地域で暮らし続けることの困難さが浮き彫りとなっていることも事実である．

　本稿では，その問いに対して何が課題なのか，また地域を活性化させるための方向性をどのように考えるべきか，もっぱら経済の側面から検討していくことにしたい．以下，第2節ではその考え方を理論的に，そして第3節では具体的な地方都市の産業振興の事例から見ていく．

　ところで，地域という概念は多義的，多層的な概念である．そこで本稿では，地域とは「それぞれの自然環境と歴史的社会的条件のもとで，人間が生活し交流し協働しながら形成する自律的で個性的な基本的生活空間」であるとの中村剛治郎（2004, p.i）の定義を踏まえ，また地域活性化という概念を，住民の生活の質を維持，向上させるために自然環境，経済，文化などの諸側面に働きかける自律的な活動，と定義し，以下の検討を進めたい．

2 地域経済の構造

2.1 地域活性化の3つの分野

　2014年に政府の「地方創成」政策を推進するために設置された組織の名称は「まち・ひと・しごと創生本部」であるが，そのネーミングはなかなか言い得て妙なものである．地域に働きかける取り組みは，おおよそ，「自然環境も含む地域の生活空間を持続可能なものとする取り組み」，「地域に関わる人々を元気にする取り組み」，「地域の経済を活発化させる取り組み」に分類することができると考えられるからである．もちろん，この3分野での取り組みはそれぞれ独立して存在するものではなく，相互に影響を与え合う関係にある．たとえば，料理の飾りに用いる「つまもの」を扱う「葉っぱビジネス」で有名な徳島県上勝町でも，「葉っぱビジネス」によって町の経済に域外からの資金をもたらしたことが直接的な効果であったが，その活動が町のお年寄りに元気をもたらす派生的効果もあったという[1]．その意味では，地域の経済的側面のみ取り出して地域活性化を検討することには限界があるのだが，政策的観点からは地域の諸側面のいずれかに焦点を当てて活性化に取り組み，その効果を他の分野に波及させていくという道筋は十分に考え得る．

　地域が持つこのような特徴を踏まえつつ，以下では経済の側面から地域活性化の方向性を検討していくこととする．

2.2 地域経済とは

　地域経済の活性化を考える際に大事なことは，地域それ自体と同様に，地域経済も多層的な意味合いを有している点である．

　中村剛治郎（2008）によると，地域経済には「地域の経済」と「地域的な経済システム」の2つの意味がある．前者は「人間が生まれ，遊び，働き，休息し，楽しみ，交流し，発達をして，やがて死んでいく，人生を送る生活の場」である．また，後者は「一定の地理的範囲でのミクロ的経済諸主体の集積と相互のネットワーク関係を軸に編成されて機能するメゾ的領域（サブシステム）」

---

1)　「葉っぱビジネス」に関しては，当事者の横石知二の著書などに詳しい（横石，2007）．

のことであり，地域経済は「地域を超えて形成される場合もある地域経済システムの機能と範囲から捉えるべき」であるとしている．そして，この両者の視点から地域経済を分析していかなければならないと主張している（中村剛治郎，2008, pp. 2-3）．

つまり，前節で言及した地域の定義に照らし合わせて，ある圏域において生活が持続的に営めるように支える経済の仕組みが「地域の経済」である．これは就業や消費，貯蓄，あるいは行政サービスなど，身の回りで日々行われている経済活動を想起すればわかりやすいであろう．他方，「地域的な経済システム」は，一定の地理的範囲内に集まりながらも同時にその範囲外の諸主体とも自由に取引やネットワークを作ることができる，個別経済主体レベルのミクロ経済と，国民経済や国際経済を単位とするマクロ経済の中間的な性格を持った市場経済である．この両者はいわば地域経済というコインの表裏の関係であるが，それゆえ，生活の持続性のみを強調し経済活動としての持続性を考えない議論や，反対に市場システムの分析のみで地域住民の生活への想像が欠けた議論は，地域経済の議論としては必ずしも十分なものとはいえないだろう[2]．

2.3　地域経済の循環構造

「地域の経済」と「地域的な経済システム」との関わりを見ていくうえで，地域経済の循環構造が重要な意味を持ってくる[3]．

(1) 資金循環と地域資源

地域には経済活動にかかわるさまざまな主体が存在する（図1）．その中心に位置するのは民間企業であるが，それ以外にも個人事業者や農林水産事業者，NPO，そして市町村など行政や第三セクターもその中に含まれるであろう．これらの経済主体は毎年設備や原材料・中間投入物などへの投資や，人件費・販売管理費をはじめとした経費への支出などを行い，さまざまな商品や中間財，サービス（行政サービスも含む）などを生産し，地域内外に提供する．また，

---

2)　もちろん，地域の「生活空間」や「人々」についての議論を行う場合は，別な観点の議論が成り立ち得るであろう．

3)　本項の議論は岡田（2005），中村剛治郎（2004），中村良平（2014）を参照．

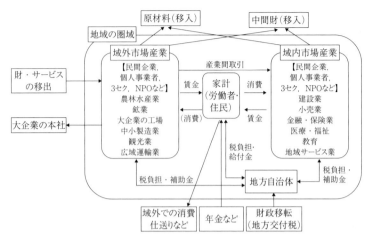

図1　地域経済の資金循環構造（中村良平（2014, p. 68）をもとに筆者作成）

そのプロセスで労働者・従業員は賃金を受け取り，一部は税金として支払い，一部は地域内で消費する．この消費の需要を受け止めるのは，域内市場産業といわれる対個人サービスなどに属する産業である．そして，これらの経済活動で得た収入をもとに，各経済主体はまた次の生産活動などに資金を再投資し，活動を継続する（再生産）．こういった資金の循環が地域経済の中に存在し，そこでの再生産が維持・拡大することで，「地域の経済」が持続的に発展していくのである．

　他方，地域での経済活動は資金の循環だけで成り立っているわけではない．岡田知弘（2005, p. 143）が指摘するように，生産や消費そして廃棄などの過程では，地域の自然や生産，生活と関わる諸資源を利用して，再生産を繰り返している．特に原材料やエネルギーはその地域内で採取されたり，地域内になければ移入されたりするなど，その地域の地理的，物質的な条件の影響を受ける．また，逆に，地域資源同士の新たな結び付きから新しい取り組みを生み出す可能性もある．いずれにせよ，地域経済を考える際は，たとえば生産や消費の活動が地域の環境に過度の負荷を与えないかといったような地域資源の保全の問題であったり，あるいは地域資源をどのようにイノベーションにつなげていくかなどといった課題への対応を，資金循環の問題と合わせて考える必要がある．

(2) 域外市場産業と域内市場産業

この資金循環に関して，その資金を「地域的な経済システム」のどこから調達するかという観点で考えてみると，1つは自らが製商品やサービスを移出して地域外の市場から資金を獲得することであり，外貨を稼ぐ域外市場産業（移出産業）の存在が必要となる．もう1つは域内の消費などの需要に域内市場産業が対応することで付加価値としての所得を生み出すことであり，小売や医療・福祉，教育などの対個人向けサービスや，域外市場産業の生産活動に伴う派生需要に応える支援産業などが必要となる．

まず，域外市場産業についてであるが，それらは主に，その地域にある比較優位な資源を見出して，それを有効に活用した製商品，サービスを生み出し，それを域外に移出することで地域内に資金を呼び込む産業である．図1にあるように，具体的な業種は農林水産業，工業，製造業，観光業などさまざまである．観光業のように，モノづくりではなくとも，観光客がその地域を訪問して消費することで地域外の資金を獲得するような産業も域外市場産業である．さらにいえば，ある地域の中核的な都市であれば大規模な医療機関や行政機関が立地し，そこを目的として他地域から訪れる人々も少なくない．その需要を取り込むことができるのであれば，それは立派な域外市場産業といえる．

他方，域内市場産業は，前述のように，小売や医療・福祉，教育などの地域住民の対個人向けサービスや，域外市場産業の生産活動に伴う派生需要に応える支援産業や建設業などがそれにあたる．ただし，このような需要は必ずしもその地域内で受け止められるとは限らず，例えば地域外の大型ショッピングセンターで消費を行ったり，地域外のゼネコンに発注するような場合，資金は域外に漏れ出てしまい，地域内の資金循環が細っていく．

ここで重要なことは，域外市場産業，域内市場産業の両方が，地域経済の維持・拡大のためには必要だという点である．

まず，域内市場産業だけでは地域経済は維持・発展しないということがある．域内市場産業にしても地域外から原材料や中間財の移入は不可欠であり，域外資金の獲得，あるいは地方交付税のような域外からの財政移転がないと再生産が困難になり，資金循環は細ってしまうであろう．

逆に，域外市場産業のみが成長したとしても，地域内の資金循環は十分には

成長しない可能性がある．なぜなら，生産過程において地域内に中間財などを供給できるような企業がなければ，事業規模が増加するに応じて資金の地域外への漏出が進む．また，前述のように，地域内の小売業や対個人サービス業がその産業の労働者の需要の受け皿になっていないと，やはり資金が漏れ出てしまうことになる．

　このように，地域内に域外市場産業と域内市場産業双方が立地し，かつ，その間に産業連関が存在して中間財などの地域内での調達率がある程度高まっていることが，地域経済の維持・拡大には必要となるのである．

(3) 地方自治体の役割

　図1の資金循環の図の中に地方自治体が位置付けられているが，地域経済の循環構造の中での地方自治体の役割も大きい．

　まず家計や産業部門から税を徴収し，同時にさまざまな公共投資や公共サービスを提供したり補助金を支給したりする，財政活動の主体としての役割がある．特に民間企業が少なく経済活動の規模が小さい過疎地の自治体ほど，こういった財政支出は大きな役割を果たしている．ただし，地域の公共サービス等への需要が自前の税収などで賄えない場合は，地方交付税などによる国からの財政移転を受け入れている．特に移入への依存が高く，地域の域際収支の赤字が大きな地方自治体は，それを補塡するために自治体財政が赤字化して国からの財政移転が常態化している[4]．

　また，財政活動にとどまらず，いわゆる「第三セクター」などを通じて地方自治体が域外市場型産業や域内市場型産業の役割に関わることもある．たとえば，1～3次産業を組み合わせる「6次産業化」の推進のために，農産物加工・販売の事業体に地元自治体が出資し，その第三セクターが域外資金を獲得するようなケースである．すでに述べたように，特に小さな地方自治体ほどそのような役割への期待が大きい．

　地方自治体の役割の最後は，地域資源のマネジメント主体としての役割である．前述のように地域経済は資金循環の側面ばかりでなく地域資源をどのよう

---

[4]　実際に地方圏では，域際収支赤字に加え域内の投資先不足から貯蓄超過が生じており，それを財政赤字が補塡する関係が事後的に成立している（中村良平，2014，p. 76）．

に維持し，活用していくかという課題と深くかかわっている．そしてその課題への対応は，地域の各主体が各々の活動目的に応じて行うことも考えられるが，地域資源の持っている公共的性格を考慮すると，地域社会とそれを土台にした地方自治体が関わる必然性があるといえよう．

このように，地域経済の循環構造を持続的にする役割を，地方自治体，特に基礎自治体が担っている点が，やはり地域経済の大きな特徴といえるであろう．ただし，ここで考えられている地域経済の圏域と基礎自治体の範囲は必ずしも一致するとは限らない．その意味では実際の地域経済の圏域に合わせた広域連携やあるいは地域内分権の工夫も必要となろう．

2.4　地域経済活性化に向けた課題と方向性

本節ではこれまで，地域経済を支える循環構造についてその大枠を整理してきた．しかし，総人口や生産年齢人口が減少する中，地場産業や中心市街地などが目に見える形で衰退し，地方財政も縮小を余儀なくされている．そのことが地域の環境やインフラの劣化や住民の誇りの喪失にも結びつき，さらに地域経済の衰退が進むといった悪循環を生み，地域の持続性に大きな懸念が生じているというのが，多くの地域，特に地方圏でみられる現実であろう．

このことを地域経済の循環構造の文脈に置き換えてみると，次のようになる．地域の産業が低迷して域外から資金をかつてほど稼げない，また域外から稼いだ資金があっても，消費や再投資を通じて地域内で循環しなければ，かなりの部分が域外へ漏れ出ることになる．その結果，地域の域際収支が悪化し，地域経済の維持には民間赤字を補うために公的支出が必要となり国および地方自治体の財政赤字が進行する．こういった一連の負の連鎖は，国および地方に余力があるうちは財政的に支えることができても，2014年度末以降，国，地方合わせて1000兆円超の長期債務を抱える状況下では，その持続可能性に懸念があるといわざるをえない．

本稿冒頭の問い，「どのようにすれば，地域が活性化し，住み慣れた地域で暮らし続けることが可能になるか」への返答を考えていくとき，これまでの議論を踏まえると，それは地域経済の循環構造を持続可能なものとすることであるということができるであろう．それを実現するためには，地域経済が抱える

124　第Ⅱ部　持続可能な地域づくり

課題に対し，それぞれの地域経済の特徴を活かしつつ対処していくことが要請される．そのためには，地域政策の立場からは以下のような方向性を持った取り組みが必要となると考えられる．

(1) 地域内産業連関の構築

　地域経済の循環構造を持続的なものにするためには，地域で再生産を繰り返し行う主体を地域が意識的に形成する必要がある．従来から地域産業政策が力点を置いてきた企業誘致もその手段の1つで，その効果を否定するものではないが，地域経済の量的成長に寄与することがあっても，他方で，地域経済の循環構造に関わる問題を生み出している．つまり，意思決定が地域外の本社で行われ，地域内の産業連関を作ることが難しいこと，本社への資金の漏出があること，撤退リスクがあることなど，場合によっては地域経済の循環構造の持続性を損なうリスクも内包している．

　むしろ，地元の主体が中心となって，自分の地域にとっての成長の原動力となり得る域外市場産業を見つけ出し，成長させ，地道に域内市場産業との産業連関を構築し，地域経済を内発的に発展させることが望まれる．そのためには，モノを作る技術，商品やサービスを販売するマーケティング力，人材の確保・育成，事業資金の調達が必要となる．そして，それを支援する自治体はもちろん，特に地域金融機関による事業性評価（目利き）やアドバイス，資金提供といった役割が大変重要なものとなる．

(2) 自律的な地域マネジメントの強化

　ここまで見てきたように，地域経済の活性化には数多くの主体が地域の諸資源を活用しつつ，市場システムと地域での生活の双方に配慮しながら，循環構造を維持・発展させる取り組みを実施することになる．したがって，そこでは諸主体が連携，協働して，自律的な地域マネジメントを行っていくことが必要となる．

　地域のマネジメントに関しては，そういった構造的な議論に加えて，どのように地域経済のありたい姿に向けて地域の資源を動かしていくかという運動論としての議論が必要となる．ただ，本稿の紙幅の関係で，その点に関して以下

の2点を指摘するにとどめたい.

(3) 主体・キーパーソン（グループ）・後ろ盾

地域での取り組みの実施主体は住民であり，企業であり，あるいは中間組織，教育機関などである．ただ，これら主体が効果的に役割を果たすためには，やはりキーパーソン（グループ）の存在が欠かせない．その役割を映画の製作にたとえるならば，「プロデューサー」（理念や哲学を示し，行動に結びつける経営者的役割），「シナリオライター」（コンセプトやビジョンを設定し，シナリオを描く役割），「ディレクター」（現場を動かすコーディネーター的な役割）の3つとなる．この3種の役割は1人で全てを担うこともあろうし，グループで分担して担うこともあろう（日本政策投資銀行地域企画チーム，2010，pp. 16-17）.

これらの後ろ盾となる役割も大事である．1つは，地方自治体や地域金融機関など，取り組みをバックアップしてくれる公的な性格を持つ主体であり，もう1つは，新たな知恵や外部からの評価を提供してくれる地域外の人材などである.

(4) 循環的な学習プロセス

地域社会に変革をもたらすような取り組みには，取り組みに関わる主体において①危機感や課題を掘り起こし，②それを言語化してかかわりのある主体の間で共有し，③そこで得られた知識を他の知識群と結び付けて新たな取り組みを創発し，④再びそれを関係者の内面に埋め込む，といった循環的な学習プロセスがある．地域において，こういったプロセスを主導するのも，キーパーソン（グループ）の役割である[5].

3 地域での産業創出の事例：岡山県真庭市の木質バイオマス利活用

本稿ではここまで地域経済の構造や課題を一般化して概観してきた．以下で

---

5) 野中他（2014）の「社会的価値共創」の概念を参照.

図 2　岡山県真庭市の位置と合併前の真庭市域

は新たな産業を創出した地方都市を典型事例として取り上げ，より具体的に地域経済の活性化について考えていきたい．

3.1　真庭市の概要と経済構造

　真庭市は，旧真庭郡から新庄村を除いた 8 町村（勝山町，落合町，湯原町，久世町，美甘村，川上村，八束村，中和村）と旧上房郡北房町が 2005 年 3 月に合併して誕生した，人口 4 万 7000 人（2016 年 11 月）の地方都市である（図 2）．岡山県北部，中国山地のほぼ中央に立地し，北端は鳥取県に接する．面積は県下最大の 828 km^2 で，市域の約 8 割を林野が占めている．

　真庭市域の総人口は，1960 年には約 7 万 6000 人を抱えていたが，1960 年代の高度経済成長期に人口が大きく流出した．その後，1970 年代から 1980 年代後半まで概ね 6 万人の水準で比較的安定していたが，1990 年に 6 万人を割り込んで以降，現在まで減少が続いている．生産年齢人口（15 〜 64 歳）も，総人口の減少とともに減少が続いている．

　真庭市の現在の産業構造の特徴について見ると，2012 年の経済センサスによれば（表 1，2），真庭市の産業別事業所数構成比も事業所ベースの従業者数も

表1　真庭市の業種別事業所数（2012 年）

業種（中分類）名	事業所数 （事業所）	事業所数 構成比（％）	同左 特化係数	
第1次産業	44	1.7	3.0	
第2次産業	619	23.4	1.3	
第3次産業	1,978	74.9	0.9	
内訳				
木材・木製品製造業（家具を除く）	42	1.6	5.8	（県内シェア 20.1%）
林業	14	0.5	8.9	（県内シェア 20.6%）

まち・ひと・しごと創生本部「地域経済分析システム」（https://resas.go.jp）からダウンロードした
データから作成

表2　真庭市の業種別従業者数［事業所単位］（2012 年）

業種（中分類）名	従業者数（人） ［事業所単位］	従業者数 構成比（％）	同左 特化係数	
第1次産業	351	1.9	3.1	
第2次産業	6,423	34.6	1.5	
第3次産業	11,793	63.5	0.8	
内訳				
木材・木製品製造業（家具を除く）	591	3.2	13.9	（県内シェア 25.2%）
林業	165	0.9	11.4	（県内シェア 22.7%）

まち・ひと・しごと創生本部「地域経済分析システム」（https://resas.go.jp）からダウンロードした
データから作成

　第3次産業が最も高い割合を占める（事業所数 75%，従業者数 64%）ものの，特化係数（域内のある産業の比率を全国の同産業の比率と比較した指標）は第1次産業，第2次産業に比較的集積の厚みがあることを示している．第2次産業の中では木材・木製品製造業が事業所数でも従業者数でも最も多く（事業所数 42，従業者数 591 人），特化係数も特徴的に高い水準（事業所数 5.8，従業者数 13.9）を示している．他方第1次産業では，林業が従業者数で農業を上回り（165 人，農業は 158 人），特化係数も著しく高い（11.4）．

　また，真庭市の地域経済の循環構造は，中村良平が 2004 年の岡山県産業連関表に基づき次のように分析している．真庭市の全産業ベースの域際収支は294 億円のマイナスであるが，その最大の要因は，商業及びサービス業の域外依存による所得の流出である．その域際収支のマイナスに対しては，建設・土木と公共サービスなど「公共需要型産業」へ依存することで市経済を支えている．また，真庭市における最大の移出産業は製造業で，全移輸出額の 67% を占

めているが，製造業全体の域際収支はマイナスとなっている．その中で林業・製材業，農業・畜産業，旅館業等の「地域資源型産業」は移出により所得を獲得し，金額はまだ大きくはないが，域際収支は黒字となっている（中村良平，2014，p. 203）．

このように林業・木材産業に集積が見られる真庭市であるが，同市域では19世紀末に本格的に植林が開始され，高度成長期の木材需要の高まりを背景に1960年代には中部，南部地域を中心に山林－原木市場－製材工場－製品市場といったサプライチェーンが市内に存在する西日本有数の林業・木材産業の集積地となった．しかし，1970年代以降，国産材の需要低下による価格低下で業況が低迷し，事業所や従業者数も減少，加えて2004年の台風23号により大規模な風倒木被害が発生し大きな打撃を受けるなど，最近40年近く林業・木材産業は他地域と同様厳しい環境が続いてきている．

3.2　木質バイオマス利活用の概要

真庭市域では，地域をめぐる環境が大きく変化していた1990年代中頃から，木質バイオマスの利活用に向けた取り組みが継続的に行われ，現在同市にとっての新たな産業にまで育ってきている．

バイオマスとは，生物に由来する再生可能な資源のことで，大きく廃棄物系バイオマスと未利用系バイオマス，資源作物に分類できるが，真庭市ではもっぱら廃棄物系バイオマスと未利用系バイオマスを利活用の対象としている．これらのうち木からなるバイオマスのことを木質バイオマスといい，廃棄物系バイオマスには製材所から発生する樹皮，端材，おがくず，住宅の解体材や街路樹の剪定枝などの木質系廃材が，未利用系バイオマスには樹木の伐採で発生する林地残材などの未利用木材が含まれる（真庭市，2013，p. 2）．

現在，真庭市で行われている木質バイオマス利活用の具体的な取り組みは以下の4分野になる（図3）．

① エネルギー利用：木質バイオマスを燃料（チップやペレット）としたバイオマス発電事業や，公共施設・工場・ハウス園芸・住宅におけるバイオマスボイラー，ペレットストーブなどの利用促進の取り組み．

② マテリアル利用：木質バイオマス資源を原材料とした製品開発や新素材

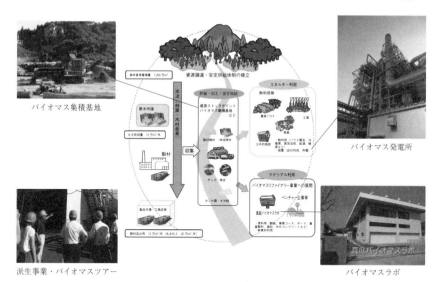

図3 真庭市の木質バイオマス利活用の概要(真庭市(2013, p. 12)から作成,バイオマスラボは真庭市資料より,その他の写真は筆者撮影)

　　開発を行う取り組み.
③ 貯蓄・加工・安定供給:エネルギー利用,マテリアル利用に向けて木質バイオマス資源を安定的に収集,提供するためのバイオマス集積基地などを整備する取り組み.
④ 派生事業:真庭地域の取り組みを素材とした産業観光プログラムなど,木質バイオマス利活用から派生した取り組み.
　以上の4つの取り組み分野は,図3の中でも示されているように,「本流」である林業・木材産業を補完する,いわば静脈産業に位置付けられる.

3.3　木質バイオマス利活用の展開プロセス

　現在に至る木質バイオマス利活用の取り組みの展開プロセスは大きく4つのフェーズに分かれるが,そこにも大きな特徴がある[6].

---

6) 木質バイオマス活用の取り組み経緯に関しては,笹野(2014)が詳しい.

130　第Ⅱ部　持続可能な地域づくり

(1) 第1フェーズ：取り組みの端緒と「21世紀の真庭塾」の活動（1993～1997年）

　高速道路の新たな開通に伴い，地方圏のヒトやカネがむしろ大都市圏に流出してしまう，いわゆる「ストロー効果」に懸念を抱いた岡山県真庭南部地域の若手企業家を中心に，1993年4月に「21世紀の真庭塾」が発足した．キーパーソンは中島浩一郎（銘建工業株式会社専務取締役）や大月隆行（ランデス株式会社代表取締役），仁枝 章 （久世町課長）らのグループで（肩書は塾発足当時），発足当初メンバー24人中23人が民間人であった．同塾は中央省庁や政府系金融機関の職員，シンクタンクの研究者などを講師に集中的に学習を積み重ね，1997年に今後の真庭地域のあり方についてのビジョンを「2010年の真庭人の1日」という物語として公表した．その成果を踏まえ，同年，地域産業に根差した「ゼロエミッション」と「町並みの再生」を真庭地域が目指す大きな目標として定めた．

(2) 第2フェーズ：事業化に向けた胎動（1998～2004年）

　「21世紀の真庭塾」の「ゼロエミッション部会」では，木を活かしたバイオマス産業創出を目指し，国などからの補助金を活用して研究会を次々と立ち上げ，現在の取り組みにもつながる，事業の全体像を描いたビジョン「木質資源活用産業クラスター構想」を2001年に取りまとめた．あわせて，事業推進組織などを整備し，また一部メンバーは自らのリスクで事業化（ペレット製造，バイオマス発電，木片コンクリートなど）を進めた．いずれも，「21世紀の真庭塾」が主導しながらも，その組織に旧町や県，真庭森林組合，真庭木材事業協同組合などが加わり，ネットワークが拡大していった．

(3) 第3フェーズ：「真庭市バイオマスタウン構想」と事業の多面的展開（2005～2013年）

　2005年の合併以前から，旧町の一部は既に木質バイオマス利活用のプロジェクトに関わっていた．合併後の真庭市（井手紘一郎市長）は，2006年に「真庭市バイオマスタウン構想」を策定し，木質バイオマス利活用の取り組みを積極的に主導するようになった．

また，真庭森林組合や真庭木材事業協同組合も2009年に木質バイオマス資源を供給するための集積基地を設置し，あわせて出力1万kWの大規模バイオマス発電所建設プロジェクト（2015年完成）にも，銘建工業や真庭市などとともに参画，木質バイオマス資源を燃料などとして有価物化して生み出した収益を林業や木材産業の活性化に還元する仕組みを作り上げた．

真庭市は他にも，2010年に産学連携の研究拠点「真庭バイオマスラボ」を開設し（岡山県と共同），同施設を中心にセルロース・ナノファイバー製造技術などの開発に取り組んだり，2006年から産業観光プログラム「バイオマスツアー真庭」を実施し（現在は真庭観光連盟が運営），年間3000人を集客したりしている．

(4) 第4フェーズ：「真庭バイオマス産業杜市構想」（2014年〜）

2013年に太田 昇氏が第2代真庭市長に就任，翌2014年には「真庭バイオマス産業杜市構想」を公表して，広くバイオマス利活用の推進を目指している（真庭市，2014b）．加えて同市は，CLT（直交集成板）の活用による木材需要の拡大など，これまで以上に幅広く林業・木材産業の振興に取り組んでいる．

なお，2015年に操業を開始したバイオマス発電事業も，当初不足が懸念されていた木質バイオマス燃料が量的にも質的にも十分供給されたことから，初年度から極めて高い稼働率（計画発電量の98%）を維持することができた．

3.4 真庭市の木質バイオマス利活用の成果と特徴

(1) 持続的な地域経済循環の構築

真庭市の木質バイオマスの取り組みは，これまで廃棄されるだけだった未利用資源や廃棄物を有価物に変え，新たなモノの流れと資金の流れを地域に創り出した点で，まさに新産業の創出といえよう．さらにその産業創出が地域経済の循環構造に与える効果を整理すると，次のようになるだろう．

① 地域経済循環の強化：木質バイオマスや燃料（チップやペレット）の地域内流通で新たな所得を生むとともに，一部外販や売電で域外収入も確保．その結果，木質燃料で化石燃料を代替し，資金の漏出が抑制される[7]．

② 産業連関を通じた地域経済の充実：木質バイオマスや燃料からの収益を

132　第 II 部　持続可能な地域づくり

林業・木材産業に還流して再投資を促し，山林の環境保全，産業観光などの派生事業への波及など，地域内産業連関を通じた地域経済の充実が図られる．

③　雇用創出：バイオマス発電所や観光などの新たな雇用が創出される[8]．

④　地域ブランド向上：取り組みのプロモーションや外部評価を通じて地域のブランド価値が高まるとともに，地域住民の誇りも醸成される．

(2) 自律的な社会変革を繰り返す仕組み

真庭市における木質バイオマス利活用の一連の展開プロセスも，大変ユニークなものである．

具体的には，①民間人主体の研究会である「21 世紀の真庭塾」が自発的に長期間にわたる学習を通じて真庭地域の課題や今後の成長分野を総合的かつ明確に設定し，ストーリー作りを通じてビジョンを共有した，②「21 世紀の真庭塾」のリーダーらキーパーソングループを中核としつつ，真庭市（合併前の旧町村），県，森林組合，木材事業者（製材所）などを巻き込み，また巻き込まれた主体も次のフェーズでは主体的に事業化に向けた取り組みを実施した，③「真庭塾」のメンバーも事業化を前提として，自らリスクを取り得る範囲で，同時多発的に地域資源の活用を実践した，④域外とのネットワークを積極的に構築・活用して域外資金を獲得するとともに，外部評価も巧みに取り入れてプロモーションを積極的に行った，などといった特徴が認められる．このことは 2.4 で指摘した，地域活性化の取り組みを推進する人的資源や社会関係が存在していることの表れであろう．

また，展開プロセスを観察すると，真庭地域のバイオマスに関する取り組みは，①「21 世紀の真庭塾」のキーパーソングループのリーダーシップを背景に，

---

7)　真庭市は真庭バイオマス発電所が建設される以前の 2011 年度の木質エネルギーのエネルギー自給率（エネルギー消費量に占める木質エネルギー生産量の割合）を 11.6%（2011 年度国内 4%，岡山県 0.6%），原油換算で年間 1 万 5600 kL の削減と公表し（真庭市，2013，p. 14），仮に原油価格を 90 円/L とすると，約 11 億円の域外流出を抑制した計算になるとしている（真庭市，2014a，p. 65）．

8)　真庭バイオマス発電所開設による直接雇用が 15 名，間接雇用も約 50 名と，その効果は限られたものではあるが，それでも無視しえない効果といえよう（真庭市，2016，p. 6）．

将来の地域空洞化という危機意識の共有を起点に，②学習活動を繰り返しそのビジョンを共有化，③それらを踏まえて具体的な取り組みを構想し，実現化する，④そしてそれを各主体が内面化して，それぞれが新たな事業に向かう，といった循環的なプロセスがみられる．その循環が第1フェーズから第4フェーズへと時期が下るにつれ，いくつもの主体がこの循環を回し始め，その影響が広がっていくところに大きな特徴が見られる．このようにして社会変革を伴う産業創出が広い範囲で持続的に進んできたと考えられるであろう．

　もちろん，元々林業・木材事業者間のネットワークが地域社会の中に密に張られてきた歴史的経緯や，この取り組みが行われた時期が真庭地域の林業・木材産業の低迷や平成の合併など地域にとって大きな変革期と一致したといった，真庭地域の個別事情が大きな影響を与えた点も認識しなければいけない．しかし，自律的な社会変革を繰り返す仕組みが地域に生まれ，地域に広がっていったという事実は，他の多くの地域にとっても意味があることといえよう．

4　おわりに

　「はじめに」でも書いたように，本稿は，「どのようにすれば，地域が活性化し，住み慣れた地域で暮らし続けることが可能になるか」という問いからスタートし，地域経済の観点から検討してきた．

　地域経済はそれぞれの地域が有しているさまざまな条件の違いから，地域経済活性化の方策を一概に述べることは困難なのであるが，それでも本稿で検討してきたような，地域経済の循環構造の持続性確保，特に地域内産業連関の構築といった，ある程度一般化できる方向性があると考えられるのではないだろうか．また，実現のためのプロセスも，それこそ千差万別であろうが，ここでみたような方向性は，地域経済のありたい姿を実現するための一助となり得よう．

　加えて，真庭市における産業創出の事例も，同地域ならではの個別事情から規定される部分が大きいとはいえ，強力なキーパーソングループの存在とネットワークの活用，循環的な学習プロセスを行う環境の広がりなど，諸条件の違う他地域にとっても大事な示唆を含んでいるといえよう．

134　第 II 部　持続可能な地域づくり

文献

岡田知弘（2005）『地域づくりの経済学入門：地域内再投資力論』自治体研究社.

笹野尚（2014）『産業クラスターと活動体』エネルギーフォーラム.

中村剛治郎（2004）『地域政治経済学』有斐閣.

中村剛治郎（2008）「現代地域経済学の基礎と課題」中村剛次郎編著『基本ケースで学ぶ地域経済学』有斐閣ブックス.

中村良平（2014）『まちづくり構造改革：地域経済構造をデザインする』日本加除出版.

日本政策投資銀行地域企画チーム（2010）『実践！　地域再生の経営戦略 改訂版：全国36 のケースに学ぶ "地域経営"』金融財政事情研究会.

野中郁次郎・廣瀬文乃・平田透（2014）『実践ソーシャルイノベーション：知を価値に変えたコミュニティ・企業・NPO』千倉書房.

真庭市（2013）「真庭市木質バイオマスエネルギー利活用指針」.

真庭市（2014a）「「バイオマスタウン真庭」の取組み」環境省地球温暖化対策の推進力強化研修資料. http://www.env.go.jp/policy/local_keikaku/kuiki/training2013/pdf/03_02.pdf

真庭市（2014b）「真庭バイオマス産業杜市構想」.

真庭市（2016）「平成 28 年 3 月議会定例会市長所信表明：すべての人が輝く「真庭ライフスタイル」の実現へ挑戦！」.

横石知二（2007）『そうだ，葉っぱを売ろう！：過疎の町，どん底からの再生』ソフトバンク クリエイティブ.

第8章
持続可能な地域を支える医療・介護

田城孝雄

1 住む・暮らす

1.1 Aging in Place

(1) 住む

日本の国土の73%が山地である．出張などで移動する際に陸路・鉄路を用いることが多いが，例えば伯備線で岡山から松江に移動していると，中国山地に分け入っていく．根雨，黒坂と，山中の駅を通り過ぎる．人が住んで，人々の暮らしがここにあること，人々が何代も住み暮らしてきていることに気付かされる．里があり，まちがありそこには，古から住み続けてきた人の営みがある．人が長年住んでいる人生の積み重ね，多くの世代に継承されている歴史，文化があることに，思いが至る．Aging in Place の姿が，そこにある．

Aging in Place とは，辻哲夫氏らによると，「いくつになっても，住み慣れた地域で，安心して自分らしく生きる」（辻哲夫氏講演資料，在宅医療助成勇美記念財団にて）ことを意味する．これにより，高齢者は幸せに，健康を維持することができる．この，各地域での人々の営みの中で，Aging in Place を守ることが理想である．

(2) 人に歴史あり，地域に歴史あり

その人個人にも，地域にも，歴史がある．それを尊敬，尊重し，敬意を払うことが必要である．地域再生，地方創生にも，地域の歴史を尊重し，敬意を払

136

表1 3つの life

・生命：病院◎，施設○，住宅○
・生活：病院×，施設△，住宅○
・人生：住み慣れた地域○，住み替え△

うことと，その地域を育んできた人たちに敬意を払うことから始めなければならない．Aging には，個人の中での Aging と，地域社会，コミュニティの成熟としての Aging がある．

1.2　3つの life：life の3つの意味

「住む」，「暮らす」について考えてみる．生活・暮らしは，英語で言えば，life である．英語の単語は，複数の意味があり，文脈で意味を使い分けることがある．life にも，いくつかの意味がある．代表的なものとして，次の3つの意味について考えてみたい．生命，生活，人生の3つである（表1）．

「生きている」の定義として，「心臓が動いている状態」と定義するなら，「生命」を守る場所として，病院，施設，住宅がある．その3つの中では，「心臓を動かし続ける」意味では，病院が生命維持機能として能力を発揮する．病院には，集中治療室（ICU）など，生命維持機能が備わっているからである．

一方，「生活」としての life を考えると，病院よりは，施設，住宅の方が優れている．「生活」とは，日々の営み，飲む，食事をする，排泄をすることであり，生活者が自主性を持って「暮らす」ことである．病院では，食事の時間や，消灯時間，起床時間が決まっており，自主的ではなく規律的である．施設でも，食事の時間が決まっていたり，入浴の時間や回数が制限されることが多い．食事や入浴に介助が必要な場合もあり，介助者の側の都合により時間が設定される事情がある．

さらに，「人生」といえば，個々人の日々の暮らしの積み重ね，集積であり，時として，先代など，他の人々との交流の積み重ねである．このため，地域性，地域との関わりがある．転勤，転職を繰り返し，1か所に長く留まらない人生もありうる．「人生」とは，その個人の，生まれてからその時点までの生活の積み重ね，一生である．

第 8 章　持続可能な地域を支える医療・介護　　137

　先に触れたように，Aging in Place とは，いくつになっても，住み慣れた地域で安心して自分らしく生きることと定義されている．高齢者が（高齢者に限らないが）幸せで，健康を維持しやすいのは，「いくつになっても，住み慣れた地域で安心して自分らしく生きる」Aging in Place を，人生の終わりまで続けることができるように支援する地域を維持することである．

2　人口減少社会に入った日本

2.1　撤退戦

（1）わが国の人口予測

　わが国は，人口減少局面に入っている（図1）．図2では，県庁所在都市と人口 10 万人クラスの都市の人口推移を示しているが，人口 10 万人クラスの都市では，生産年齢人口の減少が大きい．図3では市町村の人口規模別の人口減少率を見ているが，人口の少ない自治体ほど，人口減少の速度が速い．

（2）撤退戦

　人口減少局面での対応は，いわゆる撤退戦となる．　日本人は，撤退戦が得意ではない．撤退戦で有名なものとして，豊臣秀吉（当時は木下藤吉郎，徳川家康も参加）「金ヶ崎の退き口」が挙げられる（森田・杉之尾, 2010）．木下藤吉郎は徳川家康の軍とともに，殿戦，殿軍の役割を果たした．浅井長政の翻意による挟み撃ちの危険を察知した際，織田信長軍は，壊滅し，敗走することなく，奇跡的に撤退できた戦いである．

　木下藤吉郎は，1200 名（包囲軍は，6000 〜 7000 名）にて，金ヶ崎城に残り，織田軍の本陣が残っているように見せかけて，織田信長や織田軍の主力が撤退する時間を稼いだ．5 時間の時間を稼いだ後，殿軍である木下隊は，金ヶ崎城を放棄して，一斉離脱して撤退していった．朝倉勢は雪崩を打ったように追撃してきたが，猛追する朝倉軍に対して，約 200 の鉄砲隊が 50 挺ずつ交互に射撃を繰り返しながら，追手の猛攻を食い止めた．拠点を作りながら，撤退していった様子がうかがえる．

　信長の即断即決，迅速な判断と果断なる決定にも成功の要因はあるが，壊滅

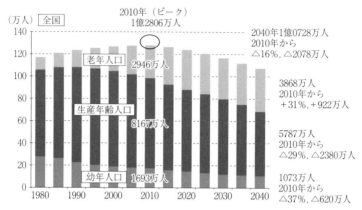

図1 人口の推移予想（国勢調査および国立社会保障・人口問題研究所（2013）をもとに国土交通省が作成したものを一部改変）

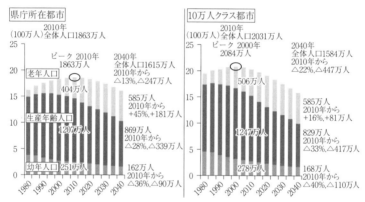

図2 地方圏における人口の推移予想（国勢調査および国立社会保障・人口問題研究所（2013）をもとに国土交通省が作成したものを一部改変．福島県は県全体での集計しか行われていないため集計の対象外とされている）

的な敗走に至らなかったのは，以下のようなことが考えられる．まず朝倉軍に対して，城に籠もっているように見せかけて，時間稼ぎをした．また，自らが撤退するときは，一斉離脱ではあったが，敗走しながらも，殿軍として，小グループが固まって，反撃をしながら撤退していった．

ここから得られる教訓としては，小拠点を形成しながら撤退していく姿であろう．撤退するにしても，壊滅，敗走するのではなく，拠点を形成しながら

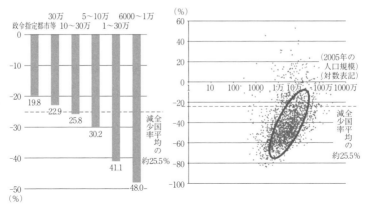

図3 市区町村の人口規模と人口変化率（2005～2050年）（国土審議会政策部会長期展望委員会，2011）

（凝集しながら），撤退していく姿を示している．これは，現代のスマートシュリンクの考え方に通じる．

2.2 スマートシュリンク

(1) スマートシュリンク

スマートシュリンクは，林良嗣らによれば，撤退と再結集を繰り返しながら賢く縮小していくことであり（林ほか，2009），先に例に挙げた木下藤吉郎，徳川家康の「金ヶ崎の退き口」に通じるものである．

人口減少・高齢化が進む中，特に地方都市においては，地域の活力を維持するとともに，医療・福祉・商業等の生活機能を確保し，高齢者が安心して暮らせるよう，地域公共交通と連携して，コンパクトなまちづくりを進めることが重要である（コンパクトシティ＋ネットワーク）．

図4には過疎地域で発生している問題を示している．雇用の減少，公共交通の利便性の低下，医療提供体制の弱体化，スーパー等の閉鎖，空き家の増加，耕作放棄地の増大，獣害・病虫害の発生などが挙げられている．これらの項目は，互いに関係があり連動している．対策として，雇用の確保，医療の確保，商業（商店）の確保，公共交通機関の確保が一体的に行われる必要があると考えられる．また，これには空き家，耕作放棄地の活用も連動してくる．

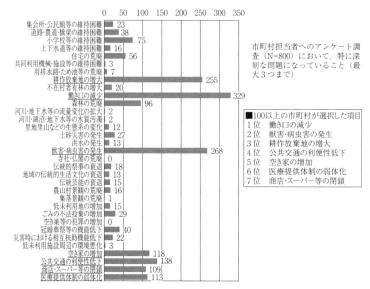

図4 過疎地域等で発生している問題や現象（総務省地域力創造グループ過疎対策室，2011，p.19）

(2) 地域再生推進委員会中間報告

こうした状況のなか，筆者が委員長を務めた内閣府の地域再生推進委員会（2013～2014年）では，以下のように提言した．

> 人口が減少する社会情勢の下で，現状のままの規模で社会基盤を維持することが困難となっている．地域の需要に応じて，空間規模や組織体制を縮小・再編するなどの視点が必要となる．地域の人口や経済規模が縮小するとしても，生活空間のコンパクト化を進め，利便施設を集約し，サービス提供の密度を上げることにより機能面を強化する．住民が集まることができる場所を確保することも重要である．地域に拠点を整備して，人の集まる場所を創り出し（創生し），そこに生活サービスを重点化する．医療・介護・福祉などの人達が集まる機能を備えた拠点とする．この拠点を，公共交通機関でつなぐことで，その拠点性を高めていく．（地域再生推進委員

会，2014，pp. 5-6）

（3）拠点つくり：中山間部では小さな拠点，都市部ではコンパクトシティ

拠点を作るために現在目指されているのは，中山間部においては「小さな拠点」の拡充であり，中都市以上ではコンパクトシティである（まち・ひと・しごと創生本部，2014）．小さな拠点とは，基幹となる集落に生活・福祉サービスを集めるもので，周辺集落と交通ネットワークなどで結ばれる．

一方，都市部では，公共交通などでネットワークされ，公共交通の駅や停留所から徒歩圏に，医療・介護，商業，行政・金融サービスなど，生活を支えるサービス提供施設を集中させるコンパクトシティのコンセプトが浸透してきた．

2.3　雇用の確保：医療・介護は労働集約産業

雇用の確保，特に若者や子育て世代の雇用を確保しなければ，その地域の持続性は保たれない．農業や製造業での雇用の確保には，名産品の創出とその販売の継続的な確保が必要となる．日本中でアイディアを絞っており，競争は激しい．

また観光，特に海外からの観光客のインバウンドで，京都・東京など従来の国際的観光地以外の場所への誘導が必要である．日本人，特に地元の人間には予想もつかない形で，外国人観光客が押し寄せることがある．外国人は，ミシュランなどのガイドブックやインターネットの紹介サイトや動画サイト，また口コミで，新しい観光地を見つける．このため，新しい国際的な観光客の流入を導くためには，従来の発想を捨て，地元民が見逃していた新しい価値・魅力を探し出し，インターネットなどを通じて，海外・国内に発信する戦略が必要となる．

確実で安定した雇用の確保のために，医療・介護産業があり，若者，子育て世代の雇用先として有力である．ただし，子育て世代の雇用のためには，保育施設の確保と，教育の確保も重要である．保育施設と教育の確保は，さらに新しい雇用を生み出す可能性があり，プラスの循環をもたらす可能性，期待感がある．保育施設の充実により，シングルマザーも働ける環境が構築される（島根県邑南町）．

医療，それに介護の現場の雇用の確保は，保育（施設）の確保，教育の確保であり，児童・生徒の確保は給食の調理員の確保へとつながっていく．もちろん，介護の雇用の確保は困難を伴う．医療・看護および介護，福祉の職種が，魅力的で，やりがい，使命感，達成感，感謝される喜びを創出，アピールする必要がある．このことが，若者を呼び寄せるために必須である．

また直接的な雇用以外に，先ほどの名産品の創出や観光などによって人々を引き付けた場合でも，コミュニティのメンバーとして，介護等の地域包括ケアシステムの一員として貢献可能である．

3　総合計画としての地域包括ケアシステム　医食住モデル

3.1　地域包括ケアシステムの定義

地域包括ケアシステムとは，「地域における医療及び介護の総合的な確保の促進に関する法律」第2条によれば，「地域の実情に応じて，高齢者が，可能な限り，住み慣れた地域でその有する能力に応じ自立した日常生活を営むことができるよう，医療，介護，介護予防，住まい及び自立した日常生活の支援が包括的に確保される体制」をいう．なお，介護予防とは，「要介護状態若しくは要支援状態となることの予防又は要介護状態若しくは要支援状態の軽減若しくは悪化の防止」をいう．「可能な限り，住み慣れた地域でその有する能力に応じ自立した日常生活を営む」という言葉には，先に述べた Aging in Place と通じるものがある．住み慣れた地域で，日常生活を営むことが重要である．

ただし，「住み慣れた地域」の定義であるが，通常は日常生活圏域（中学校区：人口3万人程度など）と定義されるが，過疎地やへき地などでは，必ずしもこの定義に当てはまらない．また，この地域の中であれば，必ずしも，自宅に限定せずに，サービス付き高齢者専用住宅などの集合住宅や，賃貸住宅への住み替えも含まれている．さらに，介護施設などでも，介護福祉施設である特別養護老人ホームなどは，生活の場であり，在宅医療の対象となる．

3.2　ハードの整備より，ソフト（マンパワー）の整備・充実が必要

図5は，2005年と2025年を比較した都道府県別高齢者数の増加状況と今後

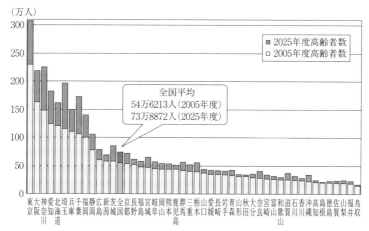

図5 都道府県別高齢者数の増加予測（2005〜2025年）（国勢調査および国立社会保障・人口問題研究所（2002）をもとに厚生労働省が作成したものを一部改変）

の予測を示すものである．2025年度の高齢者数と，2005年度の高齢者数を，都道府県別に比較している．

　鳥取県，福井県，佐賀県，徳島県などは，2005年度から2025年度までの20年間で，高齢者の実数は，ほぼ変化はない．現時点で不足しているものを除いては，新規の需要に対して，高齢者用の施設など箱もの，ハード面である建物の整備などへの投資の必要性は認められない．一方，65歳までの生産人口は減少しているので，マンパワーなどソフト面での充実の必要はある．ハードの整備より，ソフトの整備が課題となっている．一方，東京都，神奈川県，埼玉県，大阪府等は，数十万人の増加が見込まれている．これらの上位10都道府県は，ハードの整備の必要性はあるが，急速な増加には，建物などハードの整備が追い付かず，在宅医療などマンパワー，ソフトの整備が必要である．また，仮にハード面を整備した際に，その減価償却を済ませる前に，高齢者も減少する時期を迎えてしまうと予想されるので，高齢者像を，ハード面の整備だけで賄うことは，経済的合理性にそぐわない．したがって，高齢者の急激な増加がみられるこれらの上位都道府県は，今からハード面の整備を図るのではなく，地域の総力戦で支える必要がある．総動員でしのぐことになる．

　したがって，大都市圏でも，地方でも，地域包括ケアにおいては，施設など

のハード面の整備よりも，人的資源の整備・充実が重要である．高齢者対策は，ハード面の整備よりは，ソフト面である人材やネットワークの整備が重要となってくる．人材教育や意識，情報，研修や意識付けなどは，建物など箱ものとは異なり，形のないものである．慢性期医療機能で，療養病床という箱もの，建物の増備ではなく，ソフトである在宅医療，在宅介護のネットワークや人材育成などで受け皿を確保していくことが望ましい．人材のネットワークは，多職種協働のチーム医療介護福祉であり，また住民同士やボランティア，NPOの互助の活用である．住民同士のネットワークには，地縁・血縁を活かした古典的・従来型のネットワークと，地縁によらずに，テーマ，目的，興味，関心を共有する者たちのネットワーク（目的・趣味別ネットワーク）の双方の活用がある．

3.3　都市部の人材活用

　東京など大都市部の住民は，郊外のベッドタウンに住み，平日の日中に都心部に通勤し，週末は地元のコミュニティの一員となる人が多い．この平日の昼は都心で働く専門性を持つ職業人を，休日や夜間に，地元（居住地・住居地）で，地域住民として，その専門性を活かして，コミュニティの活動に貢献してもらうことが，郊外ベッドタウンの活力を向上することになる．住民参加が，地方自治体のマンパワーを補てんする．

　さらに，中学生・高校生・大学生など学生・生徒や，主婦，定年退職後の人などの地域住民活動も含めた総力戦が必要である．

3.4　地域を支える医療・介護は，地域に支えられる医療・介護である

　地域に人が住んでいれば，必ず人は，怪我をしたり，病気になるなど，医療が必要となる．観光地であれば，医療の充実が観光客にとって安心感になる．滞在型観光地であれば，外部からの観光客に対する備えも必要である．高齢化率の高い地域であれば，介護も必要となる．地域に人が住み続けるためには，医療・介護サービスの提供体制が必要な社会資源である．

　しかし，医療や介護の提供体制の整備だけでは，地域を支えることはできない．まず，医療・介護には財源が必要であり，基本的に，医療・介護は，保険

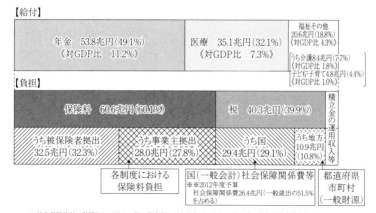

図6 社会保障の給付と負担の現状(2012年度)(厚生労働省資料)

料と税金と窓口負担(自己負担)を財源としている(図6).また,人材が必要である.医療介護分野は,労働集約型産業であり,サービス提供体制に見合った人手が必要である.医療・介護の働き手の側の生活を支える必要もある.働き手の衣食住を守る必要がある.また,働き手の子供(や孫)たちへの教育も必要となる.このように,医療・介護提供体制と,住民の生活支援体制は,切っても切れない関係である.

医療費や介護保険は,その財源を保険料,税金に負っている.つまり,地域を支える医療・介護を支えるためには,保険料や税金を払う(納める)人が地域に必要である.

すなわち,地域の医療を守るためには,医療提供体制に加えて,保険料や税金を払う(収める)人と彼らの働き口,働き手の購買先,子供たちの教育,また患者を集める交通機関,特に公共交通機関が必要となる.働き口(雇用),公共交通の利便性,商店・スーパーなど食料品などの購入先,空き家の増加などの課題を解決しなければならない.

財源などは,大都市など他の地域からの援助(補助金,交付税など)も考えられるが,それだけでは継続できない.医療を確保するためには,同時に,住民とともに医療提供者の生活を確保するものが必要であり,これらが無ければ,医療提供体制を確保することはできない.地域を守り支える医療・介護は,逆

146 第II部 持続可能な地域づくり

に地域に守られる医療・介護でもある.

　また，地域住民からの支援には，物質的なものと精神的なものがある．また支援の逆に，脚を引っ張る，批難，ネガティブキャンペーンもある.

3.5　地域医療包括ケアシステムは，医食住の充実が必要：医食住モデル

（1）地域包括ケアシステム　鉢植えモデル

　2015年度にまとめられた厚生労働省の地域包括ケア研究会の報告書では，医療介護総合確保促進法第2条の地域包括ケアシステムの定義で用いられている，①医療，②介護，③介護予防，④日常生活の支援，⑤住まい・住居，の5つのポイントの関係を図示している．図7に，この地域包括ケアシステムを構築するためのポイントをまとめたものを示す．この図では，上記の5つのポイントの中で，介護にはリハビリテーションを加え，医療には看護，予防には保健，生活支援には福祉サービス，住居には「すまい方」を加えて，新しい5つのポイントにして，この5つのポイントの関係性を植木鉢にたとえている（地域包括ケア研究会報告書より引用）．このたとえの図では3枚の葉を持っている植物が，植木鉢に植えられており，3枚の葉は，それぞれ，①医療・介護，②介護・リハビリテーション，③保健・福祉の葉を示している．この3枚の葉は，専門職種により提供されるサービスを示している.

　その植物が植えられている土が，④介護予防・生活支援を示している．そして，土の入っている植木鉢が，⑤すまいとすまい方である．自宅だけでなく，サービス付き高齢者向け住宅などの集合住宅や，居住系施設も含む．すまい方は，自宅から，サービス付き高齢者向け住宅に住み換えるなど，多様なすまい方を指す.

　最後に，この3枚の葉の植物の植えられている植木鉢を載せている受け皿がある．この受け皿は，本人の選択と本人・家族の心構えを指す．また，心構えは，覚悟という言葉に置き換えられることもある．最後まで地域で過ごすか，最後は病院に入院するか，不治の病の場合は延命処置をするか，などの終末期の過ごし方などを含む選択，心構え，あるいは覚悟という受け皿の上に，植木鉢が載っているというたとえの図となっている.

図7 地域包括ケアシステム 鉢植えモデル（地域包括ケア研究会，2016, p. 15）

(2)「食」の充実

「食」の充実には，商店（買い物先）の確保，配食サービス，子供食堂大人版（交流広場）で個食を防ぎ，引きこもりを防いで社会性を持続させ，社会的フレイルに陥らないように予防する活動が含まれる．

(3)「住」の充実

高齢者の居住を確保するため，「高齢者の居住の安定確保に関する法律」（2001年）があり，同法は，

1. 高齢者が日常生活を営むために，必要な福祉サービスの提供を受けることができる良好な居住環境を備えた高齢者向けの賃貸住宅の供給を促進する．
2. 高齢者に適した良好な居住環境が確保され高齢者が安定的に居住することができる．
3. これにより，高齢者の居住の安定の確保を図り，その福祉の増進に寄与する．

以上のことを目的とする．

3.6 広い意味の地域包括ケアシステム：（三世代・三障害，社会経済的困窮者を含む）地域共生社会

地域包括ケアシステムは，「地域における医療及び介護の総合的な確保の促

148

表2 真の意味の地域包括ケア

1 三世代・三障害 　真のバリアフリー（物理的なバリアフリーと心・意識のバリアフリー） 　障害のある人とない人（健常者）の交流・コミュニティ 2 住むところの確保 3 生活の確保（支援） 消費・経済活動 4 働き手の確保（雇用の創出） 5 魅力ある地域（観光，産業振興）の創出 6 子育て世代（20代，30代女性）の支援（育児・教育）

進に関する法律」第2条の定義によれば，高齢者のための，地域の包括的な支援・サービス提供体制であるが，さらに広い意味の地域包括ケアシステムは，三世代・三障害（身体障害，知的障害，精神障害）のケアを含み，乳幼児から高齢者まで多様な人々が地域で一緒に暮らすことのできる地域社会を目指すものである．子育て支援や，ひとり親世帯，社会経済的困窮者の支援，雇用の確保，多世代における引きこもり対策など，総合的な支援策である．そこには，三世代・三障害，障害のある人とない人（健常者）の交流するコミュニティを形成し，相互に助け合う真のバリアフリー（物理的なバリアフリーと心・意識のバリアフリー），多世代交流を目指す地域共生社会を形成することを目標にする．

　そのための施策には，①住むところの確保，②生活の確保（支援），③消費・経済活動の促進，④働き手の確保（雇用の創出），⑤魅力ある地域の創出（観光，産業振興），⑥子育て世代（20代，30代女性）の支援（育児・教育）など，基礎自治体の政策課題のすべてが含まれ，基礎自治体存在の根幹をなす（表2）．

3.7　地域包括ケアシステム構築は総合的計画である：地域包括ケアシステムは，行政サービス，そのものである

　地域包括ケアシステムでは，高齢者などが居住する器である住宅などの建築物が構成要素になっている．高齢者をはじめとする地域住民は，良質で，健全な住宅に住むことができて，はじめて地域包括ケアシステムの恩恵にあずかることになる．良質で健全な高齢者専用住宅や，ケア付き住宅の確保，誘致など

表3　都市政策・住宅政策と医療政策・福祉政策との情報と意識の共有

・保健・医療・介護・福祉施設を，コンパクトシティを推進する上での住民の居住を
　支えるインフラとして認識
・保健・医療・介護・福祉について，まちづくりの計画段階から考慮
・地方公共団体内で関係部局が定期的に情報共有し，各分野の新たな計画策定を行う
　際は，協議を行う

は，建設部門の役割である．地域包括ケアシステムの入れ物である鉢植え（図
7）の鉢は，都市計画・住宅・建設部門が責任を持っている．たとえば，高齢
者の居住の安定確保に関する法律改正による「サービス付き高齢者向け住宅制
度」の創設などである．

　また，福祉関係者や医療関係者は，介護・福祉・医療のサービスの向上には
気を配るが，鉢植えの鉢である良質で健全な住宅の確保にはあまり注意を払わ
ない．このため，地域包括ケアシステムの構築には，介護保険や福祉を担当す
る福祉部門だけではなく，住宅政策や都市計画などの建築部門の参画が必要で
ある（表3）．

　基礎自治体の各部局では，総合計画や都市計画，住宅政策を担う部署と，健
康・医療・介護・福祉，特に福祉を担う部署との交流が少ないと考えられる．
医療機能などの整備だけでなく，住民の健康を維持・増進する観点と，さらに
要介護者や障害者などの居住を確保するための介護・福祉サービスを提供する
拠点をまちづくりの中に取り入れ，医療施設等を，コンパクトシティを推進す
る上での住民の居住を支えるインフラとして認識して，保健・医療・福祉・介
護について，まちづくりの計画段階から考慮して，地域における医療ニーズ等
を把握し，地域に満たされている機能と不足している機能を整理した上で，不
足している機能について，まちづくりの計画の中でレイアウトして，必要な機
能・施設を積極的に配置することが求められている．

　地域包括ケアシステムを構築するためには，保健・医療・介護・福祉施設の
中心市街地からの拡散を防止し，さらに中心市街地への立地を誘導するととも
に，まちなかの病院や診療所，介護・福祉施設や，在宅医療・訪問看護・訪問
介護など，地域医療とケアを支える施設を拠点として，高齢化社会を見据えた
多様な健康・医療サービスの展開を促進する仕組みづくりが求められる．例え

ば，新潟県長岡市の社会福祉法人長岡福祉協会「高齢者総合ケアセンターこぶし園」の取り組みが該当する．郊外の丘の上の定員 100 名の特別養護老人ホームについて，構造改革特区を申請して，サテライト型特別養護老人ホームを市街地・住宅地に分散して展開してきた．これは，大規模介護施設を分散して，中心市街地や住宅地への誘導する試みである．

　この仕組みづくりを検討するために，地方公共団体（自治体）内部で，総合企画部門が中心となり，医療・福祉部門・保健医療政策部局・福祉政策部局と都市計画部門・都市政策・住宅政策部局を交えた検討を行うなど，関係各部局が定期的に会議などで情報共有し，また各分野の新たな計画策定を行う際には，協議を行う場を設定し，情報と意識を共有し，方針を共有することが必要である．

　地域包括ケアシステムの構築は，上に述べたように，総合計画であり，高齢者福祉の範囲に加えて，都市計画，住宅政策，雇用確保を含む，自治体挙げての事業であり，自治体の総力を挙げて取り組む課題である．地方行政，自治体サービスの根幹であるので，その担当者は，首長室，総合企画，総合計画部門の経験者・出身者または，その部署から転属させることが望ましい．先進的な自治体では，担当副市長を置いている市もある．

　真の地域包括ケアシステムは，福祉，教育，子育て支援，住宅，雇用の確保，労働力確保，医療，財政・財務，安心・安全の確保であり，消防・救急，さらに認知症の方の徘徊に関しては，警察や鉄道会社などを含む，全てのセクターに関わる．関係するのは，基礎自治体に関連する全てのセクターであり，そこには，商工会議所，観光協会，飲食店組合も含まれる．実は，この構成員は，保健所運営会議の構成メンバーと同じである．行政の会議として，保健所運営会議にはこの構成メンバーが揃うので，そのまま地域包括ケアシステム運営協議会の構成メンバーとして活用できる．また，地域包括ケアシステムは，高齢者福祉だけではなく，住宅政策や雇用の確保，民間サービスの創生，およびNPO，住民組織，自治会，老人会，コミュニティの育成による互助など，民生面にも及んでいる．さらに，通院などでは，脚となる公共交通機関の確保も関わってくる．

　国家予算の支出の中でも，社会保障費は約 40％を占める．地域包括ケアシ

ステムの構築，特に在宅医療を含む医療と介護の連携促進は，介護保険の総合支援事業・地域支援事業の枠組みで行われる．介護保険の保険者は，基本的に，基礎自治体である市区町村であり，市区町村の役割と責任は大きい．

4 地域・コミュニティづくり

4.1 健康医療介護福祉のまちづくり

療養（慢性期）入院機能は，従来は郊外など，市街地から離れたところに置かれることが多かった．また，高度医療機能を有する病院も，高機能の医療機器などの設備を設けるため，広い床面積を必要とするため，広い土地を求めて郊外に移設されることが多かった．しかし，高齢化の進んだ地域，あるいはこれから急速に高齢化の進行する地域では，中心市街地（まちなか）にこそそのような病院が必要とされる．病院の郊外移転により中心市街地の疲弊に拍車がかかった例も見られる．病院の郊外移転等によるまちなかの医療機能の喪失，にぎわいの喪失を防ぐとともに，まちなかづくりの中で医療機能を導入するなど，健康・医療と連携したまちなかづくりが重要である（健康・医療のまちなかづくりに関する有識者・実務者会合，2011）．

しかし，従来は，保健・医療の分野とまちづくりの分野の連携が不十分であった．例えば，病院の移転・建て替えなどの情報が共有されず，まちづくりとの連携が図られないことから，結果として多くの病院が郊外移転するなどの弊害が存在していた．

まちなかを中心としたまちのにぎわいと活力の源泉は，そこで生活し，集う人々の健康と安全の確保にある．さらに，まちなかづくりにおいて医療機能を整えることは，地域住民の安全・安心を確保し居住を支えるだけでなく，地域の付加価値を高めるとともに，中心市街地の活性化につながる可能性がある．

まちなかづくりにおいて医療機能（外来，入院，在宅医療，救急医療，予防医学・保健）を整えることは，地域住民の安全・安心を確保し居住を支えるだけでなく，地域の付加価値を高めるとともに，人の流れを変え，回復することにより地域経済の活性化につながるという効果がある．

中心市街地など，都市の再開発の中心に，医療機能を導入することにより，

健康・医療と連携したまちなかづくりを推進して，高齢者がこれまで住んできたまちに住み続けられることは重要である．このことは，まちのにぎわいと活力を取り戻す方策として，その地域の商業活動など経済的な観点からも必要であり，また人々，地域住民が交流できる場を確保することが，高齢者の引きこもりを防ぎ，寝たきりなどの要介護状態になることを防止する．

老朽化，狭 隘化等による病院の建て替えなどは今後も見込まれるが，病院を現地で建て替えるためには必要な用地の手当てが難しい．中心市街地等のまちづくりにおいて，都市機能の向上と地域経済の活性化を図る観点から，現地での病院の建て替えをしやすくするためには，単なる病院の建て替え資金の融資などではなく，病院を中心とした市街計画など，都市計画の段階で，必要な医療機能を特定して，然るべき場所に配置するという高次の判断が必要になると考えられる．医療施設等を運営する事業者の初期投資の負担を軽減するための支援や土地や建物を所有せずに賃借で事業を行う仕組みなどの検討が必要となる．

高齢者が自宅で天寿を全うできるようにするためには，在宅医療・訪問介護の機能の充実が必要であり，まちづくりの側からも踏み込んだ検討が求められる．高齢化しても住みやすいまちというだけでなく，昼間の外での活動を促すなど，健康の維持につながる工夫や仕掛けが重要である．高齢者等が中心市街地等にコンパクトに住むことは，将来的に行政コストの効率化につながるという効果が考えられる．

公共交通の利便性の向上など，公共交通機関の活用を推進して，保健・医療・福祉・介護施設が中心市街地から拡散することを防止し，中心市街地への立地を誘導するとともに，まちなかの病院等が拠点となり，病院と診療所との分担・連携のシステムを整え，在宅医療・訪問介護の機能がまちなかへ展開されることを促進して，高齢社会を見据えた多様な健康・医療サービスの展開を促進し，生活に必要な都市機能を交通結節点等の周辺に集積するコンパクトなまちづくり（コンパクトシティ）の推進を行うために，都市部における超高齢化の進展に対し，都市再生，まちなかづくりに関する事業が必要となっている．この，まちなかに求められる医療機能等の拠点が併せて整備されることを促進する事業として，「環境未来都市」，「地域再生」，「中心市街地活性化」などが

ある.

　まちなかの病院を住民の居住を支えるインフラとして認識し，そこを拠点として，高齢社会を見据えた多様な健康・医療サービスの展開を促進する仕組みを構築することは，今後の都市再生，まちづくりにおいて重要なことである.

4.2　病院集約化の課題

　今後は，「地域医療構想（地域医療ビジョン）」による地域医療計画により，地域によっては病院の集約化が進んでくる．ここでは病院集約化について考察する.

(1) 地域住民の視点

　2009 年 7 月の内閣府大臣官房政府広報室による「歩いて暮らせるまちづくりに関する世論調査」では，徒歩や自転車で行ける範囲に必要な施設として，「病院・福祉施設」を挙げるものが 80.3％と最も多かった（内閣府大臣官房政府広報室, 2009）．次いで，「日用品，食料品などを販売するスーパーマーケット」が 76.1％，「郵便局・銀行」が 71.3％，「学校」が 56.4％と続く.

　さらに，2010 年の「高齢者の住宅と生活環境に関する意識調査」では，高齢者が感じる地域の不便な点として，「日常の買い物に不便」（17.1％）という項目の次に，「医院や病院への通院に不便」（12.5％）という項目が挙げられている（内閣府政策統括官（共生社会政策担当）, 2011）．ちなみに，次の項目は「交通機関が高齢者には使いにくい，または整備されていない」（11.7％）である．同じ意識調査では，住居や住環境に関する優先度として，「駅や商店街に近く，移動や買い物に便利であること」（35.4％）に次いで，「医療や介護サービスなどが受けやすいこと」（30.3％）であり，次の項目の「豊かな自然に囲まれていたり，静かであること」（17.5％）を引き離している.

　また，特に，病院の集約化，統廃合・再編を考える場合，重要な視点である．2 つの病院の統廃合・集約化の場合，その中間点に建設する場合は，地方都市の場合，2 つの市街地の中間点には，市街地がない場合もある．これは，高齢者の要望を無視していることになる.

　この場合，残すべき医療機能と集約せざるを得ない医療機能に分けて考えな

154　第Ⅱ部　持続可能な地域づくり

ければならない．残すべき医療機能である外来医療機能と，簡単な救急・入院機能は，利便性の良いところに確保する方策を探るか，公共交通機関により利便性を図るかの対応策が必要となる（田城，2012）．

(2) まちなかに残すべき医療機能・集約すべき医療機能

病院の移転には，跡地に医療機能（外来，入院，在宅医療拠点，救急医療，予防医学・保健）を確保することが重要になってくるが，全てをそのまま残すことはできず，それまで病院のあった地域において，医療機能の喪失を招くことになる．これを防ぐためには，二次救急（中等症患者対応）までのレベルの医療機能は，その地域に残す必要がある．利便性を考え，地域に残すべき医療機構と，集約するべき機能，やむを得ず集約しなければならない医療機能を峻別する必要に迫られる．

(3) 医療機能の分類

医療機能は，①外来機能，②入院機能，③救急機能，④在宅医療・在宅療養支援機能，⑤保健・予防医学に分類できる．救急医療は，一次救急医療，二次救急医療，三次救急医療に分けられるが，救命を行う三次救急医療は，高度医療であり，多くの医師・看護師・技師などのスタッフを必要とするため，集約化が必要である．

病院の集約化に当たり，当直体制を考慮する．医師も人間であり，体力の消耗を防ぐため，休養が必要であり，1日の勤務時間や連続勤務時間には，常識的な制限が必要となり，この点が守られなければ，医師の疲弊を招き，医師の流出および補充の困難を招く．当直体制を保つためには，最低でも3名の医師を必要とする．しかし，3名では3日に1回の当直となるので，現実的には（実際問題として）5名または7名の専門医（当直要員）が必要である．

4.3　病院の上下分離

病院の集約の際には，経営母体の違いが妨げになることがある．筆者は，公立病院や，日本赤十字病院，恩賜財団済生会，厚生農業協同組合連合会（JA厚生連）などの公的病院等，経営母体の異なる病院の集約化の助けとして，

「病院の上下分離」を提案している（田城，2013）．

　上下分離方式とは，鉄道・道路・空港などの経営において，下部（インフラ）の管理と上部（運行・運営）を行う組織を分離し，下部と上部の会計を独立させる方式である．一般には，中央政府・自治体や公営企業・第3セクター企業などが土地や施設などの資産（下）を保有し，それを民間会社や第3セクターが借り受けるなどして運行・運営（上）のみを行う営業形態をとることが多い．

　病院の土地・建物（インフラ）を保有する病院保有機構と，その病院を借りて，医療を地域に提供する病院運営機構・病院運営者（医療サービス提供者）を分離する．病院の土地・建物を地域の貴重なインフラと考え，整備する．厚生労働省，国土交通省，総務省などの省庁の壁を越えた資金の活用が可能である．また，地方創生や，復興資金を活かすことも考えられる．

　介護施設では，リースバック方式といって，地主が自分の土地に小規模の施設を建設し，介護事業者が20年などの契約で借りて，施設を運営する方式が行われている．

　地域医療構想等で，経営母体の異なる病院間の集約化，統廃合を行う際に，それぞれの病院・経営母体ごとに負債額が異なるなどが，集約化を妨げる，あるいは遅らせる要因になっている．この場合有効なのが，病院を「病院保有機構（仮称）」に集約して，一括して建設・管理させ，医療を提供する事業者が，家賃を払う形で，地域医療を提供する方式である．病院の建て替え需要はほぼ30年周期である．単体の自治体では，30年に一度の巨額な資金を要する一大事業で，首長選挙などにも影響を及ぼす一大事であるが，全国的に見れば，分散して，毎年恒常的に建て替え需要が生じ，また地域のさまざまな思惑の影響を受けることが，多少なりとも少なくなると期待される．

　医療提供事業者に賦課する「賃料」は政策的に変更でき，医師の集まらない地域で，良質の医療を提供する事業者には，低額の賃料とする．医療提供事業者は，大きな負債を抱えることがなく，ランニングコスト，すなわち基本的には単年度の決済（プライマリバランス）を考慮し，また赤字の元となる政策医療や不採算医療に対して（のみ），その貢献度を評価して，相応しい資金補助を行うことが可能となる．

5　持続可能性の追求

　本章で述べてきた，持続可能な地域医療・介護提供体制は，世界的な施策となっている「持続可能な開発目標（SDGs）」の達成にとっても重要なものである.

　2000年に国連で提唱された「ミレニアム開発目標（MDGs：Millennium Development Goals）」は，発展途上国の貧困と飢餓の撲滅など8つの目標を掲げ，2015年まで実施された. 2015年からは，MDGsを引き継ぐ形で，新たに「持続可能な開発目標（SDGs：Sustainable Development Goals）」が始まった. これは，地球環境や経済活動，人々の暮らしなどを持続可能とするために，発展途上国だけでなく先進国も，2030年までに取り組む行動計画である. 持続可能な開発目標（SDGs）として17のゴール（目標）（表4）と169のターゲットが掲げられた.

　わが国でも，関係行政機関相互の緊密な連携を図り，総合的かつ効果的に推進するため，全国務大臣を構成員とする「持続可能な開発目標（SDGs）推進本部」を設置して，8つの優先課題を設定して，持続可能な開発目標（SDGs）を達成するための具体的施策をたてている（表5）.

　これまで，内閣官房・内閣府により，戦略的に，中心市街地活性化，地域再生，地方創生という一連の振興策が取られている. これからは，持続可能性の観点から，地域の在り方を検討するべき時代になっている. 地域の持続可能性に関係するものとして，

　　1　持続可能な都市 「環境未来都市」構想の推進
　　　環境・社会・経済的価値を創造する「環境未来都市」構想を推進し，国内外の都市の成功事例・知見の共有やネットワークの形成支援により，自律的で持続可能な都市の実現を図る.
　　2　「コンパクト＋ネットワーク」の推進
　　　人口減少や高齢化が進む中にあっても，地域の活力を維持するとともに，医療・福祉・商業等の生活サービス機能を確保し，高齢者等の住民が安心して暮らせる，持続可能な都市経営を実現できるよう，関係施策間で

表4 持続可能な開発目標（SDGs）としての17のゴール（目標）

1　貧困を終わらせる
2　飢餓を終わらせる
3　健康的な生活
4　質の高い教育
5　ジェンダー平等
6　水と衛生の利用と管理
7　持続可能な現代的エネルギー（再生可能エネルギー）
8　持続可能な雇用と経済成長
9　インフラストラクチャー構築，イノベーション
10　不平等の是正
11　持続可能な都市および人間居住（生活環境）
12　持続可能な生産と消費
13　気候変動対策
14　海洋の持続可能な利用
15　陸地の持続可能な利用
16　平和と正義
17　持続可能な開発のための実施手段とグローバル・パートナーシップ

表5 「持続可能な開発目標（SDGs）実施指針」における優先課題（持続可能な開発目標（SDGs）推進本部，2016）（本章に関わるものに（☆）を追加）

（People 人間）
1　あらゆる人々の活躍の推進　☆
2　健康・長寿の達成　☆
（Prosperity 繁栄）
3　成長市場の創出，地域活性化，科学技術イノベーション　☆
4　持続可能で強靱な国土と質の高いインフラの整備　☆
（Planet 地球）
5　省・再生可能エネルギー，気候変動対策，循環型社会
6　生物多様性，森林，海洋等の環境の保全
（Peace 平和）
7　平和と安全・安心社会の実現　☆
（Partnership パートナーシップ）
8　SDGs 実施推進の体制と手段　☆

　連携しながら，都市のコンパクト化と周辺等の交通ネットワーク形成（「コンパクト＋ネットワーク」）を推進する.

以上が挙げられており，今後の目標となる.

158　第 II 部　持続可能な地域づくり

文献

健康・医療のまちなかづくりに関する有識者・実務者会合（2011）「これまでの議論を踏まえた論点の中間整理について」.

国土審議会政策部会長期展望委員会（2011）「「国土の長期展望」中間とりまとめ」.

国立社会保障・人口問題研究所（2013）「日本の地域別将来推計人口」.

持続可能な開発目標（SDGs）推進本部（2016）「持続可能な開発目標（SDGs）実施指針」.

総務省地域力創造グループ過疎対策室（2011）「過疎地域等における集落の状況に関する現状把握調査結果の概要」.

田城孝雄（2012）「まちと医療の融合による新しい地域医療の形」『医療経営白書 2012 年度版』日本医療企画.

田城孝雄（2013）「病院の上下分離」『日本医療・病院管理学会誌』261: 1.

地域再生推進委員会（2014）「地域再生推進委員会 中間報告」.

地域包括ケア研究会（2016）「地域包括ケアシステムと地域マネジメント」三菱 UFJ リサーチ＆コンサルティング.

内閣府政策統括官（共生社会政策担当）（2011）「高齢者の住宅と生活環境に関する意識調査」.

内閣府大臣官房政府広報室（2009）「歩いて暮らせるまちづくりに関する意識調査」.

林良嗣・土井健司・加藤博和・国際交通安全学会土地利用・交通研究会編（2009）『都市のクオリティ・ストック：土地利用・緑地・交通の統合戦略』鹿島出版会.

まち・ひと・しごと創生本部（2014）「まち・ひと・しごと創生総合戦略」.

森田松太郎・杉之尾宜生（2010）『撤退の本質』日経ビジネス人文庫.

第9章
公共交通を守り，育てる

加藤博和

1 地域を守るために公共交通をつくる

「このバスを走らせるのは，地域が滅びないようにするためです」

2002年，三重県南部で，バス路線新設の仕事に協力することになった．海沿いを走るJR紀勢本線の熊野市駅は特急列車が停車するが，名古屋駅から1日わずか4往復，3時間強かかる．熊野市駅から西へ，国道を通って山地を分け入ると御浜町域を経て紀和町に至る．しかし，この間を結ぶ路線バスは存在していなかった．

紀和町は平成の大合併で熊野市と合併したが，当時は単独町制を敷いていた．人口は約1700人，そして高齢化率は50％を超え，島嶼部を除いて日本で最も高齢化率が高い自治体であった．町が位置する紀伊半島内陸部は，本州の中でも東京から時間距離で最も遠いと言われる秘境である．平地がほとんどなく，道路も貧弱で，鉱業や林業の栄華は過去の話．熊野古道が世界文化遺産に指定されたが，この奥地まで来てくれる人は多くない．しかし秘境ゆえに，うまく路線を設定し宣伝すれば，東京あたりからも観光客が来てバスに乗ってくれるのではないかなどと考えていた．

一方，県や市町の担当者のリクエストは「沿線から高校に通学できるようにするのが第一目的」というものであった．そこで「高校生にもなると親といたいとはそれほど思わないだろうから，親元から通学できなくてもかまわないのでは」と話したところ，即座に「あなたは分かっていない」と言われ，冒頭の

言葉を告げられたのである.

　紀和町からのバス路線は，熊野市の南の御浜町中心部に向かっていた．その沿線には総合病院と高校があるが，熊野市内の高校へはバスが通じていないため，中学校を卒業すると親元を離れて下宿してしまう子が多い．好きで家を出るのはいいが，いやおうなく下宿しないといけないような地域が人口をつなぎとめるのは難しい．卒業後戻ろうとしても，不便で仕事もない．友達もできるなど，高校がある地域になじんでしまっている．そして，どうせ下宿するなら，近いところである必要もないので，県中北部の高校に進む生徒もいる．彼らが子どもを持ったとき，子どもが下宿を余儀なくされるのは避けたいと思うだろう．かくして，地域で子どもがいなくなり，高齢化が進み，人口はとめどなく減少していく．すなわち，高校に通えない地域は「消滅可能性」どころか「消滅確定」である．

　ならば，高校に通ってもらえる路線をきちんとつくろうと誓った．そのために，学校の時間割に合ったダイヤ設定は当然として，もう1つ秘策を考えた．高校の「目の前」にバス停を設けようとしたのである.

　「そんなことは当然ではないか」と思われるかもしれない．しかし全国的に見れば，高校と最寄りの駅・バス停とは離れていることが多く，「目の前」というのは少ない．ローカル鉄道・バスでは高校生が重要な顧客であるにもかかわらずである．熊野市の木本高校の場合，熊野市駅からは約1 km，一番近いバス停からは約500 mあり，高校生はその間を歩いて通学している．そこで，新設する路線はあえて木本高校前まで乗り入れることを画策した.

　何人かの方々から「生徒を甘やかせるべきではない」というご意見をいただいた．しかし筆者には苦い経験があった．その2年ほど前，ある町で路線バス再編の検討に関わっていた．町の担当者からは「ここ数年で路線バスの高校通学利用が急減している．逆にバスの終点となる駅（町外）では送迎のクルマがあふれ，路線バスが入れないときもあるほどで，対策が必要となっている」と聞かされ，高校通学がしやすくなるようなダイヤを考えた．ところが，その案を住民懇談会で説明したところ，PTAの親御さん方から「あなたは親子の会話を奪うのか？」と言われ，ショックを受けた．親は家で子どもとなかなか会話できないが，送迎の時間はできる，子どもは送ってもらう代わりに会話に付

き合う，という関係だというのである．自家用車の世帯複数保有が進み，少子化や安全性の面からも送迎が望まれるようになっている．子どもに「友達は送ってもらっている」と言われると親も弱い．そして路線バスは一般に，鉄道より定期券の値段がかなり高い．かくして，いったん送迎が広まり出すと，あっという間に通学手段が激変し，気付いたらバスはガラガラ，という現象が各地で起こっていたのである．

このとき肝に銘じたのが「自家用車に比べ優越感を出せない公共交通は利用されない」ということだった．そこで考えた策の１つが「なるべく玄関に近いところに停留所を置く」である．大規模ショッピングモールでは，駐車場から建物まで遠く，そのためのシャトルバスまで用意しているところさえある．そこで，バスは玄関横付け，しかもそこに待合スペースもある，フードコートに隣接し飲食もできる，発車案内もされる，となれば，広い駐車場で空きスペースを探し，他車や歩行者にひやひやし，苦手な車庫入れをし，建物まで歩くことを余儀なくされている人たちに訴求するのではないか．そしてこれは，今や高校生にも当てはまる．昭和の頃なら，ぎゅう詰めの車両で運んで，駅から歩かせればよいなどと考えている人が多かったのかもしれないが，ハイパーモータリゼーションとなった今，そんな考えは捨て去らなければならない．そして，行き先を駅前でなく高校にすることで，「このバスで高校に通えます」というメッセージを出すことができる．木本高校の付近は道が狭く，折り返し場所を探すのにも苦労したが，関係各位のご尽力で乗り入れが実現した．路線名は「熊野古道瀞流荘線」．瀞流荘は終点にある温泉旅館であり，観光利用も意識して特急列車の接続にも配慮した．

運行開始は 2003 年 7 月 19 日，なぜか夏休みの始まった日であった．発車式では「木本高校」の方向幕を出したバスを背に，3 市町の首長がテープカットするのを見ながら，9 月 1 日にどれだけの高校生が乗ってくれるかが気になっていた．発車式はいつも晴れやかな顔が多いが，きちんと考えている人なら晴れやかな顔はできない．なぜなら，発車式はゴールでなくスタートだからである．走り出したこの路線をなくしてはならない．そのためには多くの方にご利用いただかないといけない．実際，乗っていただけるだろうかと心配になる．私自身は，出発式とは祝いの場ではなく，参加者に，ぜひ使ってください，

PRしてくださいとお願いに回る場と心得ている.

　9月になり，利用状況を聞いたところ，女子生徒数人が下宿をやめてバス利用に変更したが，男子生徒は一人も戻ってこなかったとのことであった.戻ってくれた生徒がいたのがうれしかったが，本当の勝負は次年度，新高校生が使ってくれるかどうかである.バスが走っていることで進路選択も変わる可能性もある.結果としては，男子も含め多くの生徒が自宅通学を選択してくれた.ありがたいことである.高校を出ればきっと運転免許をとり，バスを使ってくれることはなくなるだろうが，地元で就職する可能性が大きくなる.そして，結婚し子どもができても，住み続ける可能性が大きくなる.それが地域の存続を左右する.

　15年たって，旧紀和町は人口が1100人と3割減った.しかし，当初は3年間の実証運行としていた熊野古道瀞流荘線は走り続けている.しかも利用者数はあまり変わっていないという.この路線によって地域消滅が避けられるとは思えないが，少しは遅らせることができたのではないかと考えている.

2　公共交通は網になることで地域をしっかりと支える

　この「成功体験」以来，「地域を消滅させないため」高校通学を可能にする公共交通の再編をいくつか担当させていただいた.その一例が愛知県北設楽郡の3町村である.愛知県というと大都市圏というイメージがあるかもしれないが，この地域は長野県や静岡県に接する急峻な山間部で，そのほとんどが森林であり，交通網も貧弱である.面積は553 km^{2}で県の1割以上を占めるが，総人口は9000人強で県の0.1％強しかない.直近5年間で人口が1000人以上減少し，人口減少率も高齢化率も県内トップクラスである.

　この地域の公共交通は大きな問題を抱えていた.3町村がそれぞれ町村営バスを運行し，町村間で路線が分断されていたのである.設楽町には田口高校があるが総合病院がない.逆に東栄町に東栄病院はあるが高校がない.しかし両町を結ぶバスはない.高校通学の時間帯のみ東栄町営バスが設楽町に乗り入れ，設楽町営バスに接続するようになっていたが，到着が遅れても待ってくれないこともあったようで，乗り遅れた生徒が10 km以上歩いて帰ったという

第 9 章　公共交通を守り，育てる　　163

話も聞いた．そのため，東栄町における高校進学先の 1 位は，町南端を通る JR
飯田線で通学しやすい静岡県浜松市天竜区の佐久間高校であった．

　一方，設楽町から路線バスで行ける総合病院は隣の新城市にあるが，1 時間
以上かかり，運賃も片道で 1000 円を超える．豊根村は村営バスを東栄町の中
心地まで乗り入れていたが，そこに以前あった高校が閉校となり，通学できる
高校が皆無となった．東栄病院は中心地よりさらに先の JR 飯田線東栄駅前に
あり，東栄町営バスに乗り換える必要があったが，ダイヤが合っておらず通院
も困難であった．そして，田口高校も東栄病院も存続が危ぶまれていた．当然，
町村営バスの利用も少なく，減少傾向が止まらない．

　そこで，愛知県が町村営バスの見直しに乗り出し，筆者にも支援の依頼があ
ったため参画した．町村を越えて郡内を行き来できるように，各町村営バスを
相互乗り入れさせる幹線を整備することとした．これと，町村内で完結する支
線を合わせて，運賃をゾーン制（ゾーン内は均一とし，ゾーンをまたぐと加算
となる方式）に統一し，大幅に値下げした．自治体運営のコミュニティバス等
では，自治体をはみ出す運行はできないという固定観念が根強いが，筆者はそ
れまでいくつかの自治体で移動ニーズに合わせたコミュニティバス越境を仕掛
けてきていたので，何の躊躇もなかった．人は市町村界など気にせず動くの
だから，バスが市町村の範囲にこだわるのはナンセンスである．相互乗り入れ
によって設楽町と東栄町の中心部を結ぶ路線をつくるとともに，豊根村からは
JR 東栄駅・東栄病院までの路線と，田口高校までの路線を新設して，高校通
学を可能とした．

　このように，3 町村営バスを事業としては別個に運営しながら，運行の一体
化を図ることで，郡内移動の利便性を向上し，公共施設へのアクセス性を高め
た．この公共交通システム全体を「おでかけ北設」と名付けた．地域公共交通
が生活に必要な「おでかけ」を最低限以上に保証し，自家用車を自由に使えな
い高齢者の通院・買い物や，生徒・児童の通学が郡内全域で可能となる環境を
つくることで，地域を持続可能とするという意志を表す命名である．バスの色
や形は町村によってまちまちだが，「おでかけ北設」のロゴとキャラクターが
ついたマグネットが張られており，案内パンフレットや停留所デザインも統一
された．同じ路線を各町村のバスが入り乱れて運行しているが，どれも共通に

乗れて便利である．

　2010年1月4日に運行を開始してから，成果が次第に出てきた．まず，東栄町の生徒の高校進学先が佐久間高校から田口高校にシフトした．佐久間高校は最寄り駅から1km近くあるが，田口高校はバス停からほど近く便利である．また，豊根村から田口高校に進学する生徒で，寄宿舎の利用からバス通学に変わる人が出てきた．これによって田口高校は生徒の減少を食い止めることができた．さらに，田口高校は設楽町・豊根村の中学校と連携型一貫教育を実施していたが，東栄中学校も加わり郡全域に広がった．バス通学ができるようになったため，特別支援学級も設置された．一方，佐久間高校は2017年度から他高校の分校となった．

　東栄病院も郡内の全公立診療所との連携を進め，基幹病院の位置づけが明確になった．日帰り施設のとうえい温泉に設楽町からバスで行く人も出てきた．山間の過疎地域のため定時定路線バスでは域内全域のカバーが難しいため，予約バスへの切り替えや，自家用車を用いたタクシー的な輸送（自家用有償旅客運送）も順次導入され，一般タクシーとともに細かな「おでかけの足」も支える．それらすべてが「おでかけ北設」の範疇となっている．

　郡内3町村は，バス再編によって互いの施設を有効活用し生活水準を高めることができた上に，連携した活動も増やすことができ，地域の構造にまで変革を及ぼしている．豊根村では村営住宅へのIターン入居が進んでいる．高校通学が可能となって，親子での移住における障壁が下がったと考えられる．ここでも，地域公共交通をしっかりと整備することが，持続可能な地域づくりの基盤となることが見てとれる．

3　公共交通再生は地域再生に不可欠な要素

　地域再生を論じるにあたって，鉄道・バス・タクシーといった地域公共交通が扱われることは極めて少ないと感じている．逆の言い方をすると，クルマ依存型の地域再生が当たり前で，そのことに何ら疑問を持たない人が多い．確かにそれもやむを得ない．地方部は圧倒的なクルマ社会で，不自由ない生活のためにはクルマが必須である．公共交通の利用者のほとんどは生徒・児童か高齢

者である．観光客も本数の少ない公共交通ではなかなか来てくれない．したがって，公共交通は弱者のための福祉輸送に過ぎないと考えてしまうのであろう．

　しかし筆者は，公共交通が地域の Quality of Life（QOL：生活の質）を保証し，地域を持続可能とするために不可欠なインフラであることを数々の現場で体感してきた．そして後述するように，それは天賦ではなく，地域自らが「つくり」「守り」「育てる」ことが大事であると確信している．地域に暮らす人たちも，地域を訪れる人たちも，いつもではなくともたまには使って，その大切さを認識し，維持のために自らが何かをしなければならないことも意識している．これが，地域再生に資する公共交通のあるべき姿だと考える．

　今後，少子化の進展や，運転免許所持者の割合が大きい世代が高齢者の仲間に入ってくることで，地域公共交通がないと移動できないという人は減っていくと見込まれる．自分が運転できなくても，周りに送迎してくれる人がいるので何とかなる．そして，物流・IT の発達で，移動しなくてもサービスを得られる方法が増えている．したがって公共交通は不要だと主張する人も少なくない．しかし，「おでかけ」せずとも生活できる時代になっても，クルマがないと自由に「おでかけ」できない地域に人が残ってくれるのだろうか．冒頭に述べたように，そんな地域は真っ先に人口流出し，消滅確定地域となっている．

　考えてみれば，まだクルマが一般に普及していない時代，日本の中山間地域はもっと人が多く，公共交通もよく利用されていた．移動は制約されていたが，人々はそれに生活様式や居住地を合わせていた．今ではお年寄りも軽トラックがないと暮らせないと言うが，軽トラックがなかった昔はどうしていたのだろうか．逆に，モータリゼーションの進展とともに，公共交通が便利な大都市圏に人口が集中し，中山間地域では人口減少のみならず公共交通の縮小・廃止が進んできたのが現実である．

　クルマがあれば人は自由に動けるが，地域は空間的に拡散し，互いのつながりは希薄になる．全国各地で，うちの地域は人情あふれるとよく聞かされるが，まちを歩いても人に会わないし，クルマは運転が荒く人情どころではない．公共交通の拠点周辺の優位性がなくなり，中心市街地が空洞化しシャッター街と化す一方で，周辺部にスプロール（蚕食）状に住宅や店舗が広がり，全国どこに行っても同じ無個性な景観を露呈する．これでは観光に来ても興ざめである．

166　第II部　持続可能な地域づくり

そして，クルマに慣れきってしまい歩かなくなることで，健康への悪影響も懸念される．歩かなければ肥満になりやすく，生活習慣病リスクが高まるというのである．そうなると人生の終わりの方で寝たきりになるなど健康な生活が送れなくなる可能性が高くなり，いわゆる健康寿命は短くなってしまう．

最近，高齢者の運転免許返納が盛んに奨励されるようになっている．高齢者の交通事故が相対的に多くなってきていることへの対策であるが，クルマ社会の地方部でその推進は困難を極める．クルマを手放せば生活水準が大きく下がってしまう懸念があるからである．また，免許を持つことをステータスと感じている人も多い．自分の運転能力の衰えは自覚しづらく，また自覚しても認めたくない．挙げ句の果てに大事故でも起こせば，自分だけでなく家族みんなが不幸になるかもしれないのに，手放せない人がいる．

公共交通の利用意向について住民アンケートをとると，全国共通の傾向として，「今はクルマを運転できるので公共交通は使わないが，将来運転できなくなったらお世話になる．だから公共交通は維持すべきだし，公的支援も必要である」という意見が，特に50代以降で多くみられる．しかし，彼らは将来，本当に公共交通を使うようになるだろうか．高齢化が全国に先駆けて進んでいる中山間地域の現状を見れば，答えが否であることは明らかである．最後の最後までハンドルにしがみつく人が多い．

今やクルマは，オートマ・パワステ・カーナビ標準装備で，衝突軽減ブレーキなど安全装備も充実しつつあり，もはや半自動とも言える．このドアトゥドアの乗り物に比べ，公共交通はなんと不便で不親切で体力を使う乗り物であろうか．だから公共交通は衰退してきたのであるが，逆に言うと，クルマに乗るのは元気な証拠というのは誤りで，むしろ公共交通こそ元気な人が使いこなせる乗り物なのである．公共交通を利用していれば必然的に頭も使うし，歩くことも多くなる．そうすると生活習慣病を予防できる．つまり健康寿命が延びる．さもないとギリギリまでクルマを運転し，できなくなったときは福祉移送サービスのお世話になるか，寝たきりになったときとなってしまう．こうなると公共交通の出番はない．そこで筆者は最近「若いうちに公共交通もたまには利用することで，将来に備えよう」という呼びかけを行っている．地方部の公共交通は利用が少ないので，日頃クルマを利用している人たちが年1日でも利用し

てくれれば，利用者の増加は大きい．それによって公共交通の維持につながる
し，利用のしかたが分かっていれば，免許返納もしやすくなる．

　今後，人口減少・高齢化がますます進み，一方で，人口増加・経済成長期に
造られた土木構造物や建物が大量更新を迎えようとしている．すべてを維持す
るのが極めて非効率で，そもそも困難であることは論をまたない．今までのよ
うに「好き勝手な場所に住み」「好き勝手に動く」ことはもはや経済的に難し
くなる．だからと言って大都市圏に集中すればよいという話ではない．決して
広くない国土は変化に富み，全国に様々な独特の風土がある．この多様性を活
かすことがとても大事であるし，それを失いつつある現状を打破する取り組み
こそ地域再生なのであろう．であれば，進むべき道はただ1つ，各地域内でで
きる限り拡散を食い止め，まとまって住み，動くようにすることで，各地域の
個性を残していくという方向である．国土交通省はこれを「コンパクト＋ネッ
トワーク」と呼んで，2014年に出した今後の国土計画の方針である「国土のグ
ランドデザイン2050」のキャッチフレーズとしている（国土交通省，2014）．

　公共交通は，このネットワークを構成する軸として位置づけられる．自家用
車で個別に移動することは費用もかかるし，二酸化炭素等の環境負荷排出も大
きい．そこで，なるべくまとまって移動する，すなわち中大量乗合輸送機関を
活用することが，人口減少社会においては必須である．また，公共交通にはタ
クシーやオンデマンド乗合交通といった少量輸送機関も含まれるが，これらは
幹線となる中大量輸送機関の駅や主要停留所に行くための手段として機能する
とともに，今後ますます増加する高齢者等の移動にも必要となる．実はこの
「ラストワンマイル」と言われる部分の輸送機関のラインアップが現状では十
分でないため，今後様々なチャレンジが期待される．

　移動に関して近年世界的に注目を集めている新技術が，シェアリングエコノ
ミーと自動運転である．自家用車の大半は稼働率が極めて低い．そこで，共有
し必要なときに使用するカーシェアリングが特に大都市部で普及しつつある．
一方で，もともと市中を走っている自家用車を活用し，同じ方面の人を相乗り
させるライドシェアも，ITを用いたマッチングが可能となることで注目され
るようになっている．さらに，運転手に同乗者が金銭を支払うようになれば，
ライドシェアのために運転する人が出てきて，より多くのマッチングが起こる

168　第Ⅱ部　持続可能な地域づくり

ようになる．しかし，それはいわゆる白タク行為（自家用車で禁止されている有償での旅客運送を行うこと）にほかならない．国土交通省が許可した交通事業者が，公安委員会による第二種免許を持つ運転手を雇用して有償旅客運送業を営むという既存制度を根本から覆すもので，安全確保や安定供給の面から問題がある．そのため，日本において自家用車ライドシェアは，タクシー事業が成立しない過疎地域での導入が試みられているが，そのような地域ではもともと稼働できる運転手が少ないので，IT によるマッチングだけでは必要な運送を賄うことはできない．多くのクルマが走る都市圏でこそ成り立つシステムなのである．ただし将来的に自動運転が一般化すれば，タクシー・カーシェアリング・ライドシェアはすべて統合されてしまうかもしれない．まるで自動車が「走るスリッパ」のようになる姿である．とは言え，それは早くても 20 年先のことであろう．

　いずれにせよ，今後，日本では，都市部・地方部問わず，行き過ぎたクルマ依存からの脱却が不可避であり，その受け皿として公共交通の再生が急務となっている．それによって，地域が「スマート」，和訳すると活発・機敏・賢明になるための追い風を得ることができる．

4　時流に乗り遅れた公共交通システムの革新が急務

　とは言え，地方部における鉄道・バス・タクシーといった地域公共交通の再生はとても困難に感じられる．1970 年代以降，地域公共交通の利用は右肩下がりを続けてきた．これはある意味当然である．自動車や道路網は飛躍的に発展を遂げてきた一方で，公共交通サービスの進歩は極めて緩慢だったからである．

　1960 年代まで，日本の陸上交通は圧倒的に公共交通が利用されており，自家用車はぜいたく品であった．また，道路も整備が不十分で，大都市部でも舗装さえ行き届いていない状況であった．この頃は，公共交通の利便性がまちの形を決めていた．それゆえに，鉄道会社が不動産業や流通・レジャー産業などを兼営し，地域開発と鉄道整備を一体化したビジネスで収益を上げつつ，地域のQOL を確保し人口を集めるモデルが可能であった．逆に言うと，公的な都市計画は非力であった．しかし，自動車の取得・保有・利用（燃料購入）の各段

階で課税し，それを道路整備・維持管理に使用する道路特定財源制度ができたことで，モータリゼーションと道路整備のスパイラルが加速し，公共交通より自家用車の方が高い利便性を持つ地域が大きく広がることになってしまった．逆に公共交通が便利な既存市街地は道路や駐車場が狭いため自家用車で行きづらく，空洞化が進んだ．こうなると公共交通利用減少との負のスパイラルが進んでしまう．利用者からの運賃収入や沿線の関連事業収入だけでは公共交通が維持できなくなり，多くの地域で路線廃止やサービス低下が進み，今や運転免許のない高齢者や生徒・児童の足として，国や自治体の支援を受けながら細々と残るところが多い．

　公共交通事業者は当初，利用者減による収入の低下を運賃値上げで補う策をとったが，利用者をいっそう減らす悪循環に陥った．1990 年代以降は，運賃値上げをせず，経費節減やサービス切り下げで対応するようになった．利用者減を幾分食い止めることはできたが，サービスを上げなければ結局は延命措置に過ぎない．しかも，経費節減の多くを人件費カットで対応したことで，まず運行現場に直接携わらない内勤の部分が減らされ，企画や営業が困難となってしまった．本来なら，モータリゼーションや少子高齢化等，地域構造の変化に応じて路線網を変化させていくことが必要であるにもかかわらず，それを考える人が社内にいないのである．さらに運転手の労働条件・待遇にも手を付けた結果，深刻な人手不足に陥ってしまった．ここ数年では，廃止や減便の理由として，利用者減でなく運転手不足を挙げる事業者が多くなっている．利用者がいても，あるいは補助金があっても，走らせることができないのである．

　そもそも日本の地域公共交通が曲がりなりにも今まで存続してきたのは，公共交通事業者が，運賃収入をベースとした経営を行ってこられたことによる．21 世紀に入るまでは，国が交通事業者の地域独占を認め，運賃も経費に適正利潤を加えた額を確保できる水準として国が認可する代わりに，不採算路線からの退出を地域の同意なしに認めないこととしていた．この需給調整規制によって，事業者が自社の赤字路線を黒字路線で支える「内部補助」によるネットワーク維持が正当化されたのである．しかし，2002 年に乗合バス事業の需給調整規制が廃止され，参入退出自由，運賃も上限認可制となった．すなわち内部補助の否定である．このとき「これはローカル路線切り捨てだ」という主張が広

がったが，そもそも，内部補助のしくみは妥当と言えるだろうか？　地域にとって必要だが赤字の路線は，黒字路線の乗客が払う運賃ではなく，より広く地域全体で負担することが妥当ではないだろうか？

　需給調整規制による公共交通の維持は，国と交通事業者によって行われ，自治体・地域は直接口出しすることができなかったし，しなくても維持されていた．ところが今や，大半の地域で黒字路線は少なく，公的補助なしに路線の維持ができなくなっている．これでは内部補助どころの話ではない．そこで，国は一歩退き，自治体・地域が公共交通サービスのあり方を自ら考え，必要な水準が確保できるよう，国庫補助も得ながら公的支援を行っていくことが，需給調整規制廃止の目指す方向であった．

　この制度変更は，全国に大きな混乱をもたらした．対応できるだけの準備を自治体・地域がしていなかったためである．ただし，全くの無策であったわけではない．1995 年に東京都武蔵野市で運行開始したムーバスは，その後「コミュニティバス」と呼ばれるようになった新たなバスサービスの端緒となった．それまでは，バスの路線・停留所や運賃は事業者が設定し，赤字になる場合は事業者が補助を国や自治体に求める形であった．これに対しムーバスでは，路線の企画・運営を自治体が行い，運行を事業者に委託する形をとったことで，自治体・地域として必要なサービスを提供するために必要な公的負担を行うというスキームを示した．これは，財政措置によって地域公共交通のガバナンスを交通事業者から自治体に移しているものと解釈できる．一方，後の需給調整規制廃止では，国の権限は縮小したものの，自治体の役割は不明確なままであったことが混乱をもたらした．

　そこで 2006 年に，自治体がバス交通に関し協議した結果について一定の弾力化措置が図られる「地域公共交通会議」の制度ができた．さらに 2007 年には地域公共交通活性化再生法が施行され，自治体は主体的に地域公共交通の活性化・再生に取り組む努力義務が規定されるとともに，それを具体的に担保する制度も次々とつくられた．国は運送の安全確保に注力する一方，地域公共交通政策については地方分権が進み，自治体・地域でできることはこの 15 年ほどで大きく広がった．ただしそれは，取り組みに積極的で，かつ制度変更をうまく使って施策を進める地域と，そうでない地域との格差を大きく広げること

にもなっている．だからといって，時流に乗り遅れた公共交通システムを全国一律に革新していくことはできない．やる気があるところ，できるところから進めていき，それを横展開することで底上げするという，地域再生のセオリーがここでも当てはまる．

5　地域における「一所懸命」の体制がよりよい公共交通を生み出す

　冒頭に紹介した熊野古道瀞流荘線と同時期，筆者は同じ三重県の四日市市北部，羽津いかるが地域で1つのプロジェクトに関わっていた．ここでは路線バスが利用僅少のために廃止されることになり，地域住民は市に対し市営バスの運行を要望した．しかし市は，それまで同様のケースが3度あり，市営バスを運行したが，いずれも利用者が極めて少なかったことから，今後は市営バス運行を増やさない方針を地域に通告した．そこで，地域で自らバスを運行しようという動きが現れた．その過程で，筆者にも手伝ってほしいという話が舞い込んだのである．

　取り組みの方針は「運賃に加え，地域で集めた協賛金をもって運営する」「公的補助は前提とせず，受けるとしても最小限にとどめる」「住民にとって地域内で必要なところに行けるようにすることを追求し，もともとの路線バスの経路は考慮しない」「安全確保のため，ボランティアでなく交通事業者に委託する」「事業主体として透明性を確保するためNPO法人を設立する」といったものであった．住民有志に加え，地域の商業店舗，医療機関，廃止路線を運行していたバス事業者，そして市の公共交通担当者も参加し検討が進められた．

　やはり一番の問題は資金であった．利用者がありそうな商業店舗や医療機関を中心に声をかけ，そこに行けるルートにする一方で協賛金をいただくこととした．ある程度の額が集まるメドがつき，バス事業者も経費が安くなるよう見直した上で，運行を引き受ける意思を表明した．しかし，利用者から運賃をとれるかどうかでつまずいてしまった．当時の法令では，通常の路線バスより運賃が割安なコミュニティバス等を自治体が事業主体となって走らせる場合，運賃水準や路線設定の制約が厳しい乗合運行の許可でなく，貸切バスを調達し，その代金と利用者からの運賃の差額を自治体が事業者に支払うという方式で国

の許可を得ることが一般的であった．しかし運輸局は「NPO が事業主体となる路線バス（緑ナンバーのバス事業者に委託するもの）は前例がないので認められない」という見解を示した．その代わり「自治体からの補助を受けるなら認められる」という条件が出た．自治体が関わっていないと認めがたいというのである．「ならば 1 円の補助制度をつくってもらう」「1 円ではちょっと……」「何円なら認めるのか？」というやりとりをしたことを覚えている．

そのままでは前に進まないので，まずは実績を出そうと，「NPO 法人生活バス四日市」を設立し，運賃をとらない無償運行で開始した．無償運行ならば国の許可は不要である．日常生活に使ってほしいということで「生活バスよっかいち」（愛称名はひらがな）と名付けた．協賛金を出している店舗や医院の前の停留所では，店員や事務員の方が乗客を見送ってくれる．今までに見たことのない光景である．協賛企業・病院を回れば冗長になるが，経由しないと協賛のメリットがないというジレンマの中でつくったルートが機能し，乗客の中には協賛した店舗でわざわざ買い物する人も出た．もちろん，終点の鉄道駅までの利用者もいる．路線バスの時代に比べ利用者数は 5 倍となった．

半年後に市の補助制度が新設され，そこから有償での運行に切り替えることができた．ここで信じられないことが起こった．運賃をとるようになったにもかかわらず，利用者が増加したのである．理由を利用者にきくと「タダでは乗りづらかった」「便利なのでぜひお金を払いたい」というご意見をいただいた．筆者はこれを「賽銭効果」と名付けた．本当にありがたいものは，タダでは申し訳なくて利用できないということである．

生活バスよっかいちの取り組みから学んだのは，公共交通は「だれかが与えてくれるもの」ではなく「自分たちでつかみとるもの」と考えた方がよいということである．考えてみれば，明治以来，官営鉄道の路線から外れた地域では，自ら資金を集めて会社を発起し鉄軌道を引くことが多く行われ，全国津々浦々までネットワークが張り巡らされた．しかし，第二次世界大戦中に一部路線が国有化され，残る鉄道・バス会社は地域別に統合し，その独占事業者がネットワークをマネジメントする形となって，戦後も続いていった．この体制は，鉄軌道・バスが地域交通の主流であったときには自立的に機能した．しかしモータリゼーション等によって利用者が減るとともに，事業者だけでは路線網を維

持できなくなり，再び地域自らが路線をつくり出す時代がやってきたのである．

このとき大事なのは，公共交通は目的でなく手段であること，つまり，なぜその公共交通が必要なのかをきちんと考え，その目的と地域の実情に合う「適材適所」なものとすることである．さらに，適材適所は地域の関係者みんなで考え，意識共有を図り，それぞれが対等の立場で役割を果たすことで実現できるということも思い知らされた．

考えてみれば，それまで公共交通と言われてきたものは「2つの「バイ」」であった．つまり，交通事業者が主体となり，採算性が重要である「ショーバイ（商売）型」と，自治体が主体となり，存在していることが重要である「アリバイ型」である．しかし，地域公共交通は儲かればいいわけでもなく，ガラガラでも走っていればいいというわけでもない．地域から頼りにされる，ありがたがっていただける「おでかけ」サービスを，適当な利用者負担（運賃）と地域負担（税金や協賛金など）で支え，提供できる体制が必要である．これを筆者は「一所懸命」と呼んでいる．なお，負担は「金」だけでなく「人」や「口」や「心」でもできる．それぞれが地域における公共交通のありがたみを理解し，また自分たちが主体的に行動しなければ維持が難しいことを理解し「我が事」ととらえた上で，各主体の役割分担と連携を明らかにし，維持改善活動と利用促進活動を両輪として力強く進んでいく．いつしか公共交通は地域にとってなくてはならない存在となり，また自分たちが支え改善していくことが当然と考えるようになる．すなわち「マイバス」「マイレール」意識である．

このような変革が，21世紀に入って少しずつ日本各地で起こるようになってきている．中には，その効果が，単なる交通利便性向上だけでなく地域づくりへのプラス効果としても明確となる例が見られる．例えば愛知県一宮市西部の大和町・萩原町を走る地域主体型コミュニティバス「ニコニコふれあいバス」は，運行開始1周年の際に萩原町で開催した「感謝デー」が翌年以降も毎年開催されるようになり，それまでなかった，多数の住民が参加できる新しいイベントができた．岐阜市芥見東・南地区を走る「みどりっこバス」は，バスででかけて参加できるような行事を自治会が開いたり，60代男性を中心とする住民が添乗ボランティアを務め，高齢者の世話や案内をするようになったりという動きが起き，地域活動が活発になるきっかけをつくった．そして，北九

州市八幡東区枝光地区の「枝光やまさか乗合タクシー」は，急斜面にあって高齢化が著しい住宅地から，斜面下の商店街までの足を確保することで，人口の定着，高齢者の外出促進，そして衰退著しかった商店街の復興に大きく寄与する成果をもたらした．

　これらの公共交通はいずれも，住民・交通事業者・自治体が三位一体となって，その企画から運営，利用促進に至るまで「一所懸命」の体制で取り組むことで生み出された．従来，これら三者は，一堂に会する機会がなかったし，あっても意思疎通が難しかった．同じ日本語を話しているはずなのに，全く言葉が通じない．地方部だと，三者とも同じ学校の卒業生で，仕事を外れると仲良く会話しているのに，である．つまり，それほどベクトルが違っていたということである．しかし，地域公共交通が「ショーバイ」でも「アリバイ」でも済まされなくなった今，一時はケンカになったとしてもそれを乗り越えて「一所懸命」になれなければとても守り切れない．そして，乗り越えた結果として，公共交通のみならずいろいろな分野での連携も可能となり，延長線上として地域への波及効果がもたらされたのである．

6　公共交通は地域再生の先頭を走り続ける

　「地方部では公共交通なんて過去の遺物で，交通弱者の乗り物だから考えてもムダ．面白い場所や機会をつくってクルマで来てもらえばいい」と考えている人はとても多い．その一方で，使い勝手が悪く極めて利用が少ない鉄道を「地域のシンボルとして存続を」「観光の目玉に」と言ってみたり，「生活路線では観光には使ってもらえないから専用の観光地巡回バスを走らせるべき」と主張したりする人にもよく出会う．いずれの立場も，公共交通がどのような可能性を持ち，役割を果たしうるかをきちんと考えたことがないのだと筆者は解釈している．確かに，人口増加・経済成長期の地域公共交通計画のプロセスは，「需要」が先にあって，それをどう「輸送」するかを考えるものであった．しかし地域再生において必要な公共交通はそれではつくれない．地域にある様々なものをうまく結びつけ，外との行き来も含めて大きな流れを生み出すために，いかにして「乗って楽しい」移動手段と「降りても楽しい」地域の組み合わせ

をつくるかが問われているのである.

現在多くの地域で, 公共交通のターミナルが総合病院になっているが, これは公共交通にとっても地域にとっても必ずしも望ましくない. なぜなら病院は本来「楽しくない」ところのはずだからである. しかし実際にはお年寄りのサロンのような病院ロビーを全国至るところで見る. 集まれる楽しいところがほかにないことの現れである. これを深刻に受け止め, どうすれば改善できるかを話し合うことが大事である. その際には, 既に過度のクルマ社会であることを踏まえ, クルマを自由に利用できない人をがっちりとつかむのは当然として, さらに「専らクルマで移動している人でも年に1度でいいから利用できる公共交通とその行き先(一時のイベントでないことが望ましい)をどうつくり出せるか?」を考えるべきである. 具体的に公共交通と相性がよいスポットとして, 大型商業施設, 図書館, 日帰り温泉等が挙げられる. そこには「人がたまれる」「店が広げられる」自由な空間も必要である. そういう空間が本来の「市」と言えるだろう. そこに, 老若男女が乗り合い, 運転から解放されておしゃべりしたり景色を見たりしながら向かう, それが公共交通の支えるまちの風景であり, コンパクト+ネットワークという物理的な都市空間構造に生き生きとした人の息吹が込められた姿である. そして乗合の公共交通はさらに, 荷物を載せたり高齢者のご用聞き・見守りをしたりと多機能化・効率化しながら, 自動運転が発達してもたくさんの交流を生みだしていくであろう.

このようなまちを演出できる公共交通システムとサービスをつくり出す仕事に取り組んでいきたいと思い, 「地域公共交通プロデューサー」と名乗って各地の現場で活動するようになり, 今に至る. 正直なところ失敗も多く, 今も苦しんでいる現場が少なからずある. しかし地域の皆さんにはいつも, 「地域公共交通には解の公式どころかそもそも正解さえなく, 苦しくてたまらない. でも, 自分たちで取り組むことでいいものがつくり出せて, しかもまちを盛り上げるのにも役立つことがあるというなら, こんなにありがたいことはない」と言い続け, 自分の目で見, 頭を使い, 足で稼ぐことをお願いしている.

地域公共交通は長年, 誰かから与えられるものであったし, こうでなければならないという固定観念もあった. それが今や, 自ら, 柔軟な発想で適材適所なものを「つくり」「守り」「育てる」ことができる時代になった. 鉄軌道やバ

スなど交通機関の種類を問わず，地域の様々な主体が一所懸命になって維持改善に取り組んで再生した公共交通網に，住民も来訪者も楽しそうに乗り合っている．そんな地域はまた訪れたいと思えるし，人口減少社会でも生き残っていける．そうやって地域の今を支え，将来を拓く仕事ができるなんて何とすばらしいことか．

　2016 年 9 月，鳥取県若桜町 (わかさちょう) に行った．第 3 セクターの若桜鉄道の終点，若桜駅で開かれた「若桜谷のりものまつり」を見に行くためである．SL（蒸気機関車）やボンネットバスといった昔活躍した車両とともに，現在地域で運行するノンステップの路線バスや自治体バス，そして UD（ユニバーサルデザイン）タクシーなども勢ぞろいし，多くの来場者でごった返していた．ファミリー層が目立ち，子どもの乗り物好きは今も変わっていないと実感できた．そして，開会式では，鉄道・バス会社や自治体のトップたちが手をつなぎ合って写真撮影が行われた．若桜鉄道と路線バスは並行しているし，鳥取県内では 2 つのバス会社が以前は競合していたが，もう取った取られたの時代ではない．衰退する地域を守っていくために，公共交通が一体となって地域を支え，交流を生み出すことをしていかなければならないという自覚と覚悟の下，大同団結した姿であり，このまつりがお披露目となった．2017 年 3 月には，地域公共交通活性化再生法に基づく法定計画である「鳥取県東部地域公共交通網形成計画」が策定され，定住と観光を支える公共交通をつくり出すための具体的な施策が動き出す．

　このように，地域が主体となり，住民・交通事業者・自治体が一所懸命に公共交通再生に取り組む動きは日本の各地で芽吹いている．それが先頭となって，地域再生の様々な取り組みに好影響を与え，他地域にも展開していこうとしている．そして筆者も地域公共交通プロデューサーとして，この流れを確固たるものにすべく，各地の現場で種をまき，花を咲かせるために，身命を賭して取り組み続ける．

文献

国土交通省（2014）「国土のグランドデザイン 2050：対流促進型国土の形成」．

第10章
地域に根差した新たな住宅政策の展開
住宅地と空き家の未来と近居

吉田友彦

1　はじめに

　日本人女性の平均寿命は87歳，男性は80歳を超え，いずれも過去最高を更新しつづけている（厚生労働省「簡易生命表」）．世界的にみると順位をやや下げたようであるが，男性の寿命がいよいよ80歳を超える時代となったことが報じられている．

　長期化していく家族との時間を「地域」や「住まい」において人々はどのように過ごすのであろうか．本稿では，持続可能な「地域」と「住まい」のあり方を大きく展望しながら，健康長寿社会に向けた住宅政策の新たな展開について論じてみることとしたい．筆者が大きく依拠する2つの問題意識を整理した上で，空き家の問題を考えてみよう．

2　問題の所在

2.1　高齢化する戸建て住宅地

　日本では高度経済成長期の急激な都市化需要に対応するため，多くの大規模戸建て住宅地が一気呵成に形成されてきた．こうした住宅地では，購入時の年齢がそのまま引き継がれ，20年後・30年後には高齢化が急激に進行する．年齢層の偏りは，集合住宅を中心とするものであれ，戸建て住宅を中心とするものであれ，大規模住宅地が抱える一般的な問題である．

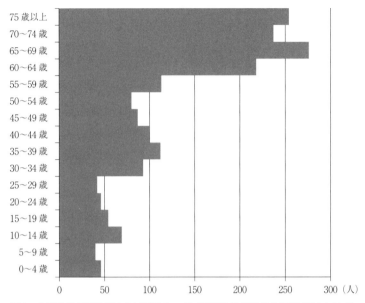

図1 大阪府X市Y地区の人口ピラミッド（国勢調査2010年小地域統計より作成）

　図1は1969年に旧住宅地造成事業[1]により開発完了となった大阪府X市Y地区の人口ピラミッドである．このY地区は，高度経済成長期の典型的な郊外戸建て住宅地の例である．Y地区は，住宅地の範囲が国勢調査小地域と一致するため，正確な5歳ごとの人口数を確認することができる．2010年時点においてこの地区の総人口は1867人であり，総人口に占める65歳以上の人口割合，いわゆる高齢化率は41.1％を示している．驚くべきことに地区住民の4割が高齢者となっており，極めて高い数値を示している．

　一方，図2は国勢調査をもとに設定される人口集中地区（DID: densely inhabited district）を首都圏と近畿圏で図示したものである．人口集中地区とは国勢調査基本単位区ごとにおおむね人口密度が1haあたり40人程度となることを基準として，それらに隣接する範囲内の人口の合計が5000人以上となる地域と定義されている．すなわち，国勢調査上の都市的地域とみなすことがで

---

1)　現行都市計画法の開発許可制度の前身となった制度で，住宅団地の乱開発を防ぐ目的で1964年に制定された．

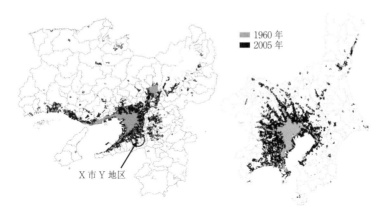

図2 同縮尺の首都圏と近畿圏の人口集中地区比較（国勢調査より作成）

きるだろう．図では，1960年の国勢調査時点での人口集中地区をグレーで，2005年の人口集中地区を黒色で示している．要するに1960年以降に都市化した郊外地域の範囲が黒色で示されたものであると言える．

大阪府X市Y地区は関西大都市圏の外縁部にある，いわゆる遠郊外地域に立地しており，こうした1960年代の郊外開発はそれぞれの大都市圏で無数に存在している．

2.2 国土空間における都市と農村の混在

やや唐突ではあるが，もう少し大きな視点から我が国の地域と住まいについて考えてみよう．全国的なレベルで住宅地の広がりを考える場合，住まいや商業地，工業立地などの人工的な物的環境を整備・開発・保全するために都市計画があり，農地や水系，中山間地の林地を含めた自然環境の保全のために農業振興政策があることを理解し，それらの違いについて知ることが重要であるので少し解説しておく．

現行の都市計画法は1968年に公布されたもので，「都市の健全な発展と秩序ある整備を図り，もつて国土の均衡ある発展と公共の福祉の増進に寄与することを目的とする」（都市計画法第1条）ものであり，「農林漁業との健全な調和を図りつつ，健康で文化的な都市生活及び機能的な都市活動を確保すべきこと並びにこのためには適正な制限のもとに土地の合理的な利用が図られるべきこ

180   第 II 部　持続可能な地域づくり

とを基本理念として」定められている.

　一方,農業振興地域の整備に関する法律は 1969 年,都市計画法とほぼ同時期,やや遅れて公布されたもので,「自然的経済的社会的諸条件を考慮して総合的に農業の振興を図ることが必要であると認められる地域」を定めたもので,「農業の近代化のための必要な条件をそなえた農業地域を保全し及び形成する」ことを整備の原則としている.

　それぞれの法律の目的に応じて,適正な制限や必要な保全を行うために都市計画区域と農業振興地域が定められており,さらに農地を積極的に保全していくために「農用地区域」,都市化を促すために「市街化区域」などが詳細に決められている.

　図 3 はそれらの内訳を正しい面積比によって国土全体の構造がどうなっているかを,山田（2006）の推計に基づき,図示したものである. 外側の大きな太枠が国土全体を示し,内側の実線が農業振興地域,そして点線が都市計画区域を示している. 1 つのマスが 100 万 ha の土地規模であり,全体で国土面積が約 3779 万 ha となっている.

　都市計画区域は全体で 996 万 ha あるので,国土面積の約 3 割弱であり,平地部がこれらに供されていると見ることができるだろう. 一方,農用地区域は中山間地域や農村集落など,純粋な農地向けの指定区域なので,図 3 の推計農地規模（グレー部分）も大部分が農用地区域に集中していることがわかる. 農業振興地域はさらに,農用地区域の農地が「青地」,農用地区域の農地以外の地域が「白地」と呼ばれる.

　都市計画区域は,都市的な利用が想定されている「市街化区域」と,おおむね 10 年以内で市街化を図る「市街化調整区域」に分けられ,この区分のことを専門的な意味合いを込めて「線引き」と呼んでいる. 本章での,あくまで筆者によるおおよその分類ではあるが,線引きされた市街化区域等は都市的土地利用,市街化調整区域等は郊外的土地利用,そしてその外側に農村的土地利用が広がっていると総括することができるだろう（図の下側）.

　いずれにせよ日本の国土は都市向けの政策と農村向けの政策の 2 種類の区域設定に大きく分かれており,しかも相当量の重複があると言える状況にある. 国土交通省が所管すべきエリアと農林水産省が所管すべきエリアが広い範囲で

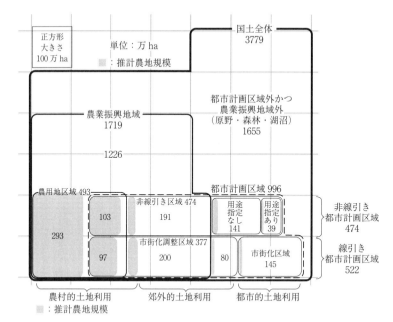

図3 日本国土の空間構成（都市計画と農業振興地域）（山田（2006）により作成）

重なっている．

　ざっくり言って，住宅・商業・工業などの土地利用が想定された「都市的土地利用」は約184万ha（39＋145），用途地域の指定がなく，線引きもされておらず，市街化の進まない「郊外的土地利用」にある区域は約612万ha（80＋141＋191＋200）残存している．また，都市計画区域に指定されているにもかかわらず，農地利用となっているものが約200万ha（103＋97）ある．

　こうした重複や位置付けの曖昧な土地利用のあり方を解消していくため，都市向けの政策や農村向けの政策の抜本的なあり方が引き続き問われていくことになる．

3 空き家の地理的分布と発生要因

3.1 空き家の地理的分布

　以上のように，住宅地の高齢化の問題と都市と農村の混在という2つの問題

には密接な関係があるものと思われるが，最近では空き家の問題が取り沙汰されている．2015年2月26日には「空家等対策の推進に関する特別措置法」が施行されたが，ひと口に「空き家」と言っても実際は定義が難しく，政策づくりの現場では，多様な施策が進められようとしているにもかかわらず，空き家そのものの全体像はよくわかっていない．

　ここでは，近畿圏を事例に空き家の現状を明らかにするとともに，その地理的立地特性，府県・市区における相違などを考察することで発生の要因を考えてみよう．

　住宅・土地統計調査の空き家データの信頼性については種々議論があり，完全な信頼を置くことはできない部分もあるかもしれない．特に，この調査が空き家を「外観で判断すること」[2] により特定しており，長期にわたる時間軸の中で考えられたものではなく，かつ，権利関係については詳細を調べたものではないことなどが問題視されている．とはいえ，統計学的には少数の調査であっても本質的な傾向を読み取ることができることから，ここでは市区町村の広域の相違点を検討するために，全体としては正しい傾向を示しているものと信じながら議論を進める．

　2013年の住宅・土地統計調査により京都府，滋賀県，大阪府，兵庫県，奈良県，和歌山県の2府4県における空き家住宅数割合の詳細な分布状況を市区町別に見たものが図4である．これまでの先行研究（吉田，2013）によると，利用予定のない「その他」[3] の空き家は郊外部の戸建て住宅に多く，「賃貸用」空き家が都心部の賃貸住宅に多いという構造的な特徴が指摘されているが，図4にはこうした傾向がはっきりと出ており，都市構造上の同心円関係が明確に存在している．

　なお，住宅・土地統計調査によって作成された図4においては，「村」が調査対象となっておらず，一部の村の空き家データが欠損しているため当該部分をハッチで示している．

　空き家の総数割合から見ると，和歌山県白浜町，兵庫県加東市，和歌山県

---

　2)　総務省「住宅・土地統計調査・調査の概要」による．
　3)　住宅土地統計調査の居住世帯のない住宅，すなわち空き家のカテゴリーは「二次的住宅」，「賃貸用の住宅」，「売却用の住宅」，「その他」に分けられる．

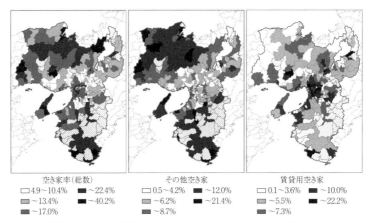

図4 近畿圏における市区別空き家率の立地分析（Jenks自然分類）（住宅・土地統計調査2013）

串本町，京都府宮津市，奈良県大和高田市，兵庫県佐用町，兵庫県洲本市，和歌山県那智勝浦町，大阪市東住吉区，大阪市西成区で高い空き家割合が確認されており，政策上注目される地域となる．大阪府では，大阪市住吉区と西成区が23.8％と最も高い空き家率を示していた．

ただし，総数からわかる空き家数割合だけではなく，「その他」の戸建て空き家と「賃貸用」の共同建て空き家の2つに分けて考える必要性がある．主要な政令市では「賃貸用」共同建て空き家の問題が重要であり，郊外部の市町村では「その他」で把握される戸建て空き家の問題が重要となる．

3.2 大阪府の空き家状況からみる発生要因

空き家発生の要因については，細かい自治体の状況を見る方が地域の政策について考えるためには有効であると考えられたので，ここでは大阪府の各市区町を事例として，住宅総数に対する大阪府内各市区町の空き家率から，統計的には相関係数の検討を行いつつ，その発生の背景・要因について考えてみる．なお吉田（2013）によれば，「その他」空き家に戸建て住宅が多く，「賃貸用」空き家に共同建て住宅が多いことがわかっている．

表1の左側には，各61市区町（1市は欠損）の住宅総数に対する建築時期

184

表1 空き家割合との相関分析（大阪府内61市区町別の空き家数割合と建築時期別住宅数割合による相関係数）（住宅・土地統計調査2008年，2013年大阪府データより作成）

相関係数の内訳	空き家割合 （対住宅総数）	「その他」 空き家割合	「賃貸用」 空き家割合	2008～2013年 の総数空き家率の 増減（ポイント）
1960年以前建築の住宅数割合	0.542	0.336	0.410	0.207
1961～1970年建築の住宅数割合	-0.114	-0.032	-0.096	0.229
1971～1980年建築の住宅数割合	-0.208	0.135	-0.274	0.115
1981～1990年建築の住宅数割合	-0.015	-0.044	0.005	-0.042
1991～1995年建築の住宅数割合	0.003	0.233	-0.088	0.146
1996～2000年建築の住宅数割合	-0.196	0.066	-0.242	-0.070
2001～2005年建築の住宅数割合	-0.134	-0.003	-0.166	-0.200
2006～2010年建築の住宅数割合	0.016	0.011	-0.011	-0.265
2011～2013年9月建築の住宅数割合	-0.093	-0.264	0.013	-0.188
木造借家一戸建の住宅数割合（防火以外） （1970年以前建築）	0.573	0.213	0.506	0.189
木造借家一戸建の住宅数割合（防火） （1970年以前建築）	0.205	0.117	0.152	0.008
木造借家長屋建の住宅数割合（防火以外） （1970年以前建築）	0.447	0.237	0.361	0.184
木造借家長屋建の住宅数割合（防火） （1970年以前建築）	0.226	0.133	0.175	0.014
木造借家共同建の住宅数割合（防火以外 1・2階建）（1970年以前建築）	0.390	0.062	0.404	0.055
木造借家共同建の住宅数割合（防火1・2 階建）（1970年以前建築）	0.380	-0.156	0.466	0.190

別の住宅数割合を置き，これらの比率データの相関係数を表内に示している．正の相関がある場合にはプラスに，負の相関がある場合にはマイナスになっている．ゼロに近いほど相関がなく，マイナス1やプラス1に近いほど相関があると言える．建築時期別のデータは市内の住宅総数に対する各時期の住宅数の割合なので，大きく見て都市化の時期を代表していると考える．2008年から2013年にかけての空き家率の増減ポイントから得られた相関係数も右端に示している．

　2013年データの特徴的な点について，上側の列の空き家全体の相関係数を見ると，「総数」，「その他」，「賃貸用」のいずれにおいても1960年以前に建てられた住宅の多い市区町に空き家が多いことから，1960年代以前の住宅数と空き家の多さの関係が強いのだと言える．

　例えば「賃貸用」の空き家と1960年以前の住宅の間には0.410とやや弱い

正の相関がみられる一方で，1970年以降から2010年までの住宅とは概して負の相関関係となっている．すなわち，古い住宅が多い地域ほど空き家が多く，新しい住宅が多い地域ほど空き家が少ないというはっきりとした傾向が存在している．

右端の空き家率の増減ポイントを見れば，築何年ぐらいで空き家が増えてくるのかということが読み取れる．「1961〜1970年」の空き家において0.229と数字が比較的大きいことから，おおむね築40年から50年の住宅が多い地域で空き家が増え始めているのではないかと考えられる．

上段の結果を受けて，表1下段では，1970年以前に建築された住宅かつ借家である住宅の住宅数割合を建て方別にさらに分析した相関係数を示している．この欄のデータは，主に建物の構造が空き家発生にどのような影響を与えているのかを考える上で参考になる．空き家全体の割合（左端）と相関の高いものはいずれも一戸建て（防火以外）0.573，長屋建て（防火以外）0.447ということで，「防火構造」かどうかが空き家の存在に影響を与えていることが推察される．すなわち，防火以外の構造であると空き家になりやすい，ということである．

これらを総括すると，利用目的のない戸建ての空き家は郊外域に，賃貸向けの共同建ての空き家は都心部にあり，築40年から50年程度で空き家となり始める．そして，特に軒下がモルタルで覆われないものなど防火構造になっていない古い木造住宅から空き家になっていくということになるだろう．

郊外部の戸建て住宅の方向性を考える時，やはり高度経済成長期の早い時期に開発され，40年から50年経過した住宅地は，高齢化の進展が顕著であるとともに，空き家発生の可能性も考えていかなければならない．

4 戸建て住宅地における近居促進

4.1 近居に注目する理由

都市と農地が混在する郊外地域の戸建て住宅地において，筆者はこれまで「親子近居」の傾向を活用した再生策を提案してきた．

それは，特定の年齢層に偏った住宅地において，若年層の誘致が喫緊の課題

186 第II部 持続可能な地域づくり

であるという問題意識に基づくとともに，種々の調査から「近居」が若年層の
新規転入の大きな理由になっていることを見出したからである（吉田，2010）.
まず，「親子近居」とはどのような現象であるのか，解説していくこととする.

4.2 親子近居の概要

　図5は1998年から2013年までの住宅・土地統計調査において高齢者単独世
帯の子の居住地の状況を時系列で分析したものである.「単独世帯」とは単身
の1人世帯のことであり，ここでは単身者のうち65歳を超えている者の世帯
数（人数）の持ち家と借家の合計数を集計している. 単独世帯の高齢者は別世
帯の子がいない者も多く，上側のグレーの部分がそれを示している. 黒い部分
は「徒歩5分程度の場所に住んでいる」子を持つ者，白い部分は「片道1時間
未満の場所に住んでいる」子を持つ者である.

　「近居」の定義を「15分」にするか，「30分」にするかはなかなか難しい問
題ではあるが，仮に「30分」の場所に住んでいる者を「近居」と定義するな
らば，白い部分の半分弱がそれに該当する. 図5で最も急激に増えているのは
1時間未満の世帯であるが，敷衍して言えば「徒歩5分程度」に加えて，「1時
間未満」のおよそ半分が近居状況にあるとも言える. 高齢者単独世帯に近居す
る子世帯は増え続けていることがうかがえる.

　図6はさらに，高齢者の単独世帯や高齢者を含む夫婦世帯の総計について集
計したもので，高齢者普通世帯の全国的な合計を示したものである. 単身者で
あれば一般に比較的小規模な住宅に住む傾向があるが，夫婦世帯であれば戸建
て持ち家住宅に住む者も相当数あるので，この図は高齢者の住宅事情を図5よ
りも一般的な形で示している.

　高齢者普通世帯とは，「65歳以上の単身世帯」，「いずれか一方のみが65歳
以上夫婦」，または「夫婦とも65歳以上」のみから構成されるので，子どもと
の「同居」は含まれていない. この図で示されている「一緒に住んでいる（同
じ建物又は敷地内に住んでいる場合も含む）」とは，ほぼ全てが「同居以外」
と考えてよい. つまり，同じ敷地内で2棟に分かれて居住する「隣居」か，ま
たは「マンション1棟内での近居」が考えられる. 持ち家の世帯にこれらの隣
居等が多く見られるのは，1つの土地を所有しつつ隣接した別棟で居住すると

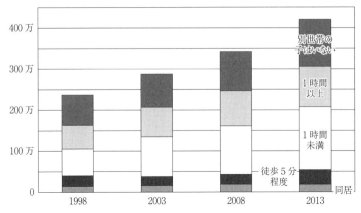

図5 単独世帯高齢者（65歳以上）の別世帯の子の有無別子の居住地（各年次住宅・土地統計調査より作成）

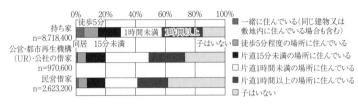

図6 住宅の所有関係・別世帯の子の有無・子の居住地別高齢者普通世帯数（給与住宅，住宅以外の住宅，準世帯を除く）（住宅・土地統計調査2013年より作成）

いう事情を反映しているものであろう．

 3つの住宅所有関係のうち，最も近居・隣居傾向が強いのは持ち家の高齢者世帯においてである．1時間未満の世帯を按分すると約4割が近居・隣居を実現している．子がいない世帯を除けば，割合はさらに上がって5割程度ということになるのだろう．また，子がいるかどうかも，所有関係で明確な差異が見受けられる．高齢者普通世帯のうち，賃貸住宅に住む世帯ほど子がおらず，持ち家に住む世帯ほど子がある，ということである．

 図7は家計を主に支える高齢者（65歳以上）の男女・別世帯の子の有無・子の居住地別の普通世帯数を示している．家計を支える高齢者に限定した場合の，子どもの居住地の状況を表しており，2013年の住宅・土地統計調査から作成した．

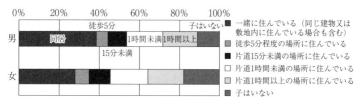

図7 家計を主に支える者が65歳以上の世帯の男女・別世帯の子の有無・子の居住地別普通世帯数（住宅・土地統計調査2013年より作成）

　この図は図5と図6のように，高齢者の世帯だけを集計したデータではなく，家計支持者の全ての年齢層について集計したものである．

　左にいくほど子世帯と親世帯の距離が近いという解釈ができる．統計の集計基準が少し異なるが，全国的には高齢者を含む世帯のうち，子どもと同居する世帯の割合は2014年で40.6％とされているが（内閣府，2016），図7でも「一緒に住んでいる」者が同程度含まれていることがわかる．なお，「普通世帯」とは，寮や間借り・下宿に住む単身者等の「準世帯」と対照的に理解されるべきもので，親族などがまとまって居住する一般的な家族世帯のことと見てよい．

　男女別に見る場合，男性が主に家計を支持する世帯で「一緒に住んでいる」と回答する世帯が多く，また女性が主に家計を支えている場合，「子はいない」と回答する世帯が多い．

　このデータから，子と別居しつつも，独立した家計を保ちながら近居をしている世帯の割合をある程度正確に導き出すことができる．片道1時間未満を3分の1に按分した上で，「徒歩5分」，「15分未満」，推計される「30分未満」の世帯を合計すると，男女合わせて320万4967世帯となった．子がいる高齢者世帯数は1279万0600世帯，子がいない高齢者世帯を含む高齢者世帯の合計は1666万5800世帯であるので，子がいる高齢者世帯のうちの25.1％，およそ4分の1が30分以内の近居を実現していると解釈できる．ここでも，同居世帯や子のない世帯を母数から除外すれば，近居世帯の割合はさらに大きくなる．

　図8は家計を主に支える者について，もう少し詳しく近居状況を年齢別に見るために，住宅の所有関係別の全国データを分析したもので，大きく3つの所有関係に分けている．日本の住宅の最大部分を占めるものが持ち家，次に大きいのが民営借家，そして公営・都市再生機構・地方の住宅供給公社の賃貸住宅

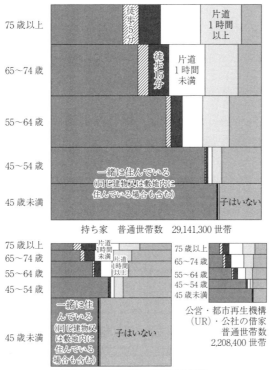

図8 住宅の所有関係・家計を主に支える者の年齢・別世帯の子の有無別・子の居住地別普通世帯数（給与住宅，住宅以外の住宅，準世帯を除く）（住宅・土地統計調査 2013 年より作成）

という順番になる．正方形の大きさは実際の世帯数と比例して相対的な関係がわかるように図示している．

　この統計は主な家計支持者の年齢をもとに算定されたものであり，主な家計支持者が比較的若くても，高齢者が同居する世帯があることを考慮する必要がある．とはいえ，主な家計支持者の年齢があがっていくにつれて世帯の分離が進み，近居状況になっていくという時間軸を含めた家族の変化の様子がよくわかる．

　相対的に言えば，公的賃貸住宅（右下）に居住する世帯で同居が少ない．需要の総量から見ればさほど大きいとは言えないものの，個々の所有関係の割合

190　第II部　持続可能な地域づくり

で見ると公的賃貸住宅において，同居世帯の少なさを補う仕組みが必要になるのではなかろうか．

4.3　自治体等による親子近居政策の展開

　親子近居が直接的であれ，間接的であれ，育児負担を軽減し，親の介護の利便性を高めるであろうという主張は 2000 年代に入った頃からいくつか見られるようになってきていたが，本格化したのは 2015 年になってからである．

　2015 年 1 月 9 日，地方創生担当大臣である石破茂は内閣府の報道資料「地方創生の推進について」で「ワーク・ライフ・バランス実現：男性の育児」のための 1 つの施策として，「結婚・出産・子育て支援」の中に「多子世帯支援，三世代同居・近居支援」を盛り込んでいる（石破，2015）．

　これを受けて，同年 12 月 7 日に公表された補正予算の中で，子育て環境を整えるために 200 億円を充てて，三世代同居や近居を支援する事業が確保された．

　そして 1 年後の 2016 年 1 月 22 日の安倍晋三首相の施政方針演説では「大家族による支え合いを応援します．二世帯住宅の建設を支援します．UR 都市機構（都市再生機構）の賃貸住宅では「近居割」を 5％から 20％へと拡大します．新しい住生活基本計画を策定し，三世代の同居や近居に対する支援に本格的に取り組んでまいります」と，親子近居政策のさらなる強化が政府の方針として明示されることとなった．

　2015 年以降は堰を切ったように，自治体や民間銀行が親子近居支援に関連した施策の展開を始めるようになっていく．

　表 2 は，日本経済新聞のデータベースで「近居」で検索して得られた記事を時系列で抜粋・整理したものである．親元近くに住んでいる世帯ならば金利を優遇する住宅ローンや，住宅改修費や購入費用の助成など，内容は多様であるが，いずれも，「1 家族 1 住宅」を前提としてきたこれまでの住宅政策のパラダイムの転換と新たな住宅政策の展開を象徴する事例になりつつあると言えよう．

191

表2　日本経済新聞による関連記事

2015 年 11 月 10 日（近畿）
住宅ローン，地銀が争奪戦，消費再増税前の駆け込み備え，関西アーバン銀，入院見舞金を付帯，池田泉州銀，親元近くなら優遇．

2016 年 2 月 17 日（中国）
2016 年度予算案，中国 5 県出そろう，「創生」へ，人と企業誘致，広島，異動，家族向け助成金，島根，U ターン支援を拡充．
（中略）山口県は子育てしやすい環境づくりの一環として，三世代が同居したり近くに住んだりするのを支援する事業を予算に盛り込んだ．新たに同居や近居を始める場合，住居改修費などを助成．住宅会社や工務店などと連携して推進のための協議会も設立する．

2016 年 2 月 19 日（近畿）
子育て・市街地整備重点，和歌山市 2016 年度予算案，3.3%減 1470 億円．

2016 年 3 月 18 日（千葉）
同居・近居，親子後押し，（千葉県）白井市や市川市，住宅購入費など補助，介護・子育て助け合い．

2016 年 5 月 20 日（中国）
3 世代同居応援します，山口県，住居関連費を補助，相談窓口も設置，定住促す．

2016 年 7 月 15 日（東北）
多世代の同居・近隣居住，住宅取得・改築費を補助，福島県，人口減対策に．

4.4　都市再生機構の「近居割」

　2013 年 9 月に創設された UR 都市機構の「近居割」制度は 2015 年 12 月 8 日の国土交通省報道発表により，家賃の割引率が 5% から 20% に引き上げられることとなった．つまり，親子近居していれば，家賃が 2 割安くなるということである．

　UR 都市機構のホームページによれば，親子近居をした場合の「子世帯のメリット」として以下の 4 点があげられている．

- 両親の老後を近くで見守ることができる安心感．
- 皆で一緒に食卓を囲んで，家族団らん．
- 子育ての良き相談役が近くにいる安心感．
- 育児のサポートをしてくれるから仕事や家事・趣味の時間が作れる．

　一方，「親世帯のメリット」として，同様に以下の 4 点があげられている．

- 子ども世帯が近くにいるという安心感.
- 孫や子どもと身近に接することができる.
- 孫の誕生日・入学式などのイベントに立ち会える.
- 生活が便利になる.

　UR 都市機構の言う「近居」にはいくつかの定義があるが，これを満たせば家賃が割引され，子世帯でも親世帯でも対象となることができる．また，同じ団地における親子の近居を想定しつつも，半径 2 km までの隣接 UR 団地でも割引が受けられる．UR 団地外の居住でも「近居割 WIDE」として容認されることがあるようだ．

　「子世帯」を 18 歳未満の子どもを扶養する世帯と定義し，「親世帯」を満 60 歳以上の高齢者を含む世帯と定義している．扶養する「子ども」には 3 親等以内の孫や甥・姪を含むことができる．子世帯は申込時に妊娠していればよく，年齢制限を超える扶養家族でも身体障がい者を含む場合は子世帯とみなす場合がある．

5　まとめ：親子近居支援制度への提言

　親子近居支援制度が，持続可能な地域社会の実現のための有効な 1 つの施策となるかどうかは，今後注意して見守っていく必要がある．若者が相対的に多いところでこの制度を運用しても，筆者の問題意識から見ればあまり意味がない．本当の問題は，特定の住宅地における「年齢層の偏り」，そして「郊外地域での無秩序な開発」という高度経済成長期に特徴的な住宅団地の問題の解決を目標としなければならない点にある．親子近居支援を適用する区域は慎重に選択されねばならない．そして，この施策はあまりダラダラと長期間継続しても意味がない．大阪府 X 市 Y 地区のような地区においては，人口ピラミッドを見れば明らかなように，今後 10 年から 20 年が重要な時期だと言えるだろう．この間に若年層の誘致に失敗し，高齢者，空き家，そして空き地ばかりの町だという評判が定着してしまってからでは，回復が困難である．年齢層の偏り度合いなどに応じて，親子近居支援制度の対象は地域を絞り込んでいく必要がある．

文献

石破茂（2015）「地方創生の推進について」国と地方の協議の場，2015年1月9日.

内閣府（2016）『平成28年度版高齢社会白書』.

山田宏（2006）「都市・農村における土地利用の計画と規制」，『立法と調査』254: 89-99.

吉田友彦（2010）『郊外の衰退と再生：シュリンキングシティを展望する』晃洋書房.

吉田友彦（2013）「空き家問題・空き家対策の現状と課題」『都市住宅学』80: 4-7.

第11章
実践コミュニティの形成
宮崎文化本舗のネットワークと熊本宮原の子ども記者クラブ

根岸裕孝

1 はじめに

　全国の地方自治体は，加速する少子高齢化および人口減少問題への対応に苦
慮している．このため定住人口増加に向けて子育て支援や移住支援，若者の雇
用確保に向けた産業振興など政府の進める地方創生の支援策を活用しながら
様々な事業に取り組んでいる．地方圏には，多様な地域資源がもともと存在し
ており，地方自治体はこれを活かした地方創生の取り組みを模索しつつある．
しかし，地域資源は豊富に存在しても，それを活かす「しかけ」や「組織」，
これを担う人材が決定的に不足している．

　本稿は，地方圏における持続可能な地域社会づくりを考える際に経営学で注
目されている「学習」とその組織活動に着目する．グローバル競争のなかで企
業は，「ナレッジマネジメント」に象徴されるように知識を活かして新しい価
値を創造することが必要となっている．そのためには知識を高めあう「学習す
るコミュニティ」を企業の組織内でいかに創れるかが重要となる．知識はダイ
ナミックな文脈（時間・場所・人との関係性）で生き生きと立ち現れる．この
ダイナミックな文脈づくりこそがウェンガーほか（2002）の「実践コミュニ
ティ」である．

　次に，地方圏においてこの「実践コミュニティ」の存在が地方創生を実現す
る価値創造と人材の育成につながることを2つの事例から考える．1つ目が宮
崎県内で文化とネットワークを基軸として多様な活動を行うNPO法人宮崎文

化本舗，もう1つが熊本県旧宮原町における人材育成事業と学びの地域づくりを取り上げる．この2つの事例から，「実践コミュニティ」が地方創生において果たす役割について検討する．

2 地域における「学習」と実践コミュニティ

2.1 学習とコミュニティ

　知識が価値を創りだす知識経済の最前線に立つ企業は，まさに知識を産みだす「しかけ」づくりが問われている．知識体系は，論争を含めて大勢の人々がかかわりあうプロセスを通じて発達するし，最も利用頻度が高く有益な知識ベースは，コミュニティに組み込まれている（ウェンガーほか，2002）．企業は人間の集団であり，その集団を組織し，組織に働く人々の協働作業として組織の活動は行われる．企業における学習とは，既に誰かがもっている知識を得ることを意味するだけではなく，試行錯誤を通じて，誰も知らなかった知識を作りだすことも学習であると，伊丹・加護野（2003）は述べている．

　多くの人々にとって「学習」とは，「知識」を得ることであり，学習を個人の認知の問題として捉える見方である（野澤，2016）．しかし，レイヴとウェンガーは，学習を命題的知識の獲得と定義するのではなく，特定のタイプの社会的共同参加という状況においている（レイヴ・ウェンガー，1993）．

　つまり，学習を個人への内化の過程としてではなく，実践コミュニティへの参加という視点で捉えるものである．その実践コミュニティとは「あるテーマに関する関心や問題，熱意などを共有し，その分野の知識や技能を，持続可能な相互交流を通じて深めていく人々の集団」（ウェンガーほか，2002）と定義される．この実践コミュニティは，「領域」，「コミュニティ」，「実践」という3つの基本要素から成り立つとされる．

　この捉え方の枠組みが「正統的周辺参加」であり，「行為者の学習の軌道」に着目した概念である．正統的周辺参加とは，行為者が実践コミュニティへの周辺位置での参加（周辺参加）から中核位置での参加（十全参加）へどのような軌道を描くのかに着目する．そしてこの軌道は，行為者の発達するアイデンティティを示す（レイヴ・ウェンガー，1993）．

2.2　地域と学習に関する3つの研究領域

　地域と学習に関する学問領域についてサーベイした野澤（2016）は，地理学，教育学，経営学の3つを取り上げて解説している．地理学分野では，産業集積論の視点から学習地域，地域イノベーション論が展開されている．また産業集積が生産システムから学習システムへと変化を指摘する友澤（2000）を紹介している．教育学分野では，文部科学省（2013）が生涯学習社会の実現に向けて地域における学習の重要性について触れていることを指摘している．さらに経営学分野では，組織の適合行動としての学習の重要性が認識されており，企業内の組織学習から組織を超えた学習論として知識マネジメント論，組織間学習，組織間学習論，コミュニティ学習論，実践コミュニティ論が展開されていると紹介している．

　前述のように経営学分野における知識マネジメント論の視点からも先述の「実践コミュニティ」が注目されている．野中・竹内（1996）は，言語や数値で表現可能な知識を「形式知」，経験に根差した主観的な知識で言葉や数字，式などで表せない知識は「暗黙知」と呼ぶ．多くの知識は暗黙知のまま，人の信念や熟練などに埋め込まれており，その知識はダイナミックな文脈（時間・場所・人との関係性）の中で生き生きと立ち現れると指摘する．野中の指摘するこのダイナミックな文脈こそが「実践コミュニティ」の肝であり，これを地域にいかに形成し，新しい価値の創造（イノベーション）をもたらせるかが課題ともいえる．

2.3　実践コミュニティの効用と地域における展開の可能性

　ウェンガーら（2002）は，実践コミュニティの効用は，「二重編み」構造の実現としている．企業の例として個人は実践コミュニティの一員であると同時に，公式的な業務組織の一員でもある個人が，同時に複数の役割を果たす多重成員性と呼ばれる性格をもち，実践コミュニティで得た最先端の専門知識を業務組織で試し，試した結果を実践共同体に持ち帰り議論する等の知識創造のための学習ループが回ることを指摘する．また，石山（2013）は先行研究レビューにて Brown & Duguid（1991）をとりあげ，実践コミュニティを仕事と学習，イ

ノベーションを連結する存在として捉え，非公式な共同体間の関係の相互作用においてイノベーションが生じるとした．さらに，実践コミュニティが，地域においてイノベーションや知識創造，人材育成のなかで大きな役割を果たしており，その類型として，①大学など教育機関と地域の連携，②地域における横断的な人材育成，③地域の内発的な実践コミュニティ，④外部団体と地域の協働，の4類型を挙げた．

　現在，地方自治体では，少子高齢化，人口減少，環境，教育など多様な課題が山積しており，その解決に向けては行政と住民・NPO，企業等との異なるセクター間の協働が不可欠である．

　実際，地域には多様な団体があり，人々は組織に所属している．地方自治体において多様な課題に対応するためには，これらの組織同士が円滑に連携し，新たな知識創造そして価値を創り出す動きになることが求められる．しかし，6次産業化や農商工連携というテーマにおいても，異なるセクター間の連携どころか同じ行政機関内の組織すら円滑でないケースも散見される．こうしたなかで所属組織を超えて特定領域の実践に向けたコミュニティである「実践コミュニティ」が形成され，そこでの新たな知識創造とイノベーションが期待されるのである．

　実際の地域における実践コミュニティは多様である．次節以降では，文化とネットワークという専門性と中間支援というスタンスで地域の多様な主体と協働するNPO法人宮崎文化本舗，熊本県旧宮原町における人材育成事業と学びの地域づくりの2つの事例をとりあげる．

3　文化とネットワークによる地域再生：宮崎文化本舗

3.1　宮崎文化本舗の設立と事務局代行事業

　NPO法人宮崎文化本舗（理事長：石田達也氏）は，2015年度現在で事業規模年間約2.4億円，スタッフ数約40名（パート含む）という九州内でも福祉系を除いて最大規模のNPO法人である．宮崎文化本舗の前身は，1995年にスタートした「宮崎映画祭」の企画運営を行った市民ボランティアによる実行委員会である．映画祭は，数千人規模のイベントとして発展したが，ボランティア

活動としての限界に直面し 1998 年の特定非営利活動促進法（NPO 法）の施行を踏まえ 2000 年に NPO 法人の認証を受け，2001 年 4 月には中心市街地の商業ビル内に自主事業として常設映画館である宮崎キネマ館を立ち上げた．

宮崎市内には，既に郊外のショッピングセンター内にシネマコンプレックスがあり大手配給の有名作品が上映されているが，宮崎キネマ館は有名でなくとも良質な文化芸術性の高い作品の上映を目指している．また，映画祭の開催等やアーティストバンク事業，みやざき国際ストリート音楽祭事務局事業，ロケ地の情報提供やエキストラ募集等の県のフィルムコミッション事務局のサポート等を通じて宮崎の「芸術・文化」の発展・向上を行う取り組みを行ってきた．

宮崎文化本舗は，映画祭以来の集客，チケット販売管理，広報・マスコミ対応，関係機関への後援・協賛の依頼や調整のノウハウを活かし映画館ならではの映画上映時間を使用した市民活動の事務局代行業務を廉価にて行い，最終的にイベント終了後に黒字であれば利益半分を成功報酬として獲得するシステムを確立した．こうしたビジネスモデルの確立は，市民活動団体からは的確なノウハウの確保によるイベントの成功を導くとともに，宮崎文化本舗にとっては，人的なつながりの拡大とそれによる映画事業への集客につながる利点となる．こうしたビジネスモデルが評価され 2009 年に経済産業省のソーシャルビジネス 55 選に選定されている．

また，2009 年には宮崎市の公共施設である「みやざきアートセンター」について，指定管理者みやざき文化村（NPO 法人宮崎文化本舗 + NPO 法人みやざき子ども文化センター）として運営に関わっている．

3.2 みやざき NPO ハウスとみやざき NPO・協働支援センター

宮崎文化本舗は，宮崎県企業局から利用者のない独身寮を借り受け，宮崎県内で活動する NPO 法人，市民活動団体，コミュニティビジネスを実践する企業の事務所として部屋の貸し出しを行い，市民活動の孵化・育成機能を担う宮崎 NPO インキュベーションセンター（通称「みやざき NPO ハウス」）を 2003 年 10 月にオープンさせた．この建物は，県企業局が 1982 年 3 月に建設したものの，利用者減少に伴い 2002 年 6 月に一時閉鎖されたものであり，鉄筋コンクリート 4 階建てで延べ床面積 $1090\,\mathrm{m}^2$，個室 22 室，大広間，食堂などからな

る施設であった．現在は福祉，教育，環境，まちづくり等の幅広い分野にわたり約 20 の NPO 法人や市民活動団体等が入居している．

NPO ハウスは，官主導ではなく NPO 自らが管理運営する施設として全国的にも注目を集めている．運営にあたり NPO ハウスを拠点に市民活動団体の相互の連携や情報発信，相談支援等を行うことを意図しており，各種会議や団体間交流施設として公共の施設よりも夜遅くまで会議や作業の場として使えるなど，利用時間などについて自由度の高い利用が可能になっている．また，入居 NPO 同士の情報共有や新たな協働が生まれるなど，市民活動を育む拠点として入居 NPO の評価も高い．また，2005 年からは宮崎文化本舗が宮崎県から受託し運営する宮崎県 NPO 活動支援センターも入居した．同センターは NPO 法人の立ち上げに関する相談，協働事業促進のための講座，市民活動の事業の組み立て方法，団体の運営方法に関するアドバイスや市民活動のマネジメントに関する講座の企画運営を行う等県内各地の市民活動の支援に取り組み着実に実績を積み上げている．

さらに，2012 年 9 月からは，宮崎駅前のビル内に設置された「みやざき県民協働支援センター」の運営を受託している．同センターは，各団体の活動をつなぐ「マッチング・コーディネイト業務，協働のノウハウや事業計画についての相談を行う「相談対応・コンサルティング業務」，地域で活躍する人材育成のためのセミナーを開く「地域づくり研修業務」を担っている．その後 2015 年度から前出の宮崎県 NPO 活動支援センターが統合され，「みやざき NPO・協働支援センター」となった．同センターは，宮崎県の地域づくりネットワーク協議会の事務局を担っており，各種勉強会の主催やコーディネイト事業を通じて宮崎県内の地域づくりにかかる協働の推進を図っている．

3.3 照葉樹林再生プロジェクト

宮崎県綾 町 は，宮崎県のほぼ中央に位置し大淀川支流本庄川上流にある中山間地域で約 7600 人，総面積 9521 ha，面積の約 80% が森林の町であり，世界的にも数少ない多様な植物や動物が生育する原生的照葉樹林がまとまった形で約 2000 ha 残されている．この東アジアに連続する照葉樹林帯に共通する文化要素は「照葉樹林文化」と呼ばれ日本の基層文化の 1 つとされている．1966

年にこの照葉樹林の伐採計画が進展しようとするなかで当時の綾町長郷田 實氏の奔走により照葉樹林は残され，「照葉樹林」の恵みとその文化的価値を大切にするまちづくりを展開し，木工，陶芸，ガラス，藍染めをはじめとした工芸邑や自治公民館を核とした住民参加のまちづくりに取り組んできた．さらに全国初の有機農業条例である「綾町自然生態系農業の推進に関する条例」を制定した．綾町のまちづくりは，全国から注目を集め年間100万人を超える観光客を集めるようになった．

　そうしたなかで九州電力が建設する高圧送電線建設ルートが綾の照葉樹林にかかる問題が1998年頃より急浮上し，建設をめぐる議論は町内・町外含めて急沸騰した．こうした状況のなかで2003年に鉄塔建設問題以前より提唱されていた「綾の照葉樹林」の希少性をふまえたユネスコの世界自然遺産登録への署名活動運動への気運が高まった．

　宮崎文化本舗は，この署名活動にあたって運動の実質的な中核として機能し，このよびかけから全国的な芸術・文化著名人が数多く賛同し，2か月間で14万人もの署名を集めた．その後の環境省・林野庁合同による「世界自然遺産候補地に関する検討会」では次点扱いになったものの希少性が改めて認められた．最終的には，この運動は「鉄塔建設による世界遺産登録への影響調査」の署名活動へと展開したものの，この九州電力の鉄塔は建設された．

　そうしたなかで「綾の森を世界遺産にする会」の上野登会長（宮崎大学名誉教授）が世界遺産登録候補選考過程で指摘を受けた「照葉樹林の分断」の解消と「保護の制度化」を実現するため，人工林を照葉樹林に戻し既存の照葉樹林とつなぎ合わせて再生する「照葉樹林の回廊構想」を提唱した．宮崎文化本舗はこれを環境省が公募する「平成15年度NGO・NPO／企業の環境政策提言」に提出したところ「注目に値する提言」として評価された．その後，九州森林管理局から森林の保護と再生のモデル事業を「綾の照葉樹林」を核にして行いたいとの申し出があり，九州森林管理局，宮崎県，綾町，㈶日本自然保護協会，てるはの森の会（綾の照葉樹林プロジェクト推進協議会：事務局宮崎文化本舗）の5者による協定書調印が2005年5月に行われ，人工林から照葉樹林に復元を図る「綾川流域照葉樹林保護・復元計画（通称：綾の照葉樹林プロジェクト）」として動き出した．その主な活動は「保護林の新設」，「人工林か

ら照葉樹林への復元」のみならず,「森林環境教育」と「市民参画・サポーターの形成」等が含まれている.

　さらに,2012年7月には,綾町は国内では32年ぶりになるユネスコエコパークに登録された.ユネスコエコパークとは,ユネスコ(国際連合教育科学文化機関)による「人間と生物圏計画」の一事業である.世界自然遺産が,顕著な普遍的価値を有する自然地域を保護・保全するのが目的であるのに対し,ユネスコエコパークは,生態系の保全と持続可能な利活用の調和を目的としており,保護・保全だけでなく自然と人間社会の共生に重点が置かれていることが特徴である.この登録に伴い,綾町は,豊かな生態系や生物多様性を守り,自然の恵みを受けながら文化的・経済的に持続可能な発展をめざす地域モデルとして,発展していくことに取り組んでいる.

　官と民が協働し世界に誇る照葉樹林の再生を目指す壮大なプロジェクトの推進に宮崎文化本舗が大きな役割を担っている.理事長の石田氏は,2014年度から2016年度まで綾町と宮崎文化本舗との契約により同町役場エコパーク推進室のまちづくり専門監として綾町のまちづくりに関わるようになった.

　NPO法制定から20年近くになる今日,自然保護を巡る立場の違いを乗り越え再生にむけて協働の道筋をつけたこの取り組みは,NPOが関わる「実践コミュニティ」の形成を通じた地域再生の可能性をしめす事例として注目される.

4　熊本県旧宮原町における人材育成事業と学びの地域づくり

　1994年に子どもと大学生のまちづくりワークショップを開催して以来,継続して人材育成事業に取り組んでいる町がある.そのプログラムは多種多様であり,現在は地元紙の新聞販売店が自治体の枠を超えたまちづくりのプラットフォームとしてだけでなく,全国から集まる若者の学び合い学習の拠点になっている.小さな町の高度でユニークな地域教育システムとそのキーパーソンを紹介する.

4.1 まちづくり情報銀行の立ち上げと地域づくりインターン

(1) 熊本県旧宮原町の概要

　熊本県旧宮原町（以下「宮原」とする）は，熊本県の中央部，熊本市から南に約 30 km に位置する．町の中央部を清流氷川が流れ，1889 年に町制が施行されて以来，約 120 年間合併せず，面積約 10 km²，人口約 5000 人（合併時）という小さな町であった．しかし平成の大合併の影響を受け，2005 年 10 月，旧宮原町と旧竜北町が合併して人口約 1 万 3000 人の氷川町が誕生した．

(2) 住民総参加のまちづくり

　宮原では，1995 年から新総合振興計画「小さなまちの大いなる挑戦」の策定がスタートしたが，その舞台となったのが大正時代に建てられた役場前にある旧「井芹銀行」である．一部事務組合の事務所の移転に伴い町が購入し，まちづくり情報銀行（以下「MIB」とする）という名称をつけた．町民の声を「情報」として貯蓄し，計画書という「利子」を払うという趣旨によるものである．

　町の企画部署が居を構えた MIB 本店に対して，町内 14 の行政区に区長を中心とした自治組織と並列するまちづくり推進組織（以下「支店」という）を立ち上げ，地域の魅力や課題を発掘し，地区別計画に落としこむという総合振興計画を住民総参加で作り上げた．3 年間に行われた会議やイベントは 311，延べ参加者は町の総人口を上回る 5600 人に及んだ．

　1998 年，地区別計画を実現するために支店経営補助金制度を創設し，総合振興計画に掲げられた町のビジョンを実現するために，MIB やまちづくり酒屋といったまちづくりの拠点整備，景観・公園整備，環境・里山保全，中心市街地活性化，土地利用調整，そして「宮原町を守り磨き上げるまちづくり条例」の策定など，様々な分野のまちづくりを先進的に実践し，全国からも視察や調査に訪れる人も多かった．

(3) 地域づくりインターン事業

　宮原では 2001 〜 2008 年までの 8 年間で，都市圏の大学生を地域づくりインターン（以下「インターン」とする）として延べ 70 人を受け入れた．他地域では，大学生が調査や体験を通じて地域に対して何らかの提言を行うことを期

204　第II部　持続可能な地域づくり

待するところも多いが，宮原にはこれまでにも多くの学生が地域を訪れており，2週間程度の滞在で，地域の課題解決に資するような提言が得られることは期待していなかった．

それゆえ宮原では，地元の子どもや地域住民との交流機会の創出と地域活性化，子どもと大学生の人材育成を目的とした．また，まちづくりの手法や経緯の学習，企画書の作成，ディベートなどの実践，調査や体験を踏まえた報告会の開催など，学生の政策形成能力向上の機会が多く設けられていることも特徴である．そして，地域や分野を超えた学生同士の交流が生まれ，共同生活をしながら役割分担やグループ作業を行うため，チームワークや協調性も身につく．さらに，事業終了後の継続的な交流も意識しており，インターンOB・OGとの交流，関東，関西など宮原以外で宮原を介した交流の展開，宮原の子どもたちの研修等の受け入れ等が行われており，インターンを通じた全国的なネットワークの広がりが見られる（宮原好きネット，2005）．

合併後，町としての地域づくりインターンの受け入れは終了したものの，本事業をきっかけとして2008年に緩やかなまちづくりネットワーク「宮原好きネット」が発足し，MIBで多様なまちづくりプロジェクトを動かしていた企画部署の岩本 剛氏（現在は新聞販売センター店主）ら民間が受け入れ主体となり，現在も事業が継続している．

このインターン事業は，宮原における実践コミュニティ形成のきっかけとなっていくのである．つまりとかく閉鎖的になりがちな実践コミュニティに地域外の学生を継続的に受け入れることにより風穴を開け，交流を通じて地域の固有価値の認識が図られるとともに次代を担う人材育成について住民が主体的に考えるきっかけとなっていくのである．地域の問題解決能力は，多様な協働と主体的な学びが不可欠であり，その風土醸成をもたらした意義は大きいと考えられる．

(4) 子どもの人材育成

宮原では，1991年人材育成基金に関する条例が施行され，小中学生が参加する沖縄や北海道への研修事業が実施されていた．参加希望者は事前に作文を書き選考される上，単に他地域を訪問するだけではなく，事前学習として宮原の

ことを調べ先方の子どもたちに紹介し，事後学習として学んできたことを取りまとめ地元で報告会等を実施していた．さらに，研修参加者は，高校生になると引率者として再び関わる機会も設けられていた．

　また，まちづくりの各種事業では，地域の資源探しや将来ビジョンづくりのワークショップに子どもが参加できる機会が積極的に設けられていた．このような町の事業としての人材育成の機会に加えて，様々な世代の子どもたちが主体的に活躍できる民間組織が立ち上げられていたことも宮原の特色である．小・中学生を中心としたビオトープを管理する「ギロッチョくらぶ」（ギロッチョとはハゼ科のヨシノボリを指す方言），環境保全活動を親子で行う里山クラブ「どんごろす」（麻袋のこと），そして，地域づくりインターンや視察，調査等で町を訪れた学生らと地元の子どもたちを中心に構成される宮原好きネットなどである．

　こうした子どものまちづくりへの参加機会を創出することで，遊び感覚で町の調査や計画づくりに参加する子どもたちの様子を見て，大人の関心や参加が高まるという波及効果がある．また，子どもの頃から地域の活動に関わり，町外者と関わりを持つことで，自分の住む地域の魅力に気づき，地域に対する愛着や誇りを醸成することができる．

　このような経験を経て，小学生時代からまちづくりに関わってきた子どもたちも多くが成人しており，宮原内外で活躍している．里山クラブどんごろすの事務局長を務める者，氷川町役場に就職した者，県外の大学で都市計画を学び，宮原と交流がありまちづくりの先進地域として有名な長野県小布施町の役場に就職した者もいる．いずれも小学生から高校生のときに宮原を訪れるインターン生や視察や調査で町を訪れる町外者と交流しており，進路や就職の選択にあたって少なからずその経験が影響しているといえる．

4.2　熊本日日新聞宮原販売センターと子ども記者クラブの活動

（1）まちづくりのキーパーソン

　宮原のまちづくりを戦略的に仕掛け，展開してきたキーパーソンの岩本剛氏は，100年（3世代）スパンでまちづくりに取り組むことを人生の目標に掲げ，仕事はあくまでも手段であると考えていた．それゆえ，将来のまちづくりを憂

い，合併した 3 年半後の 2009 年 3 月に氷川町役場を早期退職し，民間交流を続けていた長野県小布施町の（財）小布施町振興公社（現在は，一般財団法人）において物産販売に関わる営業部長の任に着いた．そして市村 良 三町長の指示により，小布施町でも大学生の受け入れと子どもの人材育成にも携わる．しかしながら，熊本日日新聞社（熊日）より新聞販売店のまちづくりへの取り組みを期待され，苦渋の決断の末，退職し，2010 年 10 月，熊日宮原販売センター（以下，「宮原販売センター」という）の店主に就任している．

岩本氏については，就任当初，全国のまちづくり関係者から「なぜ新聞販売センターの店主なのか」と疑問に思われることも多かった．しかしながら，情報発信に力を入れる岩本氏にとって，新聞とともに独自のメディアであるミニコミ紙を配達できることは大きな利点である．さらに，NIE（Newspaper in Education：教育に新聞を）を背景に，学校教育や子どもと新聞を結びつけながら子どもの人材育成を目論み，大学生の受け入れも実施しながら民間事業者としてスピード感を持って，やりたい事業を自由に展開することができるのである．

(2) 自治体の枠を超えた活動

宮原販売センターは，氷川流域の旧 5 町村（現在は，八代市と氷川町）の一部をエリアとしている．4400 世帯のうち，2300 世帯の顧客を抱え，(1) お客様に愛される店づくり，(2) 地域活性化へ向けた事業の実施，(3) 大学生や子どもたちの人材育成，学校との連携，(4) ミニコミ紙等による地域情報の発信，(5) 各種住民活動の支援，を目標としている．

民間事業者には自治体の壁はなく，毎月 2 回，ミニコミ紙（A3 両面）を発行し，顧客のみならずエリア内の 7 保育園の全保護者，宮原の全小中学生や教諭などにも配布している．スタッフは 45 人，地域の毛細血管ともいえる配達網による情報収集と，役場職員時代の実績や人間関係も最大限に活用し，さらにネットワークを拡大している．つまり岩本氏にとっては，立場は違えども新たな視点から生涯の目標を達成するに相応しい仕事なのである．

(3) 3つの大学生プログラム

　2016年，インターン事業は15周年を迎えたが，宮原販売センターでは以下の3つの大学生プログラムを実施し，以前にも増して全国から大学生が訪れている．さらに，2015年からは氷川町の若手職員も全プログラムに参加することで相乗効果を生み，まちづくり活動は宮原から氷川流域へと拡大している．

　具体的には，（1）企画書作成合宿（2泊3日，全国から20人程度．論理的な思考力を養い，物事の道理を理解する），（2）インターン事業（15泊16日，全国から10人程度．多様な世代や地域と交流し，地域への政策提言等を通じて人や地域との関わり方を学ぶほか，インターン新聞（A3両面）を5回発行することで情報発信の重要性を体感し，地域住民の理解・協力度の向上に役立っている），（3）氷川流域連携・全国大学生政策アカデミー（2泊3日，全国から30人程度）の3つのプログラムである．

　政策アカデミーでは，旧5町村の7小学校区の活性化と連携について政策提言を行い，真剣勝負を体験する．ちなみに，岩本氏は関東と関西の5大学で毎年ゲストスピーカーとして講義を行い，プログラム参加者確定後は1か月以上前からSNS等を利用した事前学習が始まる．また，地域課題の解決へ向けた作業やグループディスカッションは深夜にまで及ぶが，岩本氏は大学生らの相談等に午前3時まで対応することで，彼らの満足度や達成感も高いようである．

　なお，プログラムの前後において，関東と関西では宮原好きネットのメンバーによる壮行会や報告会が行われ，インターンOB・OGや社会人との交流により，個人またはゼミ活動においても積極的な行動が継続しているようである．

(4) 子ども記者クラブと多様なプログラム

　店主就任から5か月後の2011年3月，地域を愛する心の醸成，職業観の育成（キャリア教育の推進），ミニコミ紙による情報発信を目的として，1年を通じて活動する子ども記者クラブが発足した．対象者は新聞購読の有無にかかわらず，エリア内の小学5年生から高校3年生までで，任期は1年．2年目は小学4年生，3年目からは小学3年生（2学期より）にまで下げたこともあり，発足当初18人だった子ども記者は，65人（2016年10月現在）という大所帯に成長した．さらに，宮原小学校の3〜6年生に至っては，4人に1人が子ど

も記者クラブに所属するという驚異的な加入率である.

このような組織の成長を支えた要因としては，スタッフの雇用によるきめ細かいサポートや保護者との連携を密にしたことに加え，図1のような魅力的なプログラムや工夫をしていることが挙げられる.

組織や活動の特徴としては，熊本日日新聞社の組織にならい，社会部，運動部，文化生活部，NIE推進部の4部制とし，部長，次長，班長の役職を置き，縦のつながりを重視している．また，記者全員に腕章，ノート，名札，名刺，会員証を配布している.

さらに，学年に応じたプログラムを行うとともに，子どもに人気のある大学生との交流を夏季に実施している．また，県外研修とそれに伴う学習会や報告会をしっかり行い，リーダーの育成を図っている．さらにプログラムへの参加や記事の寄稿により，ポイントが貯まる．10ポイントごとに入学式時にバッジをプレゼントし，腕章に付けて個人の活動状況を見えるようにしている.

学習会や交流会後に食事会を年3回，新年会ではビンゴゲームによりお菓子などをプレゼントしている．また，子ども記者通信を毎月1回以上発行し，保護者や欠席者と情報を共有している．子ども記者たちは，これらのプログラム体験により視野を広げ，さらに大学生らとの交流によりコミュニケーション・スキルが向上し，地域を複眼で見る機会となっている．また，ミニコミ紙による情報発信に伴い，読者からの声かけや支援，子ども記者に対する若い世代の保護者からの問い合わせも年々増加しているようである.

(5) 人材育成の市場を創り出す

2005年の市町村合併により，氷川流域の4つの役場は支所となり，旧町内外からの求心力も低下しているなかで，特に上流域の人口減少率が年3％と大きく，高齢化も深刻である．岩本氏にとっては，エリア内の顧客の動きがリアルタイムで分かるがゆえに，地域の衰退に対する危機感が募っている.

岩本氏は，100年（3世代）スパンでまちづくりに取り組むことを人生の目標に掲げていると紹介したが，現在，氷川町と氷川流域の30年後を次のようにイメージし，そのための行動目標を考えている．①子育て環境（自然，人，地域，教育機関）が充実し，コンパクトな町が形成されている，②全国の高等

※活動状況：延べ40日・148時間，延べ参加者329人
(1) 入学式　2回
　3月：表彰，辞令交付，役員決め
　10月（小学3年生）：辞令交付，活動紹介，お菓子の家作り．
(2) 学習会　5回
　作文の書き方，熊本日日新聞社研修，総合的な学習の講義，記事の書き方，スピーチのやり方．
(3) 農業・商業体験　5回
　農作業，わらしべアイス学習会2回，長野県小布施町研修1泊2日（高校生），わらしべ市物産販売．
　※わらしべアイスプロジェクト
　アントレプレナー教育の一環として，農業体験，商品開発，原価計算，流通・販売を学ぶ．さらにわらしべアイスのお中元セットの販売により利益を産み出し，県外研修の費用の一部を捻出している．

わらしべアイスのフロー図（岩本剛氏提供）

(4) 小中学生のための熊日クイズ　5回
　NIE推進部が熊日紙面より10問のクイズを作成し，新聞に折り込む．学習会，編集会議4回
(5) 京都取材研修　6回
　小学5年生以上が対象で，エントリーシートと作文2本を提出．事前学習会2回，京都の大学・大学生の活動取材2泊3日，事後学習会2回，報告会を実施．
(6) 大学生との交流　10回
　インターン交流会，宿題お助け塾2，保育園訪問5，インターン報告会，政策アカデミー報告会．
(7) まちの課題探究・解決コース　2回
(8) その他：ミニコミ紙（月2回発行）への記事寄稿52件（子ども41件，親子11件）

図1　子ども記者クラブのプログラム（2015年度）

210 第Ⅱ部 持続可能な地域づくり

教育機関や地域・団体との連携により，刺激的な交流がある，③複数の産業や生業が共存することで雇用の場があり，多様な豊かさを実感できる．

　これらを具現化するために，今後も大学との連携や大学生のまちづくり参加，子育て環境の充実を図るとともに，アカデミックな知的好奇心をそそる地域であることを訴え，そして学校・家庭・地域が一体となった教育環境を整え，子ども記者たちが地域の担い手として成長することを目指している．そのためのシナリオとして，5年後には小中学時代に総合的な学習でキャリア教育を経験する機会を創出し，2〜3年間継続して学んでいる子どもが30人いる，10年後には高校時代に様々な経験を通して人生の目標を設定し，目標に向かって輝いている学生が20人いる，15年後には宮原等で学んだ10人の子どもたちが，全国各地での経験（就職，進学）を経て，地域で人材育成事業と産業に従事している，と設定している．これらを踏まえ，岩本氏は2016年3月に子ども記者クラブに「まちの課題探究・解決コース」を新設し，2016年度は小学6年生以上を5人，2年目は10人，3年目は子ども記者に限らず15人を育成するとしている．また，活動分野の広がりやレベルアップ，子どものモチベーションをコントロールするためには大学教員や民間の各種専門家などの外部サポーターが不可欠であるとし，宮原好きネット会員を含め全国からゲストを招いている．

　さらにこのプログラムで特筆すべきことは，月1回の保護者報告会を行い，毎月ミニコミ紙で活動を連載し，受講料として毎月1人5000円を徴収していることである．岩本氏によると，2020年度の学習指導要領の改訂や大学入試改革はまさに追い風であり，有料にすることでライバルの出現（供給側）を促し，需要が掘り起こされる．これによって，必然的に自らのプログラムのレベルアップが求められ，供給側の相乗効果により人材育成の市場を創り出したいと話している．

(6) まちの課題探究・解決コース

　「まちの課題探究・解決コース」は小学5年生以上の子ども記者を対象とし，まちの課題解決へ向けて毎週夜に2時間の活動を行っている．2016年度は，過去に県外研修へ参加した5人を含む小中学生の女子6人が2回のまち歩きを経

て課題マップを作成し，課題の絞り込み等を経て，テーマを耕作放棄地に決定．増え続ける耕作放棄地の抑制や活用の解決策として，兼業農家の育成プランを氷川町へ提案するとともに，自らも野菜や果物の栽培にチャレンジしている．

子どもたちにとって初めての取り組みは失敗も多かったが，お互いを認め合い，プレゼンテーションの能力も高まったという．そして自ら学ぶだけでなく，他人からその人の能力を貸してもらう能力が身に着き始めたという．

また「実践コミュニティ」の視点で見ると，地域の問題解決のために子どもたちが主体的に地域と関わり，これを大人たちが支援し，地域としての問題解決能力の向上が見られつつあると言える．地域における実践的コミュニティの特徴ある事例として注目される．

5 おわりに：地域における実践コミュニティの取り組みと地方創生の可能性

2つの事例のうち最初の宮崎文化本舗は，文化とネットワーキングという実践コミュニティの領域としての文化を標榜するNPOである．文化をテーマとした幅広い人的ネットワークを形成し，県内の地域づくりにおける協働をコーディネイトしている．行政と住民・NPOという異なるセクター間の協働は，組織の違いから様々な壁が生じている．文化という幅広いテーマをもとに実践コミュニティが形成され，多くの協働事業が立ち上がり地域における新たな価値の創造・発信に貢献している．

また，熊本県旧宮原町における人材育成事業と学びの地域づくりは，大学生や子どもたちの学びというテーマの実践コミュニティが形成され，地域を学びの場とした多くの関係者による協働の地域づくりが進められている事例である．

こうした実践コミュニティが地域内で数多く立ち上がることにより，新しい価値の創造そして人材の育成が図られると思われる．

　本稿の執筆に際して熊日宮原販売センター代表の岩本剛氏に特段の配慮をいただいた．日頃より筆者の教育・研究・社会貢献の活動に際して助言をいただいており，改めてここに記して感謝したい．

文献

石山恒貴（2013）「地域活性化における実践共同体の役割：NPO 2 法人による地域の場づくりに向けた取り組み事例」『地域イノベーション』6: 63-75.

伊丹敬之・加護野忠男（2003）『ゼミナール経営学入門』第 3 版，日本経済新聞社.

ウェンガー，エティエンヌ，リチャード・マクダーモット，ウィリアム・M・スナイダー／櫻井祐子訳（2002）『コミュニティ・オブ・プラクティス：ナレッジ社会の新たな知識形態の実践』翔泳社.

友澤和夫（2000）「生産システムから学習システムへ：1990 年代の欧米における工業地理学の研究動向」『経済地理学年報』46(4): 323-336.

野澤一博（2016）「地域における「学習」概念の再考：長野県飯田市を事例として」『地域活性学会研究大会論文集』8: 176-179.

野中郁次郎・竹内弘高（1996）『知識創造企業』梅本勝博訳，東洋経済新報社.

文部科学省（2013）『平成 25 年度文部科学技術白書』文部科学省.

宮原好きネット編（2005）『まちづくりの伝道師達：宮原発!! 小学生からはじまるまちづくり』第一法規.

レイヴ，ジーン，エティエンヌ・ウェンガー／佐伯胖訳（1993）『状況に埋め込まれた学習：正統的周辺参加』産業図書.

Brown and Duguid (1991) "Organizational Learning and Communities-of-Practice: Toward a Unified View of Working, Learning, and Innovation," *Organization Science 2* (1): 40-57.

座談会　人々の暮らしを地域で守る

内田　要・加藤博和・田城孝雄・辻　哲夫

田城孝雄　今回は本書のテーマにふさわしい方々をお招きしました．私は医師として在宅医療や地域包括ケアシステムの推進などに関わる中で，本日お越しいただいたようなさまざまな分野の先生方と出会いました．私が出会った順番にご紹介させていただきます．

　辻哲夫先生は厚生労働省にいらっしゃったころから在宅ケアへの移行を主導されてこられ，2009 年度からは東京大学高齢社会総合研究機構で千葉県柏市でのプロジェクトを進められています（第 1 章）．2000 年には在宅医療助成勇美記念財団の設立にも携わられ，私はその財団の勉強会ではじめてお目にかかりました．その後，内閣官房地域活性化統合本部「健康・医療のまちなかづくりに関する有識者・実務者会合」（2009 ～ 2013 年，座長：田城孝雄）や，都市再生機構（UR 都市機構）の「超高齢社会における住まい・コミュニティのあり方検討会」（2013 ～ 2014 年，座長：辻哲夫）などでご一緒させていただいています．

　このうち UR の検討会でご助言をいただいていたのが，当時副理事長を務められていた内田要先生です．国土交通省のご出身で，内閣官房などで地域活性化や地方創生を主導され，内閣官房地域活性化統合本部「地域再生推進委員会」（2013 ～ 2014 年，委員長：田城孝雄）のときにも，事務局長としてお世話になりました．

　そして加藤博和先生は公共交通の専門家として，地域再生調査・評価委員会や地域再生推進委員会などで長くご一緒させていただいています．

　今回のテーマは 3 つです．まず大きく「住む・暮らす」について，それぞれの立場からお話しいただきます．次に人口減少という撤退戦におけるスマートシュリンクや持続可能性についてです．最後に，政府，行政，市民，NPO の役割と人材育成について議論していきます．

1 住む・暮らす

田城　私は，出張のときに陸路でつながっている所は，飛行機ではなくて鉄道で移動するようにしています．空から見るのも嫌いではありませんが，鉄道であれば地平の目線で見られます．例えば中国山地を岡山から出雲に抜ける伯備線の沿線では，ずっと人が住んでいて暮らしがあることを実感できるのです．岡山から高知に行く場合の土讃線も同様ですね．

　そのときに思いついたのですが，「life」という英単語には，日本語に訳すと3つ意味があるように思います．それは，「命・生命」「生活」「人生」の3つです．医者としては命・生命に注目するのですが，それに加えて生活，そして人生という3つが「life」なのではないでしょうか．生命を守るためには病院がいいのです．しかし，生活や人生を守るには，生まれ育った土地やコミュニティという場が大切なのではないでしょうか．

ケアからまちづくりへ

辻哲夫　田城さんがおっしゃった命についてですが，近年は大部分の人が75歳を超えるまで生きることができ，そしてさらに長く生きられるようになりました（第1章図4）．これは命を守る医学の勝利だと私は思います．しかし，老いていく過程では，虚弱になります．それで，その状態をいかに幸せに生きるかが課題になっています．

　これに関して，私たちは大きな発見をしました．外山義さんが導入されたユニットケアについてです（第1章2）．これは，以前は6人部屋だった特別養護老人ホームを模様替えし，ひとりひとりの個室と10人単位ぐらいのユニットごとの居間を作って，食事のときは居間に集まって，好きなときに自分の部屋に戻るようにするというものです．多くの人は個室に閉じこもると考えられていたのですが，逆でした．会話の量も歩く量も増えたのです．

　このように，命を守る次に必要となるのは，生活を続けることです．それは，弱っていったとしても，最後まで人生を下りない生き方を続けるということだと思います．自分の喜びがあり，したいことがあり，会いたい人と会える．自

分の人生をコミュニティで生き続けるということです．3つの life がつながる町をつくることが最終目標だということは私もよく理解できました．

私の場合はケアの考え方から入りましたが，年を取っても安心して過ごせる，人生を全うできるということは，次の世代もまた同じように，安心して住んで暮らせるということです．団塊の世代が75歳を迎えるのは2025年ごろで，大集団が虚弱になるという過程をそういう形で迎えなければいけません．

団塊の世代が虚弱になる過程を地域で受け止めるためには，それほど悠長なことを言ってはいられません．これは特に大都市圏で起こります．都市での高齢化の最前線は UR の団地です．日本の経済成長の過程で一番最初に多くの人が移動して新しく住んだ所は UR の団地でした．大都市圏のベッドタウンの高齢化の最初の入り口が UR です．従って，UR が定住社会の核になるということが，日本の未来への道筋です．私は UR が，いわば時代の要，転換の要だとも思っています．

このような形で，生命，生活，人生という3つが日本の経済発展と長寿社会に至る過程でつながりました．そこで求められるのは，コンパクトな町です．コンパクトで住み続けたい町，そしてそれが小地域とネットワークで結ばれているということが重要だと思います．

Aging in Place

内田要　辻先生のお話を敷衍して UR の話題になりますが，UR の高齢者政策は，はじめは各住戸をバリアフリーにするというものでした．ただ，それだけでは解決せず，団地を1つの核，拠点として考えるようになりました．標語はまさに「Aging in Place」といって，お年寄りになっても1階部分に住み，少しでもコミュニティに出られるようにします．もう1つが「ミクストコミュニティ」で，お子さんと交われるような場所にしていきます．もちろん柏のように地域の医師会との連携もあって，拠点になるということだと思います．

このように UR は先進的なモデルになる条件を備えていますが，これは地方創生でも一緒だと思います．地域全体が有機体のように結びついていき，お年寄りを守るだけではなくて，お年寄りや生産年齢の方々，そしてこれから育っていく子どもが一体となったものを，life として健康になっていく地域社会を

つくるというのが，地方創生の1つの核だと感じています.

田城　URのいいところは，建物1つだけでなく広大な敷地があるのでリノベーションもしやすいし，コミュニティもあるので，総合的な観点から取り組むことができる点です．さらに，URの敷地の中だけではなくて，その周りに対する影響もあります.

コスト，クオリティオブライフ，温室効果物質から評価する

田城　それでは加藤先生，お願いします．加藤先生は公共交通の専門家と認識していたのですが，もともとは土木分野から入られて，環境研究もご専門とのことですね.

加藤博和　相手によって，「専門は何か」と聞かれたときの答えが違います．いろいろ多面的にやっています.

　先ほど中国山地の話が出ましたが，1950年代後半ぐらいまではあれが宝の山でした．木は薪になりますし，住宅を造るためにも必要でした．日本はどこも資源がないので，特に戦争に負けたころまでには全国至るところではげ山になりました．それで1950年代は水害もだいぶ起こりましたから，杉を一気に植えました．50年後には宝の山になると思っていたら，花粉症の原因になってしまいました.

　50年たって山は荒れ放題で，間伐もしても追いつきません．農林水産省などの補助で切り捨て間伐をしているわけですが，間伐してそのまま捨てて，木がばらばらに土の上を覆っているという状態です．下流で水害がひどいのは当然です.

　昔の宝の山にお年寄りだけ取り残されて，産業構造の変化で子どもや孫はそれこそURの住宅地に出てきているのですが，そこがまた高齢化しているという重層的な状況もあります.

　私は研究を始めたときは地球環境問題を扱っていたので，持続可能性という言葉をよく聞きます．都市や社会も，将来のことを考えないで開発すると，後でしっぺ返しがきます．日本では戦後人口が急増し，経済成長でどんどん資源を使って公害を起こし，ひずみが生じてきました．環境に悪いことをしないで，将来の皆さんにも迷惑をかけずに，今を生きる我々にもそこそこいいことがあ

るようにするためにはどうしたらいいかを考えなければいけません.

　私は CO_2 排出の削減を研究してきたのですが,政策全体でいろいろな目的やニーズがある中で,CO_2 排出のデータも使っていただいて,どういう都市や交通がいいのかを考えてもらおうとしています.

　ここ 20 年ぐらい,土木の分野でずっといわれてきたのは,Ｂ／Ｃ（便益（benefit）÷費用（cost）),いわゆる費用対効果です.Ｂは幸福感などもすべてお金に換算して,費用に対して効果がどのぐらい得られるかを計算するのですが,やはりそれは経済学的な見方であって,ここでお話に出たような life といった視点ではありません.結局どれだけ金がもうかるか考えているだけで,幸福感などをお金に換算しても,本当の人生の幸福感とは違うということも出てきました.

　その中で,私の師匠の林良嗣先生（名古屋大学名誉教授,中部大学教授）がクオリティオブライフ（QOL）という考えを仕入れてきました.そして,私も都市や交通を QOL で評価するというのを研究することになりました.

　このように,私は今,費用と QOL と温室効果物質で都市や交通を評価しています.費用が経済的評価で,QOL が社会的評価で,温室効果ガスが環境的評価です.経済,社会,環境というのが持続可能性の 3 つのボトムラインと言われていますが,これらを守っていこうということです.

車に頼らない社会

加藤　今研究の対象としている場所の 1 つが,UR の高蔵寺ニュータウン（愛知県春日井市）です.私は多治見市（岐阜県）の出身で名古屋まで通学していたのですが,高蔵寺はその中間にあります.私が小さいころは,あのような所に住みたいとみんなよく言っていました.しかし,今は古い所はお年寄りだらけで,特に交通問題がひどい状態です.

　というのは,歩車分離をしていて,住宅は高い所に,バス停は谷底の主要道路にあるので階段を下りていかなければいけません.若いうちは何の苦もないのですが,年をとると下りることができません.この団地の中にそれぞれ商業や医療などのゾーンがあるのですが,そこが今は歯抜けになっています.以前は近隣住区という考え方があって,歩いて暮らせることを考えたので歩車分離

もやっていたのです．しかし，歩道はもう誰も歩いていなくて特に夜は危ない
し，途中に坂や階段があって歩くのがたいへんです．ですから，自動車を利用
する人がものすごく多くなりました．ところがその結果，駐車場が足りなくな
っています．

　どんどん若い人も抜けていってしまうので，どのようにしてその地域で住み
替えていくかが課題です．欧米などのように，同じ地域に住むことが多くても，
同じ家にずっと住むのではなくて，ライフステージに合った家に住めるように
して，コミュニティの絆は守りつつ，その世代に合った家を得ることで全体と
してQOLを上げるようなモデルをつくるということを，日本でもやらなけれ
ばいけないと思っています．

　一方で田舎のほうも，仕事がないので人々が出ていってしまいますが，今は
再生可能エネルギーや木を見直すなど新しい動きが出ているので，そちらのほ
うで貨幣にあまり頼らない仕事がつくれないかということを考えています．人
口が少なくても，その地域の中である程度まとまって暮らすことで，エネルギ
ーやお金をあまり外から入れたりしないで，そこで自律的に回っていくような
仕組みを考えています．

　その中で，車に頼らず体を動かして，ピンピンコロリ（PPK）を目指すこと
を呼びかけています．これは健康寿命の増進にもつながります．そうしたとこ
ろを，交通や都市づくりのほうから支えるということに，取り組んでいます．

田城　土木という，インフラの最たるところからQOLのお話が出ました．医
者の世界でもQOLを重視するようになったことと接点があると思います．

　それから住み替えについてですが，うちは父親が国鉄職員でしたが，国鉄職
員の人生設計の1つとして，現役時代は官舎に住んで，退職金で家を建てて，
あとは年金で暮らすというものがありました．ですので，退職金で建てた家と
いうのは財産であって，そこから動くことは考えられません．これは世代によ
って違うと思いますが，同じ地域で住み替えていくという発想は，URの現在
の考え方にもつながると思います．

2　スマートシュリンクにおける撤退戦

田城　これまでお話しいただいたように，人口減少社会では「住む・暮らす」をどう維持するかが課題となります．そこで，2つめのスマートシュリンクの話題に移ります．人口減少社会では，撤退戦とならざるをえません（第8章2）．URの検討会のときに気づいたのですが，高齢者対策ばかりでは，50年後にはそこには誰もいなくなってしまいます．次の世代が入ってくるような準備をしておかなければいけません．

　増田寛也先生たちの「ストップ少子化・地方元気戦略」（2014年）で指摘されたのは，30代の女性，子育て世代の重要性です．彼女らは介護や看護の労働力でもあり，またコミュニティの要なので，子育て支援が重要です．子育て支援をやることこそ高齢者対策になるのではないでしょうか．

　子育て支援の重要な例だと思っているのが，小山剛先生の新潟県長岡市のこぶし園の施設です．通いを中心とする小規模多機能型居住介護の施設だけでなく，構造改革特区で造ったサテライト型の特別養護老人ホームもあって，その奥に子どもたちが集まるたまり場があります．これは学童保育ではないのですが，子どもたちが集まって，ランドセルを置いて，勉強したり，入所しているおばあちゃんの所に行くとあめ玉やお菓子をもらえるという場所になっています．

　もう1つが，構造改革特区で採用されているモデルの「富山型デイサービス」です．小規模多機能施設で高齢者に加えて障害児者のデイサービスを提供しています．こうした多世代というのが大事ではないでしょうか．

内田　まさにそのとおりで，Aging in Place と言っても，コミュニティとして持続するためには，高齢者だけでなく，中年，若夫婦，それから子どもが健全に育っていかなければいけません．その場として，URの団地が1つの核になるのではないかと思います．

　そこで重要なのは，ミクストコミュニティをいかにつくっていくかです．URの職員もコミュニティを支援するコンサルタントのような役割を持つべきだというのは提言の中にもあって，そういう意識を持つ職員がでてくるようになりました．

ただ，それだけでは十分ではありません．さまざまな地域社会の主体，例えば医師会や PTA などが，うまく連携できるような仕組みをつくっていくことが重要だと思います．

高齢者と子育て世代

辻 コミュニティを形成する上で大切なのは，地域にずっといる高齢者と子育て世帯です．高齢者とお母さんと子どもの関係というのは，地方高齢社会の構図です．もちろん小さなお子さんの保育は保育士という専門職がいるのですが，子どもが育つまで，学童保育を含めてかなり地域のケアが必要です．

これに関して印象的な話を聞いたのでご紹介します．陸前高田（岩手県）の高田病院の院長だった石木幹人先生という方がおられます．2011 年 3 月の大津波で病院が押し流されたのですが，地域のために必死に頑張った方です．彼が言うには，どんどんお年寄りが閉じこもって弱っていくそうです．そこで，病院の近くに農園を作ったところ，お年寄りがみるみる元気になっていったそうです．彼は呼吸器系の専門医ですが，その力に驚いたと言っていました．

石木先生は被災者のことをずっと考え続けているわけですが，これからはこういうものが必要ではないかと提案されました．地域の中にまず農園があって，お年寄りが農園をメンテナンスする方法を教えてくれます．そして学童が帰りにここで遊ぶ，それをお年寄りは見守っています．できたらその場所に本を置いて，いろいろな本を読んでほしい．皆，家にある本を持ってきたらいいのです．さらに，お年寄りが，そこでできたものを使って 1 品お総菜をつくって，仕事の帰りに迎えにきたお母さんに渡します．結局は働くお母さんを支援するということです．そういうものがどこにでも必要なのではないかとおっしゃいました．

石木先生は岩手県なので農園と言われましたが，お年寄りが何か生産的なことをしながら子育ての支援をして，それによってお母さんが安心して働ける環境をつくるということです．そこではお子さんは生まれるし，お母さんも安心して，きちんと役割分担が成り立つわけです．

大都市圏では，私たち柏プロジェクトでは生きがい就労と呼んで，農業と子育て支援に，高齢者がグループをつくってワークシェアリングで働けるように

提案しています．ただ，きちんと賃金を出します．やはり励みになりますので．高齢者と子育て支援のそうした構造を町の中に織り込んでいきます．

そうした高齢者やお子さんなどとの関係ができていないと，ひずみがあちらにもこちらにも出ます．高齢者の健康については，飯島勝矢先生がフレイル（虚弱）の問題を取り組んでいますが（第1章4），要するに社会性の低下，つまり，人とのおつきあいや生活の広がりが減るということが虚弱の入り口だということはすでに検証されています．したがって，これからのまちづくりは人と人とのふれあい，それから社会との接点を持ち続けるシステムをつくることが大切ということです．

もう1つ，公共交通との関係では，筑波大学の久野譜也先生が紹介されていますが，ドイツのフライブルク市でCO_2排出を削減するために都市部への車の乗り入れを抑えて，全部公共交通にしたという有名な事例があります．もともと環境問題から始めたのですが，今やその町は歩いて健康な町になったということです．このように，環境問題と高齢化問題は共通性があります．

田城　お総菜を渡すというお話で思い出したのですが，20年ほど前に東京大学附属病院で退院支援をやっていたときに，もう90歳で心臓が悪いのに，たばことコーヒーが好きという人がいました．お嬢さんが海外で暮らしており，1人暮らしで，その方のお食事を支えていたのは隣に住んでいる5人家族でした．そこで少し余計につくりましたと言っておかずを届けてくれるそうです．それは昔はよくありました．おしょうゆの貸し借りから始まって，煮っころがしを少し多めにつくったからどうぞ，というのがあるのだなと思いました．

それから，農園の話と乗り入れの話ですけれども，富山の森雅志市長（第2章）からお伺いしたのですが，町なかにある公園の一角を囲って，そこを耕して町内会のお年寄りが維持管理するコミュニティガーデンをつくったそうです．また，同じく富山のLRT（軽量軌道交通）のモデルはヨーロッパでとても評価が高いのです．ヨーロッパの中世からの都市は，城壁で囲まれていて，真ん中にカテドラルがあって，シティホールがあって，広場があってというモデルになっています．

ここでスマートシュリンクについて加藤先生からお話を伺いたいと思います．

都市計画としての公共交通

加藤 日本の場合は，1960 年代までは公共交通を中心に町が発展してきました．これは江戸時代にさかのぼります．軍事政権だった江戸時代は，車両の使用はほぼ認めない社会でした．ですから，ローマのようにあの時代からずっと何千km も石畳で舗装しているのではなくて，町なかでもガタガタ，雨が降るとドロドロという道でした．そこに明治に入って鉄道を中心に町が形づくられるようになったために，経済発展に比べて自家用車の普及がかなり遅れたのが，他の国に比べて特徴的な点です．

　そのため，富山も含めて多くの町で，駅が元の都心とは異なっている所が多いですが，じきに都心になってきました．ヨーロッパでは，今でも中央駅は郊外にあって，広場が本当の都心という，まったく違う構造です．

　その後どっと車が増える一方で，公共交通はだんだん維持できなくなって，廃止が相次いでいます．それでも，車が運転できれば好きなように移動できるので，アクセス性は保証されて QOL は担保されます．しかし，高齢になってくると運転もままならなくなってきます．しかも道路交通法が改正されて認知症の方は免許の取り消しになります．

　それで，公共交通がもっと充実してほしいということをおっしゃいます．ところが，町は発散して郊外に広がっています．ある程度採算がとれるような所は大都市以外はない状態になってしまっています．

　こうした状況には，ヨーロッパ型のコンパクトシティが参考になります．ヨーロッパはもともと都市と都市でない所がはっきり分かれて，都市は密になっています．道路も狭いので，車は非常に不便です．ですので，いっそのこと車は入れるのをやめて，都心は公共交通と徒歩のみになって，LRT などが入ることになりました．

　日本でそれをやろうとするとさまざまな調整が必要です．郊外で高齢の方がどんどん増えたとしても，強制的に移住させるわけにはいきませんので，ある程度はそこでの生活がつづきます．しかし，そこで暮らせなくなったときに富山市のように中心への移住に助成するとか，あるいは亡くなられた場合にそこは農地や公園などにしていくということを，20 年 30 年ぐらいのタームでやっていかないといけないのではないでしょうか．これが，我々が言っているスマ

ートシュリンクです.

　高齢化や人口減少のために，強制的に移さざるをえないのではないかという議論もあります．あるいは，例えば税制などで，経済的施策によって動かすことも考えられます．しかし，一方で公共交通はきちんと充実して，その周りの所に住めるようにしていく，あるいは公共施設をそこの拠点に集中していくということも進めていかなければいけません.

　従来の都市計画の中では，医療施設や教育施設など，公共交通が最も必要とされる施設は都市計画の埒外でしたが，今は都市計画の範疇に入ってきて，大規模小売店舗も含めて，もう勝手な所にはつくれないようになってきました．さらに，そういう所を公共交通拠点としていく政策も進んでいます．このような方向に少しずつ舵を切っているのですが，それでも多くの人や企業は車に頼っているので，その動きはまだまだ緩慢です．また，独立採算の公共交通事業者が自らそうした政策に合わせるわけではないので，何らかの公的な投入が必要になってきます．公共交通に関する国の補助制度は年間200億円ぐらいで，どう計算しても必要な額に比べて1桁ぐらい少ないので，そこも課題です.

　しかし，認知症などになって免許を取り上げられてしまう方々，体が弱くなって動くのが大変な方々，それから学生さん，そういう方々にモビリティ（移動性）を提供することが，コンパクトでQOLが高く，ピンピンコロリできるという社会につなげるための基盤ではないかと考えて，スマートシュリンクという言葉のもと，そこへどう進めていくかに取り組んでいます.

賢い凝集・再結集

田城　スマートシュリンクは英語ですから，アメリカやヨーロッパの発想なのでしょうか.

加藤　いえ，むしろ逆です．もともと欧米の都市計画の中ではスマートグロースという言葉がありました．都市が成長していくときに都市計画などがなければ，あぜ道がそのまま道路になって，狭く，ごちゃごちゃになっています．そうすると下水道を引くのもインフラを更新していくのも大変です．そういう状況を抑制して，都市機能は拠点に集めて，いい森は残していくなど，めりはりをつけていくという考えです.

ところが日本は人口が減少していくので，私の師匠の林良嗣先生が，スマートグロースの反対語としてスマートシュリンクという言葉を提案したのです．スマートシュリンクが英語としておかしくないことを海外の専門家に確認したうえで，いろいろな所で言うようになったようです．

　ただ，シュリンクや撤退という言葉が嫌いな人も多いようです．ですので，国土交通省は「縮退」という言葉を使っていますが，「縮」や「退」もいい言葉ではありません．私は「だらしない拡散から賢い凝集へ」と言っていて，集まりましょうと呼びかけています．あるいは，「再集結」という言葉を使っています．マイナスイメージではなくて，これは将来へ進むためにやらなければいけない集結なのだということを何とか表現しようと，いろいろな言葉を考えています．

田城　加藤先生がお話しになった例として夕張市が挙げられます．もう少し集まってもらわないと行政サービスの維持提供が難しい，と市長がお年寄りを説得しています．

　それから，都市計画に病院を入れることについては，私は病院の上下分離を考えています．施設は公的機関が管理し，運営は民間などの病院運営事業体が担当するというものです．病院を計画的に統廃合する際にも上下分離のほうがいいと思うのですが，病院関係者や厚生労働省の人に言ってもぴんとこないようです．自治体でも委託などの方法があるからそれで十分だと言うのですが，上下分離のほうがすっきりしていると思います．

加藤　公共交通でも上下分離が広がっています．レールやインフラを維持管理する部門と，走らせる部門は別の主体が担当します．

田城　全国の公立病院や公的病院を管理する病院保有機構のような機関をつくれば，建て替えなどもしやすくなるでしょう．そして病院の運営は事業体が担当する．CT（コンピュータ断層撮影）やMRI（核磁気共鳴画像）の検査機械についてはレンタルもあります．これに近いことをかつて川崎市がやっていました．

3 政府，行政，市民，NPO

田城 それではこうしたスマートシュリンクを誰が担っていくのかという，3つめの話題に入りたいと思います．まず内田先生に，政府，行政，市民，NPOの役割のうち，政府，そして公共の事業を行う UR 都市機構を中心に，お話をお願いします．

内田 先ほどのスマートシュリンクと近い概念に「小さな拠点」があります（第4章参照）．これは小田切徳美先生が提唱された概念ですが，地方創生本部でも発足から半年後の 2015 年の通常国会で，地域再生法の改正案として小さな拠点を法制化しました．

そのときに我々は，憲法にさかのぼって議論しました．日本の憲法では，生存権の保障と居住移転の自由があります．法律をひも解いてもすべてそれに基づいた体系になっていて，上下水道には供給義務や接続義務があり，電力やガスなどにもやはり供給義務があって，人が1人でも住んでいれば供給しなければいけません．地域公共交通や道路などはそこまでの法的義務はありませんが，その仕組みの基本理念として，人がいる限りは財政的に成り立つ限度で維持しなければならないという考え方が背景にあると思います．そのような仕組みですので，我々も緩い誘導制度や一定の規制緩和を法案化したということです．

その準備の過程で，中山間地域は追い詰められていることを実感しました．国会の前に法案を提出する与党の審査があるのですが，市街地から離れた困っている方を放置するのかという議論はほとんどなく，小さな拠点という発想はいいけれども，もっと強制的な手段でやるべきではないかという意見がかなりでました．誘導や規制緩和などでは生ぬるいという声が，むしろ賛成していただく与党の議員さんからも出ていました．

もちろん強制的な手法がとれないのかという意見は，そうすべきだという意味ではなくて，危機感の表明だったと思います．そこでできることは，特に中山間地域の地域社会存続のためには，先ほどの夕張の例のように，市町村長さんをはじめ地域のリーダーが粘り強くアドバイスをして，それでも個人の選択を尊重しながら小さな拠点を形成していくというのが，ほとんど唯一に近い解だと思います．

そのためには，ネットワークや地域公共交通といっても，コミュニティバスのようなものでつなぐとか，買い物システムをどうするかという面と同時に導入するしかありません．

田城 へき地については，市町村担当者に聞いたアンケートがあって，特にお困りのことが7つあるのです（第8章図4）．もちろん医療も入っていますが，雇用と交通と買い物などが挙げられていました．医療を守るためにはそれらも一体となって守らなければならないのです．

それから，地域再生推進委員会のときに気づいたのですが，平成の大合併をする前にあった国民健康保険（国保）診療所や町立病院などが交通の結節点でもあるのです．金沢では金沢医科大学が郊外にありますが，そこはバスターミナルを兼ねています．まさに拠点となっていて，交通の結節点となる所に必要な機能が郵便局と商店と農協と診療所ではないかと思いまして，報告書にもまとめました．

ここまでは，小さな拠点について，また都市部のURの責任者として，お話しいただきましたが，政府・行政のお立場としてはいかがでしょうか．

内田 地方創生本部発足時に籍をおいたものとして一番強く感じたのは，国の役割は非常に小さいということです．さらに地方行政の役割も，重要だけれども小さいのだと思います．地域社会が活性化している例を見ると，地域のリーダーが活躍しています．そのリーダーがたまたま市長さんや村長さんだったということも多々あります．

地域が本当に活性化するためには，地域のリーダーがいて，それから各分野の連携が必要であって，そのためのプラットフォームを行政がつくらなければいけないと思います．行政の中でも，これは辻先生の持論でもありますが，やはり市町村が重要です．そして，行政内外を問わず，地域のリーダーをうまく誘導していくことが必要だと思います．

地方創生本部のほうでは地方版総合戦略を全市町村でつくることになりました．これは画期的なことだと思います．それも，プランそのものを目的とするのではなくて，その過程で，石破茂大臣の言葉を引用すれば，「産官学金労言」が連携する．産官学に加えて，地域金融機関と労働界，そして言論もあります．もちろん医療や介護の関係者も必要です．そういう地域のいろいろなステーク

ホルダー，さらに言えば，これから地域を担っていく中学生の声も入れて地方版総合戦略をつくるように呼びかけました．

　ですから，行政の役割が重要だけれども小さいといいましたが，私の立場からいえば，市町村がプラットフォームをつくるということが，地方創生，地域活性化の1つのキーだということです．

地方創生と地域包括ケアシステム

田城　基礎自治体の話に入ってきましたが，辻先生，いかがでしょうか．辻先生は厚生労働省として国の立場を経験され，柏ではNPOとの連携もされていますので，双方の立場がお分かりだと思います．

辻　無理してまとめるわけではないのですが，スマートシュリンクやコンパクト・プラス・ネットワーク，それから地方創生などの大きな流れと，地域包括ケアシステムというのは実は関わりが深いのです．

　例えば，2014年に国土交通省が「健康・医療・福祉のまちづくりの推進ガイドライン」を出しました．そして，そのような町の構造と地域包括ケアは1つのパッケージだという方向で理解されるようになっています．私も，地域包括ケアシステムは，公共交通網，それから集住，それから住まい続けることを支えるソフトシステムとの組み合わせになると思います．それはトータルなビジョンで，行政だけでできるものではありませんが，この舞台設定は通常は行政しかできません．

　まさしく内田さんがおっしゃったように，プラットフォームをつくるのは基礎自治体です．基本的には国土交通省の政策はそういう方向に向かっていると受け止めています．基礎自治体に権限を持たせて基礎自治体がビジョンを持ち，しかもソフトとハード全体を理解するということが必要だと感じています．

　柏プロジェクトの場合は在宅医療の普及を最初から目指し，在宅でも亡くなることができるという，命，生活，人生すべての充足という一番のコアのところから入りました．そこで重要なのは市町村と地区医師会です．そこから関わりあいが生まれて，プラットフォームができてくるわけです．そのプラットフォームの出口は，介護予防，フレイル予防です．弱らない地域社会，そして地域包括ケアで生活支援という概念がありますが，いかに安心して買い物ができ

るようにするかなどの問題にどんどん広がっていきます.

　そして今,柏プロジェクトは第2フェーズに入りました.柏は人口40万の町ですが,日常生活圏の概念を大体20の圏域に分けています.それぞれ2万人ぐらいで少し大きいのですが,そこである程度包括的かつ凝集的なシステムをどうつくるかというところまで作業は進んできています.その過程で,市役所の体制が重要です.市役所がプラットフォームを設営して,いろいろなプレーヤーに頑張ってもらうという形になります.

　包括的に言えばそういう体制づくりが必要で,いわゆる企画部や都市部といわれるような線引きや住宅政策をやったりする部門と,柏の場合は保健福祉部といいますが,こことの連携がものすごく重要になります.柏の場合はまだ若干人口は増えているので,どちらかというと地域包括ケアというソフトのほうから動いていますが,人口がだんだん縮小していく過程では,立地適正化計画が必要です.ですから,それを想定したまちづくりを柏は始めているのです.

　高齢化社会対応は,基本的にはソフトのほうが先行で,保健福祉部にビジョン行政ができる力が要ると思います.柏では企画部系統では,企画部は総合計画をつくり,都市部は都市計画と住宅を担当しています.その系統と保健福祉部の系統が,それぞれの分野が得意な職員を育てています.そのままではだめで,人事をクロスさせるのです.柏市はようやくそこまでできました.

　例えば,地域包括ケアの拠点は計画的にレイアウトしないといけません.そういう拠点をどこへ誘致するかについては,企画部・都市部系統と保健福祉部の有機的な連携が必要です.ソフトウェアを担当する保健福祉部局が「第2企画部」のような役割をもって,積極的に関わるべきだと思います.さらに,フレイルを予防する弱らない町のためには農園が大事なので,農業所管部局とも調整しなければいけません.

　町の中でいかにお年寄りが役割を持ったり働いたりするのかを考えるのは,それが住民を弱らせない方向であり,その方向に向かわなければいけないという強い意志を持った組織です.それは保健福祉部なのです.

　このように,高齢化や人口減少というソフト面での変容に対して,ビジョンを担当する組織が連携していく必要があるということを強く感じています.そのために,市町村職員の養成は不可欠です.単に保健福祉部の医療や介護を対

象とするだけではなくて，町の構造の在り方を含めて総合的なビジョンの持てるような市町村職員養成のプログラムが要るように思います．

都道府県と市町村の役割分担

田城　私は2018年度から放送大学で行政職員を対象としたオンライン講座を準備しています．今，厚生労働省も公共政策大学院も国立保健医療科学院も医師会も，職員の養成は，研修会場に集めて，そこで集中して教えて，それぞれの職場に戻って周りの職員に教えるという，伝言ゲームになっています．地域のすべての職員に直接語りかけて，やる気のある人はそれぞれ自分で学ぶというシステムが必要です．

　一方で，内閣官房・内閣府では，環境未来都市も地域再生推進事業も，基礎自治体に直接お金を出すというやり方ですし，人事交流で基礎自治体の職員が中央府省にたくさん来ています．その人事交流によって，市町村にもものすごく優秀な人がいることが分かりました．そこで，医療は都道府県で，地域包括ケアは市町村でという，国，都道府県，市町村の3層構造になっていますが，私は道州制を導入した2層構造でいいのではないかと考えています．

辻　医療については，病院医療の時代から地域包括ケアシステムの時代に移行します．病院は必要なのですが，軸足が地域にシフトしているのです．それは病院医療が成功して生命が守られたがゆえに起こっているとも言えます．

　そうした状況では，都道府県はコンサルタントの役割に向かっていくと思います．昔は国が発信する通達を都道府県が市町村に伝えていたのですが，今はインターネットが発達して直接情報が流れます．すると，その情報をもとに動く市町村に格差が出るわけです．

　そこで都道府県という広域行政の役割は，都道府県民全体のレベルアップになります．優秀な基礎自治体を育てて，その行政水準をほかの基礎自治体に及ぼすという，いわばコンサルタント役です．そのためには，人材の養成やモデル事業の実施など，かなりのセンスが要ります．

　もちろん病院の認可や再編成などの権限は残りますが，市町村を育てるという視点のない都道府県行政は，かえって市町村に迷惑をかけます．自分が仕切らなければと思えば思うほど市町村の力を削ぐということを，都道府県は肝に

銘じるべきです．

　厚生労働省にとっては，都道府県を通してきめ細かに市町村を育てることは，行政が多様になっているので難しいのです．厚生労働省は，全国8つの地方厚生（支）局に地域包括ケア推進課を置きました．それでブロックごとに，ある都道府県の中のいいモデルを都道府県を越えて紹介するなどをできるようにしました．

田城　8つの地方厚生（支）局のブロックは，仮に想定する道州制と通じますからね．

辻　東京大学高齢社会総合研究機構では，在宅医療介護連携推進事業の普及のお手伝いをしています．研修プログラムをつくったり，国立長寿医療研究センターと組んでそれを普及しようとしています．基本的には都道府県が市町村のコンサルタントになるための研修会を，国立長寿医療研究センターと厚生労働省のシフトの中でやっています．そこへ，オブザーバーで地方厚生局職員を入れて都道府県間の潤滑油役を果たしてもらうわけです．

　このように，都道府県と地方厚生局の関係に対して，我々が新しい情報を提供していきます．そして地方厚生局とも連携しながら戦略を明確にした都道府県が，市町村を盛り上げます．連携のシステムを各省間で期待するとすれば，特に国土交通省と厚生労働省の関係が群を抜いて深いです．

　この間，高橋紘士先生が理事長を務める高齢者住宅財団が全国規模の研修会を柏で開催しました．市町村職員と住宅関係事業者が主な対象でしたが，都道府県の方も来ていました．これはまさに，所管省の異なる住宅政策と介護政策のソフトとハードの連携論が凝縮されたような研修です．このように，現場では介護行政と住宅行政とがつながりつつあります．

内田　国土交通行政でもまったく同じです．防災，インフラ整備，まちづくり等々ですが，東日本大震災の例で見られるように地方支部局が重要です．国土交通省ですと地方整備局と地方運輸局に当たりますが，その広域的な活動なくしては早期の復旧はありえなかったと思います．日常行政はやはり基礎自治体です．県の仕組みとして，国と市町村との間の中継機関という意識の組織形態，職員意識になっているところがまだまだ多いですが，辻先生がおっしゃったように，県にコンサルタント的機能や，広域的な視点で見る機能など，積極的な

役割を付与することが必要です.

　広域的というのは県内だけではなくて，隣の県や，九州なら九州全体を視野に入れるという意味です．そういう都道府県の役割を積極的に見いだしていかなければいけないと考えています.

田城　地方局の管轄範囲は，道州制になった場合の道州くらいでしょうか.

内田　規模としてはそうです．ただ私自身は，道州制か今の3層構造かという議論よりも，先ほど辻先生がお話しになった，各々がどういう機能を果たすかが喫緊の課題なのではないかと思っています.

田城　世田谷区は人口90万人で鳥取県よりも大きいのですが，やはり発想が市区町村なのです．行政能力としては県のレベルなのですが，国でこういう議論になっていますねと言うと，それは都からまだ言われていませんと言うのです.

内田　どの自治体でもそうですが，職員をうまく引っ張っていくリーダーがいないと，積極的な意識が薄くなってしまう可能性があります.

公共交通における市町村の役割

加藤　公共交通の場合を言うと，もともと市町村には権限などはなく，国による認可制度で，国が事業者に対してここで鉄道やバスやタクシーをやっていいと認めてきました．そのため，医療などとまったく違って，いまだに市町村で公共交通を担当する部署は定まっていません．先ほど保健福祉や企画や都市計画などの部局の話が出ましたけれども，公共交通を担当するのは保健福祉のところもあるし，企画や都市計画も多いし，あるいは商工や防災，交通安全系だったりと，いろいろなのです．つまり，自治体の政策の中で公共交通というのは新参者でして，今まで範疇ではありませんでした.

　実は小さな拠点は，ガソリンスタンドやATMなどと同じようなものです．つまり，もともとはどれも民間が運営できて，しかし勝手にやるといけないので国が事業規制としてコントロールしてきたのが，田舎だとATMはどんどん農協などがやめてしまうとか，あるいはガソリンスタンドはタンクの規制が厳しくなったからやめるとか，あるいはハイブリッド車が増えて購入が減ったからやめるとか．同じように，公共交通も人が減ったからやめるとなります．そ

こで行政がやらなければいけなくなって，そこに小さな拠点が入ってきたということです．そういう意味では，小さな拠点は単にまとめるというだけではなくて，今まで市場原理でまわっていたものができなくなってきたので，やらなければいけなくなったというものだと思っています．

そこで基礎自治体にその能力があるかが問われるわけです．自治体によってものすごい差があります．まったく訳が分からない，無理という市町村もあれば，どんどん私たちが引っ張っていきますという市町村もあります．

内田 多くの分野でそうだと思います．

加藤 地域公共交通活性化再生法（2007年）というのがありまして，いいまとめになっています．そこでは，地域公共交通の活性化及び再生を主体的に推進するのは市町村だと明確に規定しています．都道府県は広域的に見て，必要なときに助言をしたり主体的に取り組むことで，基礎自治体を支えます．事業者には，別に公共交通を維持するとかではなくて，いいサービスを提供し，情報も出してもらう．そして国は情報・研究・人材を提供します．よく茶化しているのですが，本来これは大学の役割ではと思います．しかし，こういう時代なのではないでしょうか．

このように法律に書いてあるのですが，これを私が講演して回ると，初めて知りましたという方が極めて多いです．こうなったという自覚を持ってやれればいいのではないかと思います．

田城 公衆衛生もそうなのです．公衆衛生も国の役割は県に対する助言で，県の役割は基礎自治体に対する助言などです．あとは，県が持たなければいけない施設と市が持たなければいけない施設とがあって，確かにきちんと階層化ができていて，直接的な行政サービスは市区町村が担うのですが，県の役割もあります．どうしても都道府県には優秀な人材がいてエリート意識があるのです．権限を離さず，しかも基金は都道府県が分配することになっているので強力です．そのため，地元の話を聞かないで自分たちでやってしまう場合があるのです．ヒアリングはするのですが，決定は，財布のひもを握っているのが県なので，主体性がまだ県にあるように思います．

加藤 公共交通でも大半の都道府県が補助制度を持っています．愛知県のようにほぼないところから，隣の岐阜県のように手厚いところまであるのですが，

ここ 20 年ぐらい基本的には変わっていないのです．都道府県の最大の弱点は現場から遠いことです．現場の切実さは基礎自治体のほうが圧倒的に強いですので．それで，中抜きしてしまって国が直接市町村を補助する制度ができてきて，都道府県は現場を持っていないものですから，公共交通の世界では都道府県がかなり微妙な立場になっています．しかしその中でも，奈良県や佐賀県や鳥取県などは，私たちはこうやるというビジョンを示して動こうとしています．

市町村の主体性

加藤　私は基礎自治体とたくさんつき合っていますけれども，合併のときにいわゆる編入だったか新設だったかで，役所の能力にかなり大きな差があります．中心市があってそこに加わったところはそこそこできているところが多いですが，中心市におられた方がかなり苦労されています．新設の場合は，市であっても結局町村の集まりなので，同じことをやろうとしても，突然変異的にすごい場合もありますが，全体的に見ると手間がかかります．そしてなかなか成果が上がっていきません．そこは都道府県や国が支援してあげてほしいところです．

　あとは，住民組織やNPOです．日本はNPOはどちらかというと興味のつながりであって，地縁に基づく地域団体が別途あります．このそれぞれが仲が悪いことが多いのも問題なのです．地縁でできないのでNPOにいってしまうとか，また，NPOは行政とも必ずしも仲が良くないので，ぎくしゃくするのです．日本は地縁組織はそこそこあって，それが市町村合併で強化されなければいけないところでしたが，田舎だと人口が減って，できる人も減って，残った人たちでNPOや地縁の組織などを運営するけれどもうまくできなくて，合併から10年たってきてかなり疲弊しているところが多いです．

　ですから，地縁団体やNPOがすごく頑張っているところは，パートナーシップで地域をどうやって経営するかということを考えていかなければいけません．逆にそれが弱いところは，どうやってそれらが力をつけて役割を担えるかということを模索していかなければいけません．NPOは都道府県が管轄なので，そこにも都道府県の役割があると思います．

　地域公共交通については，NPOや地縁団体が主となって運行するようなバ

スや，あるいは個別の輸送システムができつつあります．私はそうした法的な制度の整備に10年ほど関わってきました．地方についてはどういう分野でもかなりいろいろな制度ができてきて，それを分かっていてやる気があれば一気に進められるのですが．

田城 例えば柏市など，優秀なところは本当にこれでもかこれでもかというぐらいに事業を引っ張ってくるのです．東京大学の柏キャンパスも誘致するし，次は環境未来都市，というように，勝ち組はとことん勝ち組になって，そうでないところはとことん何もできない．

加藤 シティマネジャー派遣制度（地方創生人材支援制度）は，そういう意味ではすごくいいものです．専門家の方が3年などでそこの自治体に行くというものです．

内田 副市長なり企画部長格で行きます．役人や民間シンクタンクの方などもいます．ただ，希望を出していただいた自治体全部にはいきわたらないのですが，機能しています．

加藤 辻先生は社会貢献が大学の大事な役割だとおっしゃって，そのとおりだと私も思っています．しかし，実際にやっている人間としては，それは大学の中ではほとんど評価軸には入りません．むしろ私の場合は，「地域やいろいろなところで役に立ってありがたいです」と外から言っていただいています．本書の出版も，きっと外からのほうが評価されるでしょう．論文の本数や授業評価といった学内の評価も大事ですが，それだけではなくて，大学もきちんと人を地域に送り込んでそこを引き上げるという役割を国などと一緒に担っていかないといけないと思います．その意味で私はトリガー（引き金）だと思うようにしています．

田城 公衆衛生もまったく同じです．公衆衛生の分野では，例えば膀胱内の尿の中にいるウイルスのタイプのグローバルな分布といった研究が高く評価されて，大学の所在する県の地域医療などには見向きもしないということもあります．

加藤 最後になりますが，高校に通えるか通えないかというのは，地域が残れるか残れないかの決定的なところです．私が長く取り組んでいることの1つは，公共交通をきちんと整備して，少なくとも本州・四国・九州・北海道からは高

校に通えない地域をなくすということです.

　高校に通えないとなると下宿生になるしかありません. 高校に通えない所だと, 公営住宅も人が入りません. せっかく子どもと一緒に田舎でのんびり暮らそうといっても, 15 歳でいなくなるのです. そのレベルの田舎だと, もう人が来ません.

　ところが, 高校に行けるように公共交通を整備したら, どんどん人が入るようになるわけです. 18 歳までいられるし, 18 歳から仕事もできるかもしれません. そういう意味で, 公共交通によって, 縮小していく社会をうまく結びつけていくというのはすごく大事なことだと, 使命感に燃えています.

地域公共交通会議と地域医療構想

加藤　それから, 先ほど国と地方の役割分担の話が出ました. 公共交通は, 2002 年の規制緩和の前は, 国が事業者を直轄管理する形で, 自治体や住民は何の口出しもできない時代でした. しかし, 客が減るばかりで, まったくコンサルティングができません. それより地域でやってもらったほうがいいということで投げ出したのが規制緩和なのです.

　しかし投げ出した途端に, 自治体は何も持っていないのでめちゃくちゃになってしまいました. それで, 2006 年に道路運送法を改正して地域公共交通会議という仕組みがつくられ, 私もその制度設計に参画しました. 関係者が集まって, ここで公共交通を良くすることを思いついたら, その計画については法的な緩和措置を設けるという制度です. これはさらに大きな制度に発展して, そこに対して特別な財源措置が行えるようになったり, 財政投融資の投入も可能になっています. 地域がやる気になって, しかもいろいろな団体が集まって合意形成ができればということで, いろいろな支援措置を設けられました. 会議はそう簡単には成果を出せませんが, やはり公共交通は地域が束になってかからないと, お客さんも乗らないし, お金もすごくかかってできません. いいものができれば, 高校だって存続します. 病院だって充実します. 地域だって暮らしやすくなります. そういう結果が出てくると, 正のスパイラルに入ります. これを, この会議を軸にして進めていこうと, 伝道師のように各地でずっと呼びかけ, 自分の現場でもやり続けています.

田城　これとパラレルなのは，地域医療構想（2015年〜）だと思います．厚生労働省としては画期的な取り組みだと思いますけれども，データやエビデンスをもとにして地域医療構想で協議の場をつくって議論するというものです．

　都道府県や地域の医師会も，そんなの今更できないとか，そんなの聞いたことがないと当初は戸惑っていました．最近は，地域医療構想会議に医師会の役員が加わっています．地域公共交通会議がうまくいっているというのを伝えていきたいと思います．

加藤　公共交通は40年連続利用者数減が当たり前という世界ですので，今までの，国や公共交通事業者が引いたとおりに乗れという時代から，皆さんいいネタを出してもらえませんかという方向に変わらざるをえなかったのだと思います．

第三の改革

田城　では，最後に内田先生に締めくくっていただきます．

内田　今，日本は明治維新，終戦につづく，第三の改革期と呼ばれています．今差し掛かっている面で一番多い問題は，やはり世界で類を見ない人口減少と少子高齢化が導因だと思います．

　今日のテーマは住む・暮らしから始まって，医療福祉，地域公共交通，それから広い意味での地方創生やまちづくりにわたりました．それは全部第三の大きな変化の表れだと思います．それを今日の視点のような，住む・暮らすという生活の視点と，いかに持続性を確保するかという視点と，それから行政と市民，NPOの役割というその3つの論点は，まさに人口減少，少子高齢化をどう乗り切っていくかという本質的な課題，非常に深い課題だと思います．

　たまたま我々は出自がかなり近いので，考えが一致していますけれども，やはり，最後に議論した，行政，市民，NPOでこういう議論を深めていくことが，この第三の変化を乗り切る最善の方法ではないかと思います．

田城　ありがとうございました．

（2016年9月15日）

付録　地域活性化，地域再生，地方創生，持続可能社会への潮流

田城孝雄

国の役割・国の支援策

　地域の活力を引き出すための国の組織として，各省庁がそれぞれ行っているが，内閣（内閣官房・内閣府）で横断的な施策つくりを行っている．

　第1次安倍内閣，福田内閣，麻生内閣時代からの内閣の取り組みの中から，地域活性化統合本部会合，健康医療のまちなかづくり，地域再生（地域再生評価・調査委員会，地域再生推進委員会），Future City（環境未来都市（構想））について解説する．

I　地域活性化統合本部会合

　地域活性化統合本部会合は，2007年10月9日の閣議決定（福田康夫内閣）により，小泉内閣時代につくられた都市再生本部，地域再生本部，中心市街地活性化本部，構造改革特別区域推進本部の4本部の会合をまとめたものである．本部長は福田総理大臣，事務局は関係する省庁から集められた．都市と地方の格差問題の対策として，地域から見て分かりやすく，より効果的な取り組みを実施するための地域再生戦略をまとめた．事務局は内閣官房地域活性化統合事務局で，現在は内閣府地方創生推進事務局に移行した．

http://www.kantei.go.jp/jp/singi/tiiki/kaisai.html

【地域活性化戦略チーム】

　2007年11月30日地域活性化統合本部会合了承の「地方再生戦略」に従い，全国をブロック別に分け，参事官チームが，省庁連携をリードして，地方の創意工夫や発想を起点とした自由な取り組みを支援した．具体的には，2008年度から「地方の元気再生事業」，地域再生，構造改革特区及び中心市街地活性化のスキームによる支援を行った．この評価などのため，有識者により構成する「地域活性化戦略チーム」が発足された．情報通信，都市再生・中心市街地活性化，交通・観光，雇用，農林水産業，地域産業政策・企業戦略，医療・福祉の各分野の専門家より構成され，月尾嘉男東京大学名誉教授

238

が座長となった.

http://www.kantei.go.jp/jp/singi/tiiki/senryaku/080222senryakuteem.pdf

【地方の元気再生事業】

　地域再生の取り組みを進めるうえで鍵となるプロジェクトの立ち上がり段階からソフト分野を中心に集中的に支援を行い，地方の実情に応じた生活の維持や魅力あるまちづくり，産業の活性化に道筋をつけることをねらいとした．地域活性化に係るプロジェクトの熟度を高めるための立ち上がり段階における先進的・総合的な取り組みを公募し，国からの委託調査事業として実施された．内容は，①地域産業振興，②地元の資源を活かした観光振興，③農林漁業振興，④まちづくり・都市機能向上，⑤大学と地域の連携，⑥高齢者に対する福祉・介護サービス，⑦生活交通の確保の分野を複合的に組み合わせたプロジェクトが選定された．

http://www.kantei.go.jp/jp/singi/tiiki/genki.html

中心市街地活性化

　中心市街地活性化は，中心市街地における都市機能の増進及び経済活力の向上を総合的かつ一体的に推進するため，中心市街地の活性化に関する法律（1998年6月3日）に基づき，市町村が策定した中心市街地活性化基本計画を内閣総理大臣が認定を行う制度である．

http://www.kantei.go.jp/jp/singi/tiiki/chukatu/

　中心市街地活性化基本計画に盛り込まれた医療関係事業としては，医療モール等整備事業として，岐阜市では高齢者向け住宅に併設するなど駅前再開発ビル整備事業や，富良野市，三沢市，山形市，大田原市などで，診療所と高齢者向け住宅，または医療福祉・介護施設と住宅などとの面的な再開発整備，砂川市立病院，国立病院機構高崎病院，松江赤十字病院の建替えや，小倉記念病院の移転・新築などの拠点病院整備などが，2009年時点で，すでに盛り込まれていた．

　岐阜市では，駅前再開発ビル「岐阜シティ・タワー43」を建設し，分譲マンション，高齢者向け優良賃貸住宅に，福祉・医療施設として有料老人ホーム，デイサービスセンター，託児所，診療所，薬局などを，他の公共施設（放送局），商業施設と一体化した．岐阜県は，この事業を，少子・超高齢化社会を見据えた居住と福祉施策の連携シミュレーション施策を展開する場と位置づけている．郊外に分散する高齢者を，中心市街地に集まっていただくことで，行政効率を考慮したコンパクトなまちづくりであり，他の核との間は，コミュニティバスを整備して高齢者の利便を図る計画であった．

付録　地域活性化，地域再生，地方創生，持続可能社会への潮流　239

【中心市街地活性化評価・調査委員会（2012年10月〜2013年3月）】

　中心市街地活性化評価・調査委員会は，中心市街地の活性化に関する法律の施行状況を検証し，今後の制度運用の改善を図るため，次に掲げる事項について評価・調査を行った．

http://www.kantei.go.jp/jp/singi/tiiki/chukatu/hyouka/dai1.html

【中心市街地活性化推進委員会（2013年7月〜12月）】

　中心市街地活性化推進委員会は，中心市街地の活性化に関する法律の施行状況，今後の制度運用の改善等に関する事項について調査・検討を行い，地域活性化担当大臣に助言することを任務とした．2013年12月，第5回委員会で，中心市街地活性化推進委員会報告書「中心市街地活性化に向けた制度・運用の方向性」をまとめて終了した．

http://www.kantei.go.jp/jp/singi/tiiki/chukatu/iinkai/index.html

II　健康医療のまちなかづくり

【健康医療のまちなかづくりに関する有識者・実務者会合】

　内閣官房地域活性化統合本部会合に置かれた「健康・医療のまちなかづくりに関する有識者・実務者会合」は，中心市街地活性化基本計画において，医療施設を高齢者向け住宅と併設するなどの取り組み，医療モールを市街地再開発事業と一体的に整備する取組みなど，再開発やまちづくりにおいて，地域住民の健康の増進や医療の確保充実を目指す事業がみられることから，健康・医療と連携したまちづくりを推進するにあたっての課題とその解決法策を明らかにするとともに，今後の地方公共団体における取組の参考に供するために，開催された（小林，2014）．

http://www.kantei.go.jp/jp/singi/tiiki/kenkou_iryou.html

　地域活性化統合本部事務局自らの企画ではなく，筆者の持ち込み企画であるが，当時の地域活性化統合本部事務局の中島正弘事務局長，石塚孝参事官（国土交通省）のご理解とご支援により始まった．2009年6月3日を第1回とし，途中，政権交代を挟み，2011年1月25日に第10回の会合を行い，「これまでの議論を踏まえた論点の中間整理」をまとめた．同年（2011年）3月11日には，東日本大震災が発災した．担当参事官であった青木由行参事官が，復興庁の参事官となり，この「論点の中間整理」などの知見，議論の内容を，復興に活かした．その後，第10回から2年後の2013年3月12日に報告会を開催した．

　第1回（2009年6月3日）から第3回（2009年7月28日）が自民公明連立内閣時代で，第4回（2010年2月12日）〜第10回（2011年1月25日）が民主党内閣時代であ

る.

　構成員には，この本の監修の辻哲夫氏が，厚生労働省事務次官を退任された直後の時期であったが，委員を引き受けてくださった．また同じく，この本の著者の大石佳能子氏が委員であった．オブザーバーとして，厚生労働省医政局指導課長，国土交通省都市・地域整備局まちづくり推進課長，同省住宅局市街地建築課長が出席された．加えて，第6回（2010年9月13日）からは，国土交通省都市・地域整備局まちづくり推進課都市総合事業推進室長，同省都市局まちづくり推進課官民連携推進室長，厚生労働省老健局高齢者支援課長，同省医政局政策医療課在宅医療推進室，経済産業省商務流通グループ中心市街地活性化室長，財団法人総合研究開発機構研究調査部長なども参加した．

　発表・検討事案例：酒田市の酒田中町三丁目地区第一種市街地再開発事業

　　2006年2月に完成した第一種市街地再開発事業で，「安心とともに暮らす，医療・福祉・商業・公共・住宅のまち」，「優しい安心して住み続けられるまちづくり」を目標にした．この当時は，医療・福祉施設を中心とした街づくりは，全国的にも大変珍しい試みで，各界から注目された．酒田市の中心市街地に，病院，介護老人保健施設，診療所などの医療福祉施設に，交流をテーマにした公共施設，商店，マンション，立体駐車場からなる複合施設を建てた再開発で，医療・福祉施設を中心とした街づくりが行われた．

【課題：病院の立地条件・病院集約化の課題】

　2009年は，まだ急性期病院は，建て替えにあたり，広い床面積を必要とし，また入院患者を減らさないで建て直すためには，現地での建て替えより，より広い用地を安価で入手するため郊外に移転する事例がみられた．救急患者の搬送のため，高速道路の出入り口の近くなど，交通，特に自動車での便の良い場所が選定された．また車社会のため，広い駐車場も必要とされていた．

　今後，首都圏，愛知県，近畿，福岡県，札幌圏の都市部では，後期高齢者が，大幅に増加することが見込まれる．高齢者がこれまで住んできたまちに住み続けられる方策や，まちなか居住者を増やすなど，まちのにぎわいと活力を取り戻す方策として，まちなかに医療機能（外来，入院，在宅医療拠点，救急医療，予防医学・保健）を確保することが重要になっている．「まちなかづくり」において，医療機能を整備することは，地域住民の安全・安心を確保し，地域住民の居住を支えるだけでなく，その地域の付加価値を高めるとともに，人の流れを変え，回復することにより，地域経済の活性化につながる．「まちなか」に住みやすい環境を整備し，高齢者などが中心市街地にコンパクトに住むことは，将来的に行政コストの削減，行政サービスの効率化につながるという効果が考えられた．

付録　地域活性化，地域再生，地方創生，持続可能社会への潮流　　241

　高齢者がこれまで住んできた地域に住み続け，自宅で天寿を全うできる環境を整えるためには，在宅医療・訪問看護・訪問介護などの機能の充実が急務である．高齢化しても住みやすいまちというだけでなく，高齢者が自宅に引きこもることなく，昼間は自宅外で活動することを促すなど，生き甲斐就労や，ボランティア活動など互助，また社会的フレイルの予防など，健康の維持につながる工夫や，仕組みづくりなど，まちづくりの側からもさらに踏み込んだ検討が求められた．

　2011 年 1 月 25 日に，「これまでの議論を踏まえた論点の中間整理」をまとめた．「現状と課題整理」「顕在化している問題点」「課題解決の方向性について」について検討し，以下の提言をまとめた（一部を改変し再掲）．

http://www.kantei.go.jp/jp/singi/tiiki/kenkou_iryou/pdf/02.pdf

　世界一の長寿社会を達成したわが国において，特に，都市部の後期高齢者数は大幅に増加する．都市部の高齢化は，対象となる高齢者の増加数が大きく，対応は困難と考えられる．まちなかの地域社会を維持することによって，高齢期の生活の質を上げ，地域の活力を維持し，尊厳ある死を迎えられる持続可能なシステムを作り上げるために官・民・学あらゆるセクターが持てるリソースを効果的に連携・集中させ，新たなシステムづくりを急ぐ必要がある．中でも，従来，情報，問題意識，解決の方向性について十分な共有が進んでいない医療分野，福祉・介護分野，住宅・都市分野の連携・融合が必要であり，そのための具体的方策を検討することが必要である．

○　住民の健康づくりや予防が，発症者や予備軍への対応から，より早期により自主的により広範に行われ，住民の生活機能の維持向上を図るとともに，人生の最終期に迎える虚弱な期間を遅らせることは，まちなかの地域活力の維持向上，地方の財政の持続にも貢献する．自立度を急速に落とす生活習慣病の予防政策を，自治体がまちづくりやコミュニティ対策など関係する分野を総動員して積極的に行う．→フレイル予防
○　在宅医療・訪問看護を普及させるための問題点：　都市部での家賃・駐車場代などの高い固定費負担，介護力の不足（日常生活の問題の解決），家族の負担の限界，家族による介護力の低下（独居や老々介護の増加），現状では，団地等が後期高齢者の終の棲家として想定された規格等になっていない．住む場所の自己決定及びその支援が適切な時期に行われていない．
○　生活習慣病の予防政策の問題点として，①住民の健康に関する情報を，市町村の一元的な利用の困難，②健康増進のための介入は，健康意識の高い人へのアプローチはできるが，健康意識の低い人に対して取り込みができていない，③総合行政としての具体的な取り組みができていないことが挙げられた．

242

＜課題解決＞

(1) 在宅医療・訪問看護・介護等のサービス拠点をまちなかに点在（拠点のカバー圏域イメージとして在宅医療：5 km 圏，介護：2〜3 km 圏）させ，複数拠点間の連携や中枢医療拠点による各拠点への支援により，地域社会が一体となって，まちなか全体で高齢者を支えるシステムをつくる．移動手段の確保，生きがい就労，見守り等のコミュニティ形成も考慮する．

(2) 担い手，受け手，地域を結びつけ，情報の受発信，相談機能等により地域住民に安心感を与えられる施設，空間をまちづくりの中で創出する．

(3) 住宅機能，医療機能，介護機能の複合した施設を整備する．

(4) 開業医が家庭医として在宅医療を担うよう誘導を図る必要がある．その支援は医師会や地域で中心となっている医師への補助金と診療報酬のインセンティブによる誘導の2つの手法が考えられる．

(5) 都市部における固定費（家賃・駐車場代）に対する公的な支援や，都市部の空いた公共スペース（廃校となった学校跡地など）の有効活用が必要．

(7) 介護施設を地域へ開放することは，地域の介護施設への理解が深まるとともに，介護施設の高齢者が地域社会とのつながりを保つために有効と考えられる．介護施設の開放スペースに対して公的な支援を行うことは，介護施設に対してインセンティブを与え，地域社会の維持につながる．

(9) 都市部のシステムそのものを変えていくためには，今まで以上に市町村が主体的に関わることが不可欠である．

(10) 「住民のアクティビティを維持向上させるまちづくり」「安心して看取りができるまちづくり」がこれからのまちづくりのパラダイムとして広く認識されるべきである．

III　地域再生

【地域再生推進委員会】

　内閣府地方創生推進事務局（前内閣官房地域活性化統合本部事務局）では，地域再生法（2005 年 4 月 1 日法律第 24 号）に基づき，地方公共団体が行う自主的かつ自立的な取り組みによる地域経済の活性化，地域における雇用機会の創出その他の地域の活力の再生に対する支援を行っている．

　2012 年度の地域再生法の改正を受け，2012 年度設置の地域再生評価・調査委員会を経て，2013 年 8 月に設置された地域再生推進委員会にて，少子高齢化の進展に対応した良好な居住環境の形成などの特定の政策課題を設定し，その課題解決に資する事業に対

して，重点的かつ総合的な支援を行う「特定地域再生制度」が創設され，2012 年度から2014 年度まで 3 か年継続された（特定地域再生事業費補助金）.
http://www.kantei.go.jp/jp/singi/tiiki/tiikisaisei/bosyuu/hojokin.html

さらに，地域再生制度の施策のあり方の評価，特定政策課題の解決に資する地域の取り組みの先駆性の評価，特定政策課題の解決に資する取り組みによる課題解決状況の評価及び特定地域再生制度の施策のあり方等の評価等について調査・検討を行った.

地域再生推進委員会での議論

http://www.kantei.go.jp/jp/singi/tiiki/tiikisaisei/saiseisuisin/index.html

地域再生の視点

(1) 地域をどう捉えるか対象地域を認識する必要がある. 具体的には，地域が存する場所と，物理的な地域の広がりを勘案する.

(2) 人口減少等の現実を直視し，地域が置かれた状況を正しく認識し，現実的な方法論を検討する.

　人口が減少する社会情勢の下で，生活空間や地域組織を現状のままの規模で維持することが困難となっており，需要に応じて空間規模や組織体制を縮小・再編する視点も必要となる. 公共交通についても，生活スタイルの変化に対応した生活空間の再編に適合させていくことが求められる. 地域の経済を支える産業は，地域外の需要ともつながっている. 地域内の需要が縮小しているとしても，地域外の需要も視野に入れて，地域の生産力をどのように維持するのかといった取組も求められる.

(3) 生活環境の質を上げる

　地域の人口，経済規模等が縮小するとしても，生活環境の質を高めるというプラス思考が求められる. 生活空間のコンパクト化を通じて，利便施設を集約しサービス提供の密度を上げることにより機能面を強化することは可能である. 住民が集まることができる場所を確保することが重要である.

　地域に拠点を整備して人が集まる場所を提供し，そこに生活サービスを重点化するべきである. 未利用の公共施設や空き家等を活用して医療・介護等の人が集まる機能を備えた拠点とし，公共交通で他地区とつなぐ. 拠点に集まることで住民の共助を促す.

(4) コト・ヒト・モノ・カネを回す

　地域再生を実現するためには，具体の事業（コト）を中心に，様々な主体（ヒト）が集まり，地域資源（モノ）を活用し，資金（カネ）を地域で循環させる取組が求められる. このようなコト・ヒト・モノ・カネの 4 つの要素を相互に連携させて機能させる仕組みづくりが必要である.

【行政に求められる役割】

地域再生の主体は，住民，企業，地方自治体等の地域に関わる人々や団体が，地方自治体と国の役割分担の下で行政の支援が必要である．

(1) 政策分野を横断して支援する

地域が抱える課題は多様かつ複合的であり，個別政策分野のみからのアプローチだけでは解決できないことが多い．地方自治体においては，首長や職員が地域の課題を総括的に受け止め，解決策を総合的な観点から探る姿勢が必要であり，そのために個別行政施策を横断的にコーディネートできる組織体制づくりが求められる．特に，地域包括ケアは，地域社会を支える重要な基盤システムであるため，個別行政部局に留まらない横断的な取組体制が必要である．併せて，例えば，雇用を確保するために，どのような産業を育成し，どのように資金や資源を投入していくのかというように，長期的なビジョンを持って課題に取り組むべきである．さらに，国においても，地方自治体等の取組を政策分野横断的に支援する体制づくり，制度づくりが求められる．

(2) 先進的な取組をベストプラクティスとして広める

意欲のある地方自治体や地域の先進的な取組を他地域が参考にできるように，モデルケースとして行政が積極的に支援するとともに，その成果を広く情報提供する必要がある．

(3) 「地元に帰ろう」キャンペーンの展開

地方から大都市圏へ人口が流出し続ける現状を打開し，地方へ人口を還流させるため，地方出身者が地元に帰り，また大都市出身者が地方に赴くムーブメントを起こす必要がある．

IV Future City（環境未来都市）

環境未来都市は，環境や高齢化などの人類共通の課題に対応し，環境，社会，経済の3つの価値を創造することで「誰もが暮らしたいまち」「誰もが活力あるまち」の実現を目指す先導的プロジェクトに取り組んでいる都市・地域である．

http://doc.future-city.jp/pdf/reference/Pamphlet_H24futurecity_jp.pdf

・限られた数の特定の都市を環境未来都市として選定する．

・21世紀の人類共通の課題である環境や超高齢化対応などに関して，技術・社会経済システム・サービス・ビジネスモデル・まちづくりにおいて，世界に類のない成功事例を創出する．

付録　地域活性化，地域再生，地方創生，持続可能社会への潮流　　245

・それを国内外に普及展開することで，需要拡大，雇用創出等を実現し，究極的には，我が国全体の持続可能な経済社会の発展の実現を目指す．
・地域の活性化を実現する．
・国は，環境未来都市に対して，関連予算の集中，規制・制度・税制改革などの支援を行う．

「環境未来都市」構想の基本コンセプト

各都市の将来ビジョン

・成功事例を継続的に創出することにより，補助金に依存した体質から脱却し，自律的発展の仕組みを実現することにより，国内外に適用可能なモデルを確立する．
・取組の実施にあたっては，国内外の他の都市の成功事例を吸収する．
・世界の英知を結集しつつ，それぞれの分野の取組を効果的に統合して，単なる実証実験にとどまらない，継続的に価値を創造する社会経済システムイノベーションを実現する．

　北海道下川町，千葉県柏市，神奈川県横浜市，富山県富山市，福岡県北九州市が選定された．

　また，東日本大震災の津波被害被災3県から，岩手県釜石市，岩手県気仙地区2市1町（大船渡市，陸前高田市，住田町），宮城県岩沼市，宮城県東松島市，福島県南相馬市，福島県新地町が選定された．

各都市の特徴（開始時）

千葉県　柏市

・柏の葉キャンパスが有する大学等の「最先端の知」を活かした提案．
・地域エネルギーマネジメントシステムの高度化やITS〔高度道路交通システム〕技術を活用したスマートシティ化の取組，仕事を引退した高齢者を「市民健康サポーター」として起用し，市民誰もが高齢期においても健康で自律し，社会に貢献できる状態を目指す「健康長寿都市」の取組，大学の基礎研究と事業化との間の隙間を埋める「ギャップファンド」の創設・活用等によるベンチャー支援を行う「新産業創造都市」の取組が特徴として挙げられる．

神奈川県　横浜市

・369万人の市民力，開港という歴史的背景，環境モデル都市や経産省の次世代エネルギー・社会システム実証にも選定されている環境・エネルギーに関する知の蓄積を軸とした提案．
・環境については太陽光発電，EV〔電気自動車〕，CEMS〔地域エネルギー・マネ

ジメント・システム〕などを中心とした横浜スマートシティプロジェクト（YSCP）の推進，開港以来，先進的に取り組んできた上下水技術の国内外への展開，超高齢化については NPO や支援ネットワークの充実を通じた地域の支え合い，住宅への高齢者生活支援機能の導入や大規模団地再生，その他文化芸術の創造・発信などが特徴ある取組方針として挙げられる．

富山県　富山市

・「公共交通を軸としたコンパクトなまちづくり」として LRT を中心としたコンパクトシティの提案．

・環境に関しては自動車から公共交通，徒歩・自転車への転換促進や地域特性を活かした海洋・森林バイオマス，小水力などの再生可能エネルギーの活用が特徴として挙げられる．

・超高齢化に関しては，和漢薬や医薬品の伝統・技術を背景にしたバイオテクノロジーを活用した生薬生産システムの構築や担い手の育成，公共交通のユニバーサルデザイン化などが特徴として挙げられる．

被災地として

岩手県　大船渡市，陸前高田市，住田町

・超高齢化対応に関しては，住宅や医療機関，商業施設，公共施設などを集積させたコンパクトシティの整備や医療・介護・福祉の先進的モデルの構築．

岩手県　釜石市

・超高齢化対応として，高齢者が「生きがい」を持てるまちづくりの推進，生活応援センターを軸とした保健・医療・福祉・介護が一体化した「産業福祉都市かまいし」の構築

宮城県　岩沼市

・甚大な被害のあった沿岸部から市東部のエココンパクトシティへの集団移転

富山市

　特に，富山市は，生活に必要な都市機能を交通結節点の周辺に集積するなど，コンパクトなまちづくり（コンパクトシティ）の推進をしている．富山市は，公共交通の利便性を向上することで，その活用を推進し，沿線に居住，商業，郵便などの業務，文化などの都市の諸機能を集積させることにより，「公共交通を軸とした拠点集中型のコンパクトなまちづくり」を進めている．

　富山市の成功理由，特に国際的な評価が高い（OECD によるコンパクトシティの世界先進モデル都市 5 都市の 1 つに選定）理由について，筆者なりに考察した．第一に，森雅志市長の卓越したリーダーシップが挙げられる．魅力的な人物であり，魅力的に考え

付録　地域活性化，地域再生，地方創生，持続可能社会への潮流　　247

を発信，アピールされる．説明責任をきちんと果たしておられ，事務的・前例主義を排して，臨機応変なアイディアを出されている．さらに，その市長の考えを受け止めて，理解して支える市の職員，スタッフがいることである．富山県は，長野県と同様に教育県であり，優秀な人材がそろっている．

　LRT は，欧米モデル（特に欧州モデル）であり，ウィーンなど多くの国際的な都市，観光都市に広くみられる．LRT を骨格とするコンパクトシティのコンセプトは，欧米人の理解と評価を得られやすい．その基礎がある中で，環境未来都市に選定され，さらに OECD などで高く評価された．富山市のモデルは，高齢者がまちなかに積極的に出てくることを誘発し，引きこもりの高齢者，社会的フレイル状態の高齢者が出てくることを予防している積極的介護予防の都市である．

V　Future City（環境未来都市）から SDGs モデル都市へ

持続可能な開発目標（SDGs）

　2000 年に国連で提唱されたミレニアム開発目標（MDGs：Millennium Development Goals）は，発展途上国の貧困と飢餓の撲滅など 8 つの目標を掲げ，2015 年まで実施された．2015 年からは，MDGs を引き継ぐ形で，新たに持続可能な開発目標（SDGs：Sustainable Development Goals）が始まった．これは，地球環境や経済活動，人々の暮らしなどを持続可能とするために，発展途上国だけでなく先進国も，2030 年までに取り組む行動計画である．持続可能な開発目標（SDGs）として 17 のゴール（目標）と 169 のターゲットが掲げられた（17 目標は，第 8 章を参照）．SDGs を全国的に実施するためには，地域における積極的な取り組みが不可欠であり，「環境未来都市」構想推進の取組手法及びその実績は，自治体が SDGs を推進するうえで，活用できる．

　わが国でも，関係行政機関相互の緊密な連携を図り，総合的かつ効果的に推進するため，全国務大臣を構成員とする持続可能な開発目標（SDGs）推進本部を設置して，8 つの優先課題を設定して，持続可能な開発目標（SDGs）を達成するための具体的施策をたてている．

地域に関係するものとして，
(1) 持続可能な都市　環境未来都市構想の推進
　環境・社会・経済的価値を創造する「環境未来都市」構想を推進し，国内外の都市の成功事例・知見の共有やネットワークの形成支援により，自律的で持続可能な都市の実現を図る．
(2)「コンパクト＋ネットワーク」の推進

人口減少や高齢化が進む中にあっても，地域の活力を維持するとともに，医療・福祉・商業等の生活サービス機能を確保し，高齢者等の住民が安心して暮らせる，持続可能な都市経営を実現できるよう，関係施策間で連携しながら，都市のコンパクト化と周辺等の交通ネットワーク形成（「コンパクト・プラス・ネットワーク」）を推進する．

文献

小林敏樹（2014）「中心市街地における医療・健康分野のまちづくりに関する一考察」
『土地総合研究』22(1): 108-113.

索引

アルファベット

Aging in Place　135, 137, 142, 215, 219

ICT（情報通信技術）　17, 52-55, 57, 87, 97-99, 113

LRT（ライトレールトランジット）　30-32, 34, 37, 221, 222

QOL（クオリティオブライフ）　42, 165, 168, 217, 218, 223

SDGs（持続可能な開発目標）　156

UR 都市機構（都市再生機構）　11, 16, 17, 190-192, 213, 215-219, 224, 226

あ　行

あおばモデル　45, 52, 54-56, 58, 59

空き家　182-185

秋山弘子　3, 5

あじさいネット（長崎県）　96, 100, 102, 107, 111

安倍晋三　190

飯島勝矢　221

域外市場産業　121, 122, 124

域内市場産業　120-122, 124

石木幹人　220

石田達也　198, 202

石破茂　190, 226

市村良三　206

井出紘一郎　130

岩本剛　204-211

上野登　201

ウェンガー，エティエンヌ　196

宇都宮浄人　41

太田昇　131

大月隆行　130

置賜広域病院組合　82

小田切徳美　225

おでかけ定期券　40

か　行

かかりつけ医　11, 13, 14, 56-58

柏プロジェクト　11, 18, 45, 220, 227

規制　29

キーパーソン（グループ）　125, 132, 133, 205

虚弱（フレイル）　5, 6, 18-23, 147, 221, 227

拠点集中型　28

近居　185-192

筋肉減少（サルコペニア）　19, 20

クオリティオブライフ（QOL）　42, 165, 168, 217, 218, 223

久野譜也　221

健康寿命　166, 218

公共交通　25, 27-29, 33-35, 39-42, 139-141, 154, 161-176, 222-225, 231-236

公設民営　33

郷田實　201

250

コミュニティバス　63, 163, 170, 171, 173, 226

小山剛　219

コンパクト（シティ）　28, 29, 32, 35, 39, 42, 139-141, 149, 152, 156, 157, 167, 175, 208, 222, 223

さ　行

財政支出　122

在宅医療　10-14, 17, 43, 54-57, 59, 151, 152, 154, 213, 227

在宅医療助成勇美記念財団　213

在宅主治医　54, 55, 57, 58

サルコペニア（筋肉減少）　19, 20

シェアリングエコノミー　167

市街化区域　26, 180

市街化調整区域　26, 180

資金循環　119-122

次世代郊外まちづくり（横浜市青葉区）　44, 45, 59

持続可能な開発目標（SDGs）　156

死体検案書　48, 49

実践コミュニティ　195-198, 202, 211

自動運転　167

死亡診断書　48, 49

集落活動センター（高知県）　67-78

循環的な学習プロセス　125, 133

上下分離　36, 155, 224

人口集中地区　178

スマートシュリンク　139, 218, 222-225

生活習慣病　4, 6, 15

線引き都市計画区域　26, 180

祖父江逸郎　7

た　行

第三セクター　33, 119, 122, 176

ダウンサイジング　84, 85, 89, 90, 92

高橋紘士　230

多職種連携　11-13, 52-54, 57, 112, 113

田中滋　24

地域医療構想　79, 91, 153, 155, 236

地域経済の循環構造　119, 123, 124, 131, 133

地域公共交通会議　170, 235

地域公共交通活性化再生法　35, 170, 176, 232

地域再生推進委員会　140, 213

地域支援企画員（高知県）　67, 68

地域的な経済システム　118, 119, 121

地域内産業連関　124, 132, 133

地域の経済　118-120

地域包括ケア（システム）　5, 6, 17, 43, 45, 46, 48, 52, 58, 59, 82, 90, 92, 142, 143, 146-150, 213, 227-229

地域包括ケア研究会　24, 146

小さな拠点　75, 141, 224, 231, 232

辻哲夫　52

低床車両　33, 34

東京大学高齢社会総合研究機構　3, 11, 45, 52, 213, 230

遠矢純一郎　52

都市計画区域　26, 180

都市再生機構（UR 都市機構）　11, 16, 17, 191, 192, 213, 215-219, 224, 226

外山義　5, 214

トランジット病院　55, 56

な　行

内発的発展　124

長崎大学離島医療研究所　97, 99

中島浩一郎　130

中村剛治郎　117

中山良平　127

仁枝章　130

農業振興地域　180

農用地区域　180

は　行

林良嗣　139, 217, 223

フレイル（虚弱）　5, 6, 18-23, 147, 221, 227

　　──チェック　21, 22

ま　行

増田寛也　219

まち・ひと・しごと創生総合戦略　75, 76

松村光芳　52

ミクストコミュニティ　215, 219

看取り　10, 48-52, 55

宮崎文化本舗　198-202

宮原好きネット　204

木質バイオマス　128-132

モータリゼーション　165, 169, 172

森雅志　221

や行・ら行

夜間休日受入病院　55, 56

山形県・酒田市病院機構　83, 84, 88

誘導　29

ユニットケア　5, 214

ライトレールトランジット（LRT）　30-32, 34, 37, 221, 222

レイヴ，ジーン　196

路面電車　29-33, 35-37, 41

執筆者紹介 （執筆順, ［ ］は執筆分担）

辻　哲夫 （つじ てつお）［監修, 第 1 章, 座談会］

東京大学高齢社会総合研究機構特任教授

1971 年, 東京大学法学部卒業, 厚生省入省. 厚生労働審議官, 厚生労働事務次官, 田園調布学園大学
教授, 東京大学高齢社会総合研究機構教授などを経て, 2011 年より現職. 主な著書に, 『日本の医療
制度改革がめざすもの』（時事通信出版局, 2008 年）, 『東大がつくった高齢社会の教科書：長寿時代
の人生設計と社会創造』（共著, 東京大学出版会, 2017 年）, 『地域包括ケアのすすめ：在宅医療推進
のための多職種連携の試み』（共著, 東京大学出版会, 2014 年）.

田城孝雄 （たしろ たかお）［編, はじめに, 第 8 章, 座談会, 付録］

放送大学大学院文化科学研究科教授 （医学博士）

1984 年, 東京大学医学部卒業. 東京大学医学部助手, ミシガン大学消化器内科研究員, 東京大学医
学部附属病院助手, 日本医師会総合政策研究機構主任研究員, 順天堂大学教授などを経て, 2016 年
より現職. 主な著書に, 『地域医療連携・多職種連携』（共編, 中山書店, 2015 年）, 『日本再生のた
めの医療連携』（編, スズケン, 2012 年）, 『在宅医療ガイドブック』（編, 中外医学社, 2008 年）, 『大
震災に学ぶ社会科学 3 福島原発事故と複合リスク・ガバナンス』（共著, 東京経済新報社, 2015 年）.

内田　要 （うちだ かなめ）［編, はじめに, 座談会］

元内閣官房地域活性化統合事務局長・不動産協会副理事長専務理事

1978 年, 東京大学法学部卒業, 建設省 （現国土交通省）入省. 都市再生機構副理事長, 内閣官房地域
活性化統合事務局長, 内閣府地方創生推進室長, 内閣官房まち・ひと・しごと創生本部地域活性化総
括官を経て, 2015 年より現職.

飯島勝矢 （いいじま かつや）［第 1 章］

東京大学高齢社会総合研究機構教授 （医学博士）

1990 年, 東京慈恵会医科大学卒業. 千葉大学医学部附属病院循環器内科, スタンフォード大学医学部
研究員, 東京大学大学院医学系研究科加齢医学講座講師を経て, 2016 年より現職. 主な著書に, 『老
いることの意味を問い直す：フレイルに立ち向かう』（共編著, クリエイツかもがわ, 2016 年）, 『東
大がつくった高齢社会の教科書：長寿時代の人生設計と社会創造』（共著, 東京大学出版会, 2017 年）,
『地域包括ケアのすすめ：在宅医療推進のための多職種連携の試み』（共著, 東京大学出版会, 2014 年）.

森　雅志 （もり まさし）［第 2 章］

富山市長

中央大学法学部卒業．1977 年，司法書士・行政書士事務所を開設．1995 年，富山県議会議員，2002
年，旧富山市長に当選，2005 年，市町村合併による新富山市長に当選（4 期目）．主な著書に，『それ
でも森のひとりごと』（北日本新聞社，2016 年），『医療レジリエンス：医学アカデミアの社会的責任』
（共著，医学書院，2015 年），『省エネ・新エネがつくる，超・少子高齢化のなかで人にやさしいスマ
ートコミュニティ』（共著，時評社，2012 年）．

大石佳能子 （おおいし かのこ）［第 3 章］

株式会社メディヴァ代表取締役

1983 年，大阪大学法学部卒業，1988 年，ハーヴァード・ビジネス・スクール修了（MBA）．日本生
命保険，マッキンゼー・アンド・カンパニーを経て，2000 年，株式会社メディヴァを設立．主な著書
に，『病院経営の教科書：数値と事例で見る中小病院の生き残り戦略』（監修，日本医事新報社，2015
年），『「消費者最優先」企業の時代：マーケティング起点の企業リデザイン』（共著，プレジデント社，
1994 年），ケイ・ギルバート『悲しみから思い出に：大切な人を亡くした心の痛みを乗り越えるため
に』（監訳，日本医療企画，2005 年）．

中村　剛 （なかむら つよし）［第 4 章］

高知県総務部副部長（2016 年 4 月〜 2019 年 3 月，中山間振興・交通部副部長）

樋口裕也 （ひぐち ゆうや）［第 4 章］

高知県教育委員会事務局文化財課チーフ（2015 年 4 月〜 2019 年 3 月，中山間振興・交通部中山間地
域対策課チーフ）

村上正泰 （むらかみ まさやす）［第 5 章］

山形大学大学院医学系研究科教授

1997 年，東京大学経済学部卒業，大蔵省入省．カリフォルニア大学サンディエゴ校国際関係・環太平
洋地域研究大学院留学．内閣官房地域再生推進室，厚生労働省保険局，日本国際フォーラムなどを経
て，2010 年より現職．主な著書に，『医政羅針盤：激動する医療と政策の行方』（医薬経済社，2016
年），『日本の医療政策と地域医療システム：医療制度の基礎知識と最近の動向』（第 2 版，日本医療
企画，2013 年），『医療崩壊の真犯人』（PHP 新書，2009 年）．

山口典枝 （やまぐち みちえ）［第 6 章］

メディカルアイ株式会社代表取締役

2000 年，慶應義塾大学大学院経営管理研究科修士課程修了．アクセンチュア，ザカティーコンサルテ
ィングを経て，2007 年，メディカルアイ株式会社を設立．主な著書に，『MBA の医療・介護経営』（共
著，医学書院，2009 年）．

中村聡志（なかむら さとし）[第7章]

山陽学園大学地域マネジメント学部教授

1988年，東京大学経済学部卒業．2005年，法政大学大学院社会科学研究科修士課程修了．日本政策投資銀行，日本商工会議所，政策研究大学院大学教授などを経て，2018年より現職．主な著書に，『実践！地域再生の経営戦略：全国36のケースに学ぶ"地域経営"』（改訂版，共著，2010年），『かごしま検定：鹿児島観光・文化検定公式テキストブック』（共著，南方新社，2005年），『中心市街地活性化のポイント：まちの再生に向けた26事例の工夫』（共著，ぎょうせい，2001年）.

加藤博和（かとう ひろかず）[第9章，座談会]

名古屋大学大学院環境学研究科教授（博士（工学））

2007年，名古屋大学大学院工学研究科博士後期課程修了．名古屋大学大学院工学研究科助手を経て，2017年より現職．主な著書に，『都市のクオリティ・ストック：土地利用・緑地・交通の統合戦略』（共編，鹿島出版会，2009年），『レジリエンスと地域創生：伝統知とビッグデータから探る国土デザイン』（共著，明石書店，2015年），*Intercity Transport and Climate Change: Strategies for Reducing the Carbon Footprint*（Co-Author, Springer, 2015）.

吉田友彦（よしだ ともひこ）[第10章]

立命館大学政策科学部教授（博士（工学））

1996年，京都大学大学院工学研究科博士後期課程単位取得退学．豊橋技術科学大学助手，筑波大学講師を経て，2010年より現職．主な著書に，『郊外の衰退と再生：シュリンキングシティを展望する』（晃洋書房，2010年），『社会・政策の統計の見方と活用』（共著，朝倉書店，2015年），『地域共創と政策科学：立命館大学の取組』（共編，晃洋書房，2011年）.

根岸裕孝（ねぎし ひろたか）[第11章]

宮崎大学地域資源創成学部教授（博士（経済学））

1992年，九州大学大学院経済学研究科修士課程修了．日本立地センター，宮崎大学教育文化学部准教授を経て，2018年より現職．主な著書に，『中小企業と地域づくり：社会経済構造転換のなかで』（鉱脈社，2014年），『グローバル時代の地域研究』（共著，日本経済評論社，2017年），『日本経済と地域構造』（共著，原書房，2014年）.

まちづくりとしての地域包括ケアシステム
持続可能な地域共生社会をめざして

2017 年 12 月 25 日　初　版
2019 年 8 月 22 日　第 3 刷

［検印廃止］

監　修　辻 哲夫

編　者　田城 孝雄・内田 要

発行所　一般財団法人　東京大学出版会

代表者　吉見俊哉
153-0041 東京都目黒区駒場 4-5-29
http://www.utp.or.jp/
電話 03-6407-1069　Fax 03-6407-1991
振替 00160-6-59964

組　版　有限会社プログレス
印刷所　株式会社ヒライ
製本所　誠製本株式会社

©2017 Tetsuo Tsuji *et al.*
ISBN 978-4-13-051142-1　Printed in Japan

JCOPY 〈出版者著作権管理機構　委託出版物〉
本書の無断複写は著作権法上での例外を除き禁じられています. 複写される場合は, そのつど事前に, 出版者著作権管理機構 (電話 03-5244-5088, FAX 03-5244-5089, e-mail: info@jcopy.or.jp) の許諾を得てください.

東京大学高齢社会総合研究機構編
地域包括ケアのすすめ　　　　　　　　　　　　　　　A5・3500 円
在宅医療推進のための多職種連携の試み

東京大学高齢社会総合研究機構編著
東大がつくった高齢社会の教科書　　　　　　　　　　B5・1800 円
長寿時代の人生設計と社会創造

JST 社会技術研究開発センター・秋山弘子編著
高齢社会のアクションリサーチ　　　　　　　　　　　B5・2800 円
新たなコミュニティ創りをめざして

松浦常夫
高齢ドライバーの安全心理学　　　　　　　　　　　　四六・2400 円

片桐恵子
「サードエイジ」をどう生きるか　　　　　　　　　　四六・2800 円
シニアと拓く高齢先端社会

会田薫子
延命医療と臨床現場　　　　　　　　　　　　　　　　A5・4800 円
人工呼吸器と胃ろうの医療倫理学

大野秀敏・MPF
ファイバーシティ　　　　　　　　　　　　　　　　　B5・2900 円
縮小の時代の都市像

小泉秀樹編
コミュニティデザイン学　　　　　　　　　　　　　　A5・3200 円
その仕組みづくりから考える

ここに表示された価格は本体価格です．ご購入の
際には消費税が加算されますのでご了承ください．